Studienbücher der
Geographie

Heinritz / Klein / Popp
Geographische Handelsforschung

capio lumen

1790

Studienbücher der
Geographie

(früher: Teubner Studienbücher der Geographie)

Herausgegeben von

Prof. Dr. Jörg Bendix, Saarbrücken
Prof. Dr. Hans Gebhardt, Heidelberg
Prof. Dr. Ernst Löffler, Saarbrücken
Prof. Dr. Paul Reuber, Münster

Die Studienbücher der Geographie behandeln wichtige Teilgebiete, Probleme und Methoden des Faches, insbesondere der Allgemeinen Geographie. Über Teildisziplinen hinweggreifende Fragestellungen sollen die vielseitigen Verknüpfungen der Problemkreise sichtbar machen. Je nach der Thematik oder dem Forschungsstand werden einige Sachgebiete in theoretischer Analyse oder in weltweiten Übersichten, andere hingegen stärker in regionaler Sicht behandelt. Den Herausgebern liegt besonders daran, Problemstellungen und Denkansätze deutlich werden zu lassen. Großer Wert wird deshalb auf didaktische Verarbeitung sowie klare und verständliche Darstellung gelegt. Die Reihe dient den Studierenden zum ergänzenden Eigenstudium, den Lehrern des Faches zur Fortbildung und den an Einzelthemen interessierten Angehörigen anderer Fächer zur Einführung in Teilgebiete der Geographie.

Geographische Handelsforschung

Von

Dr. rer. nat. Günter Heinritz
Professor an der Ludwig-Maximilians-
Universität München

Dr. phil. Kurt E. Klein
apl. Professor an der Universität
Regensburg

Dr. phil. Monika Popp
Ludwig-Maximilians-Universität
München

 Gebrüder Borntraeger Verlagsbuchhandlung
Berlin · Stuttgart 2003

Prof. Dr. rer. nat. Günter Heinritz

Geboren 1940 in Nürnberg. Studium an den Universitäten in Erlangen und Tübingen, 1. und 2. Staatsexamen für das Höhere Lehramt für Geographie, Deutsch und Geschichte. 1970 Promotion, 1974 Habilitation, 1975 Ernennung zum ordentlichen Professor für Geographie an der TU München. Seit 2002 am Department für Geo- und Umweltwissenschaften der LMU München .

apl. Prof. Dr. phil. Kurt E. Klein

Geboren 1946 in Walldorf/Hessen. Studium der Mathematik, Physik und Geographie an der Johann-Wolfgang-Goethe Universität Frankfurt/M. mit Diplomabschluss in Mathematik 1972, 1978 Promotion in Geographie und 1995 Habilitation für Wirtschafts- und Sozialgeographie an der Universität Regensburg. Seit 1991 Akademischer Direktor, 2002 Ernennung zum apl. Professor.

Dr. phil. Monika Popp

Geboren 1970 in Ingolstadt, Studium der Geographie, Verkehrs- und Stadtplanung sowie Raumplanung an der Technischen Universität München. 1998 Diplom, 2002 Promotion. Seit 2002 als wissenschaftliche Assistentin am Department für Geo- und Umweltwissenschaften der LMU München .

© 2003 Gebrüder Borntraeger Verlagsbuchhandlung
Gedruckt auf alterungsbeständigem Papier nach ISO 9706-1994

Verlag: Gebrüder Borntraeger Verlagsbuchhandlung
          Johannesstr. 3 A, 70176 Stuttgart, Germany
          e-mail: mail@schweizerbart.de
          www.borntraeger-cramer.de

Druck: Strauss Offsetdruck, 69509 Mörlenbach

Printed in Germany

Vorwort

Das vorliegende Studienbuch ist der erste Versuch im deutschsprachigen Raum, eine umfassende Zusammenschau der theoretischen Grundlagen und empirischen Ergebnisse der Geographischen Handelsforschung zu geben. Ein solcher Versuch ist sicherlich überfällig, denn es gibt heute in Deutschland wohl kaum ein Geographisches Institut, das unter seinen Forschungsaktivitäten nicht auch zahlreiche Einzelhandelsstudien anzuführen hätte. Die Relevanz des Forschungsfeldes Einzelhandel für Geographen liegt auf der Hand. Es gibt wenige wirtschaftliche Tätigkeiten, deren Erfolg so an eine geglückte Standortwahl und laufende Standortsicherung geknüpft ist wie den Handel. Der Umbruch vom persönlichkeitsbetont geführten mittelständischen Einzelhandelsbetrieb zum wissensbasiert und sachbetont-kapitalistisch reagierenden Handelsunternehmen führt zu räumlichen Strukturen, welche nicht immer den Vorstellungen von Politik und Planung entsprechen. An der Suche nach allgemein akzeptierten Lösungen beteiligen sich Geographen schon lange. Das gilt auch für die Autoren dieses Bandes, die neben ihrer akademischen Beschäftigung mit dem Handel auch eine reichhaltige gutachterliche Praxiserfahrung sammeln konnten.

Aus diesem Erfahrungshintergrund haben wir als Ausgangspunkt der Betrachtung die Unternehmenskonzeption und damit die Betriebsform eines Handelsbetriebs gewählt. Diese Konzeption wird zusammen mit den wirtschaftlichen und räumlichen Organisationsformen wie den Mehrbetriebsunternehmen oder den Zentren eingehend in Kapitel 2 bis 4 behandelt. Auf die Hintergründe des immer weniger vorhersehbaren Konsumentenverhaltens und seine Folgen für die Einzelhandelsstruktur wird in Kapitel 5 eingegangen. Gerade mit der Maßstabsvergrößerung moderner Einzelhandelsbetriebe und der perfektionierten Gestaltung von Einkaufszentren sind sowohl Ansprüche an den Standort selbst – z.B. Platzbedarf für Parkplätze und optimale Verkehrsanbindung – als auch gestiegene Auswirkungen auf bereits bestehende Versorgungsstrukturen verbunden. Damit besteht Handlungsbedarf von Politik und Planung, der zusammen mit den zur Verfügung stehenden Planungsinstrumenten in Kapitel 6 behandelt wird. Kapitel 7 beleuchtet die oft konfliktreiche Beziehung von Einzelhandel und Verkehr.

Die Analyse des Beziehungsdreiecks von Handel, Konsum und Planung wird abgerundet durch eine Gesamtschau der Gestaltungskräfte und Konfliktbeziehungen der drei Akteursgruppen in einem einheitlichen Standortraum. Hier bietet sich die Innenstadt von Großstädten an, da sie bis in die letzten Jahrzehnte des vorigen Jahrhunderts weitgehend vom Handel geprägt wurde, was auch in Planungsvorstellungen vom Erhalt einer multifunktionalen Innenstadt mit hoher zentralörtlicher Bedeutung Eingang fand. Dass diese Stellung des Handels in vielen Innenstädten massiv bedroht ist und welche zukünftige Entwicklung erwartet werden kann, ist in Kapitel 8 dargestellt.

Wegen des vorgegebenen Umfangs dieses Lehrbuchs konnten weitere wichtige Fragestellungen wie z.b. die Ausdünnung des Einzelhandelsbesatzes im ländlichen Raum oder Einzelhandelsstrukturen im Ausland, insbesondere die damit eng zusammenhängenden Internationalisierungstendenzen von Einzelhandelsunternehmen nicht behandelt werden. Dagegen haben wir uns gemäß der Konzeption der „Studienbücher" darum bemüht, die vorgestellten Theorieansätze und allgemeinen Aussagen mit empirischen Beispielen zu erläutern. Die jedem Kapitel beigefügte Liste der Kernliteratur soll ein vertieftes Verständnis über ausführlichere Darstellungen und auch den Blick auf die Nachbardisziplinen ermöglichen. Die immer wieder herausgearbeitete Verbindung von akademischem Erkenntnisinteresse und praktischer Anwendung ist auch als Plädoyer für eine engagierte Geographie zu verstehen, wie sie gerade in diesem Forschungsfeld nicht nur möglich erscheint, sondern auch von der Öffentlichkeit und der Politikberatung nachgefragt wird.

München,   Günter Heinritz
Regensburg,   Kurt Klein
den 25. August 2003   Monika Popp

Inhalt

Abbildungsverzeichnis

Tabellenverzeichnis

Fotoverzeichnis

1 Einführung

1.1 Geographische Handelsforschung?

Geographie und Handel sind seit je miteinander verbunden. Nicht zuletzt Handelsinteressen waren es ja, die dazu beigetragen haben, dass sich die Geographie als wissenschaftliche Disziplin etablieren konnte. Auch war der Handel in all seinen Formen weltweit immer wieder Gegenstand geographischer Forschung auf allen Maßstabsebenen: von globalen Handelsbeziehungen bis zum ländlichen Hausierhandel, von den Austauschbeziehungen der Subsistenzwirtschaft bis zum Warenfluss innerhalb von Produktionsnetzwerken, von periodischen Märkten und ihren Zyklen in Entwicklungsländern über Standortmuster und Branchensortierung in orientalischen Bazaren bis hin zum SB-Warenhaus auf der „Grünen Wiese", den Factory Outlet Centern oder dem E-commerce reicht das Themenspektrum geographischer Studien, die den Handel ins Visier genommen haben.

Aber auch wenn das Themenfeld Handel tatsächlich seit langem und oft von Geographen betreten worden ist, so fällt doch auf, dass dies meist eher gelegentlich und nebenbei geschehen ist und in der Regel die Positionierung der jeweiligen Autoren als Stadt- bzw. Wirtschaftsgeographen nicht tangiert hat. Mag sein, dass die geringe Neigung, sich als Handelsgeograph zu verstehen, mit dem „Tante-Emma"-Image zu tun hatte, das gerade der Einzelhandel in der Öffentlichkeit hat. Aber in Deutschland finden nicht weniger als rund 2,8 Mio. Menschen im Einzelhandel Beschäftigung und durch die Kassen der rund 500.000 Arbeitsstätten von rund 400.000 Einzelhandelsunternehmen fließen jährlich über 500 Mrd. € Umsatz – das entspricht immerhin dem Haushalt der BRD! Wie kann man einen solch wichtigen Wirtschaftsbereich übersehen?

Erst in den letzten Jahren hat die Zahl geographischer Publikationen zum Thema Einzelhandel ganz erheblich zugenommen. Sie galten v.a. dem „Wandel im Handel", insbesondere den stadtentwicklungspolitischen Implikationen großflächiger Betriebsformen. Dieser Wandel war und ist durch veränderte Konsumbedürfnisse, hohen Wettbewerbsdruck und innovative Betriebs- und Vertriebsformen ausgelöst und in Gang gehalten worden und hat massive Selektionsprozesse bewirkt, die zu neuen räumlichen Strukturen führen. Und so wuchs in dem Maße, in dem „Tante Emma" ihre Ladentüre für immer schließen musste und sich das lange Zeit so selbstverständlich erscheinende Verhältnis von Stadt und Handel krisenhaft veränderte, ja das Vordringen der großflächigen „Handelsriesen" auf der „Grünen Wiese" gar zum „Tod der Innenstädte" zu führen schien, auch das Interesse an geographischen Analysen der Einzelhandelsentwicklung und an Vorschlägen für Problemlösungen. Das hat Geographen ein breites Betätigungsfeld eröffnet, auf dem sich ihnen auch viele berufliche Chancen – sowohl im öffentlichen wie im privatwirtschaftlichen Sektor – aufgetan haben.

Deshalb ist es nun wohl an der Zeit, die bisherigen Ergebnisse Geographischer Handelsforschung einmal systematisch aufzubereiten und darzustellen. Eben dies will das vorliegende Studienbuch für den deutschen Sprachraum leisten.

1.2   Ein Blick in die Forschungsgeschichte

Es sind bekanntlich die Fragestellungen, die eine wissenschaftliche Disziplin konstituieren. Gerade im Fall der Geographischen Handelsforschung scheint es besonders lohnend zu sein, die Fragestellungen, unter denen der Einzelhandel in der Geographie behandelt worden ist, einmal näher zu betrachten. Dabei zeigt sich v.a., wie unterschiedlich die Funktionsausübung des Einzelhandels, die sich selbst im Laufe der Zeit geändert hat, in Abhängigkeit vom Selbstverständnis der Geographie wahrgenommen worden ist. Selbstverständlich spiegelt sich in den Fragestellungen der Geographischen Handelsforschung aber auch der sich wandelnde Stellenwert der Wirtschaftsgeographie innerhalb des Gesamtfaches wider. Schließlich führt ein Vergleich der disziplingeschichtlichen Entwicklung im angelsächsischen und im deutschen Sprachraum sehr deutlich vor Augen, welch große Bedeutung einem mehr oder weniger ausgeprägten Praxisbezug für die Entwicklung wissenschaftlicher Fragestellungen zukommt.

So sind die Anfänge im deutschsprachigen Raum (1900 – 1930) von der Gliederung der Wirtschaftsgeographie in Produktions-, Handels- und (theoretisch vorhandene) Konsumtionsgeographie gekennzeichnet. Der Handel als Warenhandel wurde damals primär unter der Perspektive der räumlichen Überwindung der Trennung von Produktions- und Konsumtionsort betrachtet. Weitere Aufgaben wie z.B. die Markterschließung im Sinne der Vermittlung des Güteraustauschs waren damals für die Geographie uninteressant, der Detailhandel in seiner Tätigkeit der Versorgung des einzelnen Konsumenten war von der Betrachtung ausgeschlossen.

Handelsgeographie verstand sich vielmehr als Lehre von den Handelsprodukten und deren räumlicher Verbreitung in globaler Sicht. In deskriptiver Behandlung des Forschungsgegenstands versuchte sich dieser junge Forschungszweig einerseits innerhalb der Anthropogeographie zu profilieren, die sich ihrerseits gegenüber der damals dominierenden Physischen Geographie abzugrenzen bemüht hat. Andererseits war die Handelsgeographie und insbesondere die übergeordnete Wirtschaftsgeographie innerhalb der Gesamtwissenschaft um ihre Eigenständigkeit v.a. in Bezug zur Nationalökonomie bemüht (RÜHL 1918). So betont die Mehrzahl ihrer Vertreter die naturgeographischen Grundlagen der Produktion, gleichzeitig beschränkt sie ihre Beschreibung auf das Sichtbare in der Landschaft. Der quasi-naturwissenschaftliche Charakter der Arbeitsweise wiederum wird durch die vielfältige Verwendung von Produktions- und Handelsstatistiken herausgestellt. Ziel ist es, dem potenziellen Anwender (hier Kaufleute im weitesten Sinn) die Verbreitung der Handels- und Verkehrseinrichtungen darzulegen, ursächliche Wechselbeziehungen des Warenaustauschs zu entwickeln und typische Handels- und Verkehrsräume herauszuarbeiten.

Abb. 1   Titelblatt einer handelsgeographischen Veröffentlichung von 1893

Die Publikation enthält für alle Länder der Erde Informationen zu Verkehrswegen, Landeswährung, Haupterzeugnissen, Postämtern, etc.

Quelle: JURASCHEK 1893, Titelblatt

Im Zeitraum der nächsten dreißig Jahre (1930 - 1960) werden die Grundlagen für die später vorherrschende Betrachtungsweise des Einzelhandels gelegt. Herausragendes Ereignis in der deutschsprachigen Geographie ist die Etablierung der Theorie der Zentralen Orte durch CHRISTALLER (1933). Er erkennt dem Einzelhandel bei der Beurteilung der Zentralität eines Ortes ein wesentliches Gewicht zu. Unter dem Einfluss dieser Theorie erfolgt eine Hinwendung der Betrachtung zu den Angebotsstandorten des Binnenhandels, denen ein sie umgebendes Einzugsgebiet unter der „nearest-center"-Hypothese zugeordnet wird. Allerdings gelten die Aussagen zur Standortwahl nicht Betrieben des Einzelhandels, sondern Gütern und Dienstleistungen unterschiedlicher Reichweite. Der Zentralitätsbegriff betont den systemhaften Zusammenhang zwischen Angebotsstandort und Einzugsgebiet. Diese Theorie hat die Beschäftigung mit dem Einzelhandel bis in die heutige Zeit ungemein gefördert. Insbesondere Übertragungen auf den innerstädtischen Bereich treffen sich mit einer zweiten Arbeitsrichtung, die im Rahmen der funktionalen Phase der Stadtgeographie die Regelmäßigkeiten der städtischen

Landnutzung und damit auch des Einzelhandels untersucht (BOBEK 1928, CAROL 1959, WOLF 1971, LICHTENBERGER 1991).

Fasst man die Bedeutung des Werks Christallers aus der Perspektive der geographischen Betrachtung des Einzelhandels zusammen, dann rückt sowohl der (Einzel-)Handel als solcher in den Vordergrund als auch die Zusammenschau von Angebot und Nachfrage. Für die Zukunft eher hinderlich wirkt sich aus, dass lediglich ein Gut (oder ein in seiner Reichweite homogenes Sortiment) in den Mittelpunkt der Betrachtung gestellt wird, nicht aber der Einzelhandelsbetrieb an sich. Die Maßstabsebene ist bei Zentren und deren Einzugsgebieten angesiedelt, die Intention zunächst einmal akademischer Natur. Erst später rückt der Anwendungsgesichtspunkt (Planung) in den Vordergrund.

Deutlich verschieden in der Perspektive und Intention der Bearbeiter zeigt sich davon die Marketing-Geographie des angelsächsischen Sprachraums. So schließt der Begriff Marketing die Identifikation der Nachfrage für die verschiedensten Güter und Dienstleistungen ebenso ein wie die Einrichtungen zu ihrer Bedarfsdeckung und das dazugehörige leistungsfähige Verteilsystem. Jede Entwicklung einer Marketingstrategie führt zu räumlichen Strukturen und funktionalen Beziehungen, die Gegenstand geographischer Betrachtung sein können. Dabei setzen die ersten Untersuchungen amerikanischer Geographen auf der Mikroebene des Betriebsstandorts an. Insbesondere APPLEBAUM (1954) und NELSON (1958) begründen die Anwendungsorientierung dieser Forschungsrichtung, indem sie ihre Arbeiten zu Standortfragen in Zusammenarbeit mit Einzelhandelsunternehmen ausführen. Dabei werden induktiv bereits weitreichende Gesetzmäßigkeiten gewonnen, so z.b. über die Vergesellschaftung von Branchen und deren Nutzen für den Umsatz.

Die Unterschiede der Betrachtungsweise des Einzelhandels von deutschsprachiger und angelsächsischer Geographie beeinflussen die weitere Entwicklung des Forschungszweigs im jeweiligen Sprachraum. Dank ihrer weiten Perspektive überwindet die Marketing-Geographie ihr anfängliches Theoriedefizit rasch. Marksteine hierfür sind die Arbeiten von BERRY (1967) SCOTT (1970) und DAVIES (1976) in der anschließenden Zeitspanne von 1960-1980, die die Hinwendung zum Positivismus ("Quantitative Revolution") und dann die Ära der verhaltens- und wahrnehmungstheoretischen Ansätze beinhaltet.

Zur Untersuchung der räumlichen Ordnung der Angebotsseite finden zentralörtliche Theorieansätze auf der Meso- und Makroebene Anwendung. Auf der Nachfrageseite erfährt die „nearest-center"-Hypothese des aggregierten Konsumentenverhaltens eine bedeutende Erweiterung durch die allgemeine Interaktionstheorie. Diese geht weit über den einfachen Gravitationsansatz von REILLY (1931) hinaus und berücksichtigt über die Konkurrenz von alternativen Angebotsstandorten auch die Mehrfachorientierung von Kunden aus einem Einzugsgebiet (HUFF 1963).

Möchte man statt des aggregierten aber individuelles Konsumentenverhalten untersuchen, dann versagen diese Ansätze. Das hat zur Entwicklung des „cognitive-behavioural-approach" geführt. Aus dieser Perspektive gelingt z.b. POTTER (1982) eine umfassende Analyse der innerstädtischen Einzelhandelsentwicklung und Zentrenorientierung der Bevölkerung. Trotz dieser sehr starken theoretischen Durchdringung bleibt die angelsächsische Einzelhandelsgeographie anwendungsorientiert.

Die deutschsprachige Einzelhandelsforschung wird in dieser Phase immer noch sehr von der zentralörtlichen Theorie beeinflusst. Die Phase der Interaktionstheorie wird weitgehend übergangen. Dagegen finden die angelsächsischen „consumer behaviour"-Studien vergleichsweise starke Berücksichtigung. Während diese in Amerika über die Beeinflussung durch die Sozialpsychologie eine deutliche Nähe zum unternehmerischen Marketing im Sinne einer Professionalisierung der Geschäftsanbahnung durch Ausforschung des Konsumentenverhaltens bewahren, tritt eine solche Tendenz in den deutschsprachigen Ansätzen kaum auf. Hier wird der Einzelhandel einerseits als Nutzungsform mit einer starken Auswirkung auf Physiognomie und Funktion der jeweiligen Standortbereiche gesehen, andererseits als Dienstleister, der für die Versorgung der Bevölkerung verantwortlich ist. Für die Betrachtung der Funktionsausübung des Einzelhandels bedeutet dies, dass jetzt neben der Überbrückungsfunktion (Standortwahl) auch die Warenfunktion (Sortimentsbildung) stärker in das Blickfeld des Interesses rückt.

Erste Arbeiten entstammen der funktionalen Stadtgeographie, bei der es neben der Typisierung innerstädtischer Geschäftsstraßen auch um deren Angebotsdifferenzierung, die sie tragenden Konsumenten- und Besuchergruppen und deren Herkunftsgebiete geht. In der Folgezeit macht sich der Einfluss der sich rasch entwickelnden Sozialgeographie stark bemerkbar. So ist das Interesse darauf ausgerichtet, im sozialgeographischen Raum Reaktionsreichweiten sozialer Gruppen zu ermitteln. Räumliche Versorgungsbereiche werden nach Sozialgruppen und Schichten differenziert. Für die parallele Ausübung mehrerer Grunddaseinsfunktionen werden einerseits Aktionsräume ausgegrenzt, andererseits Untersuchungen zu Gesetzmäßigkeiten ihres Koppelns durchgeführt. Den anwendungsbezogenen Hintergrund stellen Planungsfragen dar.

So untersuchen BÖHM/KRINGS (1975) an einem Fallbeispiel aus dem kleinstädtisch-ländlichen Raum sowohl den Einzelhandel und die Unternehmerstruktur als auch die Über-/Unterversorgung der Bevölkerung. Für sie ist die alters- und berufsgruppenspezifische Differenzierung des Einkaufsverhaltens der Bevölkerung von höchster Wichtigkeit für die weitere Entwicklung des Einzelhandels in ihrem ländlich strukturierten Untersuchungsgebiet. MÜLLER/NEIDHARDT (1972) wiederum benutzen die Einkaufsort-Orientierung und Aktionsreichweiten der Bevölkerung, um hiermit die Ausdehnung und Struktur kommunaler Planungsräume zu bestimmen. KUHN (1979) dagegen bearbeitet die Überlagerung von Versorgungs-

und Freizeitfunktionen in innerstädtischen Geschäftsstraßen, während HEINRITZ et al. (1979) anhand der "Innovation Verbrauchermarkt" im ländlichen Raum neben der Analyse der Einzugsbereiche und Einkaufsbeziehungen auch verschiedene Formen aktionsräumlichen Verhaltens der Kunden, insbesondere die Kopplung von Aktivitäten, untersuchen.

HECKL (1981) ordnet seinen Entwurf einer Geographie der Versorgung völlig der sozialgeographischen Betrachtung unter. Unter der Kategorie der Grundfunktion "Arbeiten" wird die Angebotsseite angesprochen. Sie wird vertreten durch die Handelsunternehmer, die ebenso wie die Konsumenten als sozialgeographische Gruppe(n) aufgefasst werden und in ihrer Ausübung der Grundfunktion räumliche Strukturen verfestigen, verändern oder raumwirksame Prozesse anstoßen. Die Nachfrageseite wird unter dem Blickwinkel der Ausübung der Grundfunktion "Sich Versorgen" durch die Konsumenten gesehen.

In der deutschsprachigen Geographie erfolgt die Beschäftigung mit dem Einzelhandel also stärker aus der Perspektive der Nachfrage. Insofern besteht eine geringe Neigung, sich umfassend mit der Funktionsausübung des Einzelhandels auseinander zu setzen. Insbesondere verstellt die sozialgeographische Betrachtungsweise der „Münchener Schule" völlig den Blick für die sich jetzt schon abzeichnende Raumwirksamkeit der modernen Organisationsformen des Handels sowie der Individualisierung der Nachfrage. Andererseits ist bereits eine zunehmende Beschäftigung mit der Wirkung von Einzelhandelsinnovationen in unterschiedlichen Standorträumen festzustellen, die begleitet ist von einem stärkeren Anwendungsbezug der Arbeiten vornehmlich im Bereich der kommunalen Planung und Regionalplanung.

Das Forschungsinteresse im deutschsprachigen Raum **nach 1980** berücksichtigt zunächst stärker verschiedene Einzelaspekte der Funktionsausübung des Handels und ihre Raumrelevanz. Dabei wird schwerpunktmäßig die Standortwahl behandelt. Empirische Studien differenzieren nach Branchen und auch nach ausgewählten Vertriebstypen (z.b. STAUFFER/GRÄNING/GESCHKA 1982). Darauf aufbauende methodische Ansätze zur Standortbestimmung neuer und Standortanalyse bestehender Betriebe erreichen ein Niveau, das einerseits einen fruchtbaren Einsatz mit wissenschaftlicher Zielsetzung ermöglicht, andererseits dem gestiegenen Interesse der Einzelhandelswirtschaft nach einer begründeten Entscheidung bei der Standortwahl entgegenkommt.

Nicht nur die Überbrückungs-, auch die Warenfunktion findet in den 1980er Jahren zunehmend Beachtung. Bislang war die Erfassung des Sortiments eher auf der Stufe der Brancheneinordnung und qualitativen Differenzierung des Spezialisierungsgrads angelegt (TOEPFER 1968; MESCHEDE 1985). Jetzt erarbeitet HEINRITZ (1981) eine Methode, die bei der Einzelware ansetzt und den Vollständigkeitsgrad von Warenaggregaten sowie daraus abgeleitet die Breite und Tiefe des Sortiments zu beurteilen erlaubt. Was zunächst als übertriebene Genauigkeit erscheint, erweist sich gerade in Hinblick auf den Vergleich von Unternehmen gleicher Branche, aber unterschiedlicher Standorte und Zielsetzungen sowie in der Prozessanalyse der Einzelhandelsentwicklung als unverzichtbar. Denn zum einen wird auch die Sortimentsgestaltung zunehmend professionalisiert, zum anderen ist sie die wichtigste Möglichkeit eines (Einzel-)Betriebs, nach dem einmaligen Akt der Standortwahl auf den Wettbewerb zu reagieren.

Trotz dieser differenzierteren Beschäftigung mit Einzelaspekten der Einzelhandelstätigkeit fehlt in der deutschsprachigen Geographie zunächst noch eine Gesamtschau, bei der aus der Unternehmensperspektive die Gewichtung der einzelnen Handlungsparameter dargestellt und Folgerungen für die Raumwirksamkeit gezogen werden. Nur für ausgewählte neue großflächige Betriebsformen erscheinen hierzu Arbeiten in hinreichender Dichte. Als Ausgangspunkt dient aber nicht ein in sich geschlossener Ansatz der Raumwirksamkeit der Einzelhandelstätigkeit, sondern eher die jeweilige erkennbare Raumrelevanz des untersuchten Typs. Hierzu zählen Platzbedarf, Standortwahl, Branchenmix, Einzugsgebiet, ausgelöste Nutzungskonflikte und Wettbewerbswirkungen beim bereits ansässigen Einzelhandelsbestand.

Besonders häufig sind Verbrauchermarkt und geplantes Shopping Center untersucht worden, wobei deren Standorte in Agglomerationsräumen weitaus häufiger behandelt werden, als etwa in Mittelstädten oder im ländlichen Raum. Dagegen ist der Fachmarkt in der Geographie eher selten behandelt worden, obwohl dessen bislang stärkste Entwicklungsphase in den betrachteten Zeitraum fällt. Den zitierten Untersuchungen in Agglomerationen ist gemein, dass isolierte Standorträume miteinander verglichen werden, also keine Gesamterfassung des Einzelhandels stattfindet, mithin auch keine Aussagen über einen geschlossenen Wettbewerbsraum getroffen werden können.

Dies trifft auch auf die Mehrzahl der Untersuchungen zu, bei denen ausgewählte Standortbereiche im Vordergrund des Interesses stehen. Hierzu zählen innerhalb der Stadt die Innenstadt, gewachsene innerstädtische Geschäftszentren sowie geplante Shopping Center. Wesentliches Anliegen ist die Abgrenzung und Klassifikation von Geschäftsverdichtungen, die Erklärung der inneren Struktur, die Ermittlung von Einzugsgebieten und eventueller hierarchischer Systeme sowie bei der Bearbeitung von Planungsfragen die Funktionszuweisung, die Planung, Entwicklung und Erhaltung. Angesichts der Ende der 1970er Jahre verstärkt wahrgenommenen Konzentrationsprozesse im Handel wird der Wandel im Handel für die Geographische Handelsforschung zum wichtigen Thema.

Bei den Versuchen, die Funktionsausübung des Handels und ihre Raumrelevanz im zeitlichen Wandel zu analysieren, gilt nun der Entstehung und Entwicklung neuer Betriebsformen besondere Aufmerksamkeit. Eine der wenigen empirischen Arbeiten dazu liefern HEINRITZ und Mitarbeiter (1989). Das Erkenntnisinteresse bei der Analyse der sich vollziehenden Wandlungen im Einzelhandel wird dabei wie folgt formuliert: "Das Interesse des Geographen gilt dabei sicherlich primär den Ansprüchen des Handels an den Raum einerseits, andererseits der Raumwirksamkeit des Einzelhandels bzw. seines Strukturwandels" (HEINRITZ 1989, S. 20). Notwendig ist deshalb nicht nur die Erfassung räumlicher Variablen, sondern auch solcher, die Aufschluss über innerbetriebliche Veränderungen und deren raumrelevante Folgen geben können.

Im Rahmen einer geographischen Prozessforschung bietet die Arbeit zum einen eine theoriegeleitete Bestandsaufnahme wichtiger Merkmale der Einzelhandelstätigkeit – insbesondere Standortwahl, Sortiment, Andienung und Dienstleistungsangebot – für zwei Zeitschnitte und den dazwischenliegenden Zeitraum. Zum anderen stellt sie die Verbindung von Standortwahl, Nahumgebung und planerischen Maßnahmen zur Einzelhandelsentwicklung insgesamt, der Unternehmerzufriedenheit und der Veränderung der Versorgungssituation her. Während diese Arbeiten auf eigenen empirischen Erhebungen in zentralörtlich verschiedenrangig einzustufenden Testgebieten zwischen München und Ingolstadt beruhen, benutzt KULKE (1992[b]) v.a. die amtliche Statistik, um die Standortentwicklung des Einzelhandels, insbesondere großflächiger Betriebsformen, im zentralörtlichen System Niedersachsens zu verfolgen. Diese auf Mikro- und Mesoebene durchgeführten Untersuchungen werden ergänzt durch eine größere Zahl von Untersuchungen, die v.a. die Innenstadt-Rand-Konkurrenz bearbeiten. Beispielhaft seien die Arbeiten von HEINEBERG et al. (1985) angeführt, die das Kundenverhalten in unterschiedlichen Systemen einander im Wettbewerb liegender Standortbereiche untersuchen.

Einen weiteren wichtigen Schritt in dem Bemühen um einen theoriegeleiteten Ansatz geht KLEIN (1995), der die Raumwirksamkeit des Betriebsformenwandels im Einzelhandel thematisiert, die er am Beispiel von Darmstadt, Oldenburg und Regensburg empirisch prüft. Dabei geht er davon aus, dass wesentliche Elemente der räumlichen Ordnung im Einzelhandel Ausdruck unterschiedlicher unternehmerischer Zielsetzungen sind. Weil das so ist, sind die Einzelhandelsbetriebe nicht nur in ihren Einzelmerkmalen der Leistungsbereitschaft und Leistungserstellung, sondern auch in ihrer gesamten Unternehmensintention zu erfassen, die ja letztlich entscheidend für die Ausprägung und Gewichtung der einzelnen raumwirksamen Handelsfunktionen sind.

Nach 1990 erhielt die Geographische Handelsforschung durch den Beitritt der neuen Bundesländer zur Bundesrepublik wichtige Anstöße, war der damit verbundene Transformationsprozess gerade im Bereich des Einzelhandels doch ein besonders lohnendes Untersuchungsobjekt.

Am Beispiel der ehemaligen DDR ließ sich eindrucksvoll zeigen, in welchem Maße die – bis dahin als selbstverständlich angesehenen und daher kaum beachteten – politischen Rahmenbedingungen die Einzelhandelsstrukturen prägen. Es ließ sich u.a. in den ersten Jahren nach der Wende auch studieren, zu welchen räumlichen Standortmustern es ohne den regulierenden Einfluss von Landes- und Regionalplanung und kommunaler Flächennutzungsplanung kommen kann (MEYER 1996, 1997; HEINRITZ/KANTKE 1997; JÜRGENS 1998; PÜTZ 1997[a]).

Bei seiner Untersuchung der Veränderungen des Einzelhandels im Transformationsprozess Polens hat PÜTZ (1998) darüber hinaus auch die Markteintritts- und Bearbeitungsstrategien von Handelsketten analysiert und damit einen Aspekt bearbeitet, der unter den Stichworten Globalität und Internationalität in der Geographischen Handelsforschung in den letzten Jahren verstärkt Beachtung erfahren hat (z.B. SCHRÖDER 1999).

Die oben erwähnten Studien, denen die Geographische Handelsforschung im deutschsprachigen Raum zweifellos wichtige theoretische Fortschritte zu verdanken hat, sind freilich nur ein kleiner Teil aus einer kaum mehr überschaubaren Fülle von Arbeiten und Ansätzen, die im Zeitraum nach 1980 v.a. im deutschsprachigen Raum publiziert worden sind. Warum ist es zu einem solchen Anschwellen der Publikationsflut gekommen? Eine Ursache ist in der wissenschaftstheoretischen Diskussion um gesellschaftliche Relevanz der Forschung, um die Etablierung handlungsorientierter Ansätze sowie die Verfolgung normativer und operativer Ansätze in der Geographie zu sehen. Damit verlieren die einengenden und zum Teil akademischen Perspektiven früherer Perioden an Boden, Pluralität und Anwendungsbezogenheit der Forschungsansätze setzen sich durch. Ein unmittelbarer Effekt und gleichzeitig eine weitere Ursache ist die zunehmende Gutachtertätigkeit wissenschaftlicher, insbesondere auch geographischer Institute. Anlass hierzu sind die Flächennutzungskonflikte im Gefolge des Strukturwandels im Einzelhandel. Wegen bestehender Forschungs- und Erkenntnisdefizite gehen die Entscheidungsträger der öffentlichen Verwaltung dazu über, Lösungsvorschläge am konkreten Problem erarbeiten zu lassen. Neben öffentlichen sind in den letzten Jahren vermehrt auch private Auftraggeber getreten, zu denen keineswegs nur Einzelhandelsunternehmen, sondern nicht selten auch Investoren mit immobilienwirtschaftlichen Interessen gehören. Da Gutachten ja nicht selten zu Ergebnissen kommen, die aus der Sicht bestimmter Interessensträger unerwünscht sind, kommt den jeweils eingesetzten Methoden große Bedeutung zu. Eventuelle methodische Schwachstellen bieten nämlich der unterlegenen Seite die besten Ansatzpunkte, um das Gutachten insgesamt in Zweifel zu ziehen. Es ist deshalb verständlich, dass insbesondere methodische Fragen und Qualitätsstandards der Geographischen Handelsforschung in dieser Phase intensiv diskutiert worden sind. Damit zählt die Einzelhandelsforschung zu den (wenigen) Bereichen der Geographie, in der Praxisrelevanz zu den maßgeblichen Triebfedern der weiteren wissenschaftlichen Entwicklung geworden ist.

Schließlich entdecken zunehmend Forscher von Nachbardisziplinen, v.a. der Wirtschaftswissenschaften und der Stadtsoziologie, die raumbezogene Arbeitsweise und liefern interdisziplinär angelegte Beiträge. Umgekehrt knüpft auch die Geo-

graphische Handelsforschung, die sich Anfang der 1990er Jahre in einem Arbeits-
kreis unter dem Dach der Deutschen Gesellschaft für Geographie organisiert hat,
mehr und mehr vorsichtige Kontakte zu Nachbardisziplinen wie Raumplanung
und Städtebau, Kommunikationswissenschaften und v.a. zur Betriebswirtschaft.

Zieht man im Sinne der Eingangsfragestellung Bilanz, dann zeigt sich, dass aufgrund der früh gewählten umfassenderen Marketing-Perspektive die Geographische Handelsforschung im angelsächsischem Sprachraum deutlich früher als in
Deutschland Eigenständigkeit errungen hat. Dabei führt ihr früherer Praxisbezug
zur Anpassung der Fragestellungen an die immer rascher ablaufende Einzelhandelsentwicklung, was auch erhebliche methodische Anstrengungen nach sich
zieht. Allerdings bleibt die Entwicklung theoretischer Ansätze zurück.

Demgegenüber entdeckt die deutschsprachige Geographie den Einzelhandel als
eigenständigen Forschungsgegenstand erst deutlich später. Aber selbst dann haben die gewählten Perspektiven (v.a. Zentralitätsforschung, sozialgeographischer
Ansatz, Geographie der Versorgung) eine tiefergehende Untersuchung der Raumrelevanz seiner Funktionsausübung verhindert. Erst in jüngster Vergangenheit beginnt hier Hand in Hand mit einer stärkeren Anwendungsbezogenheit ein Um-
denken.

1.3   Terminologische Grundlagen

1.3.1   Handlungsfunktionen und Handlungsparameter

Unter Handel als Tätigkeit soll der Verkauf von beweglichen Sachgütern zwischen Unternehmen untereinander oder auch zwischen Unternehmen und privaten Haushalten verstanden werden, wobei die gehandelten Güter nicht wesentlich
be- oder verarbeitet worden sind (**Handel im funktionellen Sinn**). Diese Definition beschreibt also die agierenden Wirtschaftssubjekte, die Art der getauschten
Dinge und das Ausmaß der Veränderung an der Ware, die der Verkäufer vor-
nimmt. Sie ist auf die Bedürfnisse der Geographischen Handelsforschung zuge-
schnitten und unterscheidet sich zum Teil erheblich von den umfassenderen Definitionen der Wirtschaftswissenschaften (vgl. z.b. MÜLLER-HAGEDORN 1998).

Abb. 2 bildet die wohl wichtigste Austauschkette ab, welche gleichzeitig die Tätigkeit des Einzelhandels beschreibt, wenn er Handelsware an Letztverbraucher
absetzt. Sie zeigt den Handel als Mittler zwischen der Produktion und dem Verbrauch. Dabei ist er nicht nur eine einfache Durchlaufstation für Waren. Vielmehr trifft er selbst wesentliche Dispositionen, wobei die in Abb. 2 angedeuteten
Austauschbeziehungen nicht nur die Handelswaren umfassen, sondern auch die
vor- bzw. nachgelagerten Informations- und Kapitalströme als wichtige Regulati-
ve seiner Tätigkeit und der des vorgeschalteten Produzenten.

Abb. 2   Stellung des Handels als Mittler zwischen Produktion und Verbrauch

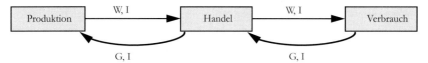

Austauschbeziehungen:
G = Geld
W = Waren
I = Informationen

Als Geographen sich mit der Mittlerfunktion des Handels zu beschäftigen begannen, standen zunächst die Standortwahl und das Sortiment aus der Nachfrageperspektive im Vordergrund ihres Interesses. Jedoch werden hiermit nur die absatzorientierten Teile der Handelstätigkeit erfasst und auch diese nicht vollständig. Es lohnt sich deshalb, einen der von den Wirtschaftswissenschaften angebotenen Funktionenkataloge heranzuziehen, um aus den dort systematisch dargestellten Tätigkeiten die für die spätere Betrachtung raumwirksamer unternehmerischer Tätigkeit wesentlichen Handlungsparameter abzuleiten.

Der von SEYFFERT (1972) vorgelegte Funktionenkatalog des Handels entspricht am ehesten der in Abb. 2 betonten Mittlerrolle zwischen Produktion und Verbrauch. Grundfunktion des Handels ist die Umsatzleistung. Aus dieser lassen sich drei Hauptfunktionen und weitere Unterfunktionen ableiten (vgl. Abb. 3), deren raumrelevante Effekte unterschiedlich sind. Dies hängt zum einen von der Funktion selbst ab, zum anderen vom Stellenwert, der ihr im unternehmerischen Zielsystem zukommt.

In Ausübung seiner ersten Funktion, der **Überbrückungsfunktionen,** gleicht der Handel die räumliche Trennung und die zeitlichen Unterschiede von Produktion und Verbrauch aus. Auf die raumwirksame Tätigkeit des Unternehmens bezogen reduziert sich die Funktionsausübung auf den einmaligen Akt der **Standortwahl.**

Mit der **Lagerhaltung** ist ein in zweierlei Hinsicht wichtiger Parameter angesprochen. Zum einen gibt das Verhältnis von Verkaufs- und Lagerfläche bei gleichen Betriebsgrößen einen wichtigen Hinweis für die Flächenausnutzung innerhalb einer Branche. Hiermit eng verknüpft ist die Vordisposition gegenüber dem Produzenten, die gegebenenfalls mit Hilfe von Scannerkassen und Datenaustausch mit zentralen Auslieferungslagern über „just-in-time" zu einer Minimierung der zeitlichen Unterschiede zwischen Produktion und Verbrauch und damit auch zum Abbau der Lagerhaltung und Reduzierung der Lagerfläche führen kann. Zum anderen wird auf der Absatzseite die Frage des Lagerumschlags berührt, der erhebliche Auswirkungen auf die gesamte Leistungserstellung, aber auch die Attraktivität des Sortiments besitzt.

Den Überbrückungsfunktionen zuzurechnen ist auch die Mittlerrolle bei der **Preisbildung** zwischen den Erwartungen von Hersteller und Nachfrager sowie die Kreditfunktion, die sowohl Produktion als auch Verbrauch erst ermöglichen kann. Direkte Auswirkungen auf die Attraktivität des Betriebs hat insbesondere der Preis.

Abb. 3   Handelsfunktionen und zugeordnete Handlungsparameter der unternehmerischen Tätigkeit

Handelsfunktionen nach Seyffert	Handlungsparameter zur Charakterisierung der unternehmerischen Tätigkeiten mit Raumwirksamkeit
1. Überbrückungsfunktionen	
1.1 Raumüberbrückung	Standortwahl
1.2 Zeitüberbrückung	
1.2.1 Lagerhaltung	Lagerhaltung
1.2.2 Vordisposition	
1.3 Preisausgleich	Preisbildung
1.4 Kredit	
2. Warenfunktionen	
2.1 Quantität	
2.2 Qualität	
2.3 Sortiment	Sortimentsbildung
3. Funktionen des Makleramts	
3.1 Markterschließung	Personal- und
3.2 Interessenwahrung und Beratung	Werbeeinsatz

Quelle: SEYFFERT 1972, eigene Bearbeitung

Die **Warenfunktionen** umfassen den Ausgleich der Mengenunterschiede bei Herstellung und Abgabe an den Letztverbraucher. Weiterhin muss der Handel eine Auswahl und Zusammenfassung von Waren unterschiedlicher Qualität vornehmen und diese nach Breite und Tiefe, d.h. zu einem für den Kunden noch annehmbaren und attraktiven **Sortiment** zusammenstellen. Die meisten Einzelhandelsuntersuchungen setzen diese Funktionsausübung mit der Wahl der Branche gleich.

Gerade der Sortimentsbildung kommt erhebliche Bedeutung für die Raumwirksamkeit des Handels zu. Unmittelbar davon abhängig ist der Flächenbedarf. Darüber hinaus bestehen enge Beziehungen zur Reichweite sowie der Ausbildung des Absatzgebietes. In Verbindung mit dem Preis und der Standortwahl lassen sich Aussagen über das Kopplungspotenzial und die Besuchshäufigkeit treffen. Der

Einbezug beratungsintensiver oder die alleinige Berücksichtigung SB-fähiger Artikel beeinflusst den Personaleinsatz und den Informationsbedarf beim Verkaufsvorgang.

Die Mittlerstellung zwischen Produzent und Verbraucher wird besonders hervorgehoben, wenn der Handel die Funktionen des **Makleramtes** wahrnimmt. Hierunter fallen die Bekanntmachung des Gutes sowie gegebenenfalls die Einweisung in seine Benutzung oder seinen Gebrauch. Unmittelbar wird dies sichtbar in der Wahl der Andienungsfunktion **(Personaleinsatz)** sowie der Information am Standort **(Innen- und Schaufensterwerbung)** und über Medien. Auch hier bestehen wichtige Bezüge zu anderen Funktionen, z.B. zur Sortimentsbildung und zur Standortwahl.

Handlungs- und Leistungsparameter am Beispiel eines Schuhfachgeschäfts

Ein Fachgeschäft für Schuhe benötigt heute eine Mindestgröße von 200 m² Verkaufsfläche. Hinzu kommen noch umfangreiche Lagerbestände, so dass die Gesamtfläche mindestens 360 m² beträgt. Wählt es seinen Standort in der Innenstadt möglichst in der Nähe weiterer Schuh- und Bekleidungsgeschäfte, dann ist bei einem Durchschnittsumsatz von 9.000 DM/m² eine Mietbelastung von 5 % zu veranschlagen. Ein Vollsortiment deckt mit 80 % der Artikel Straßenschuhe für Damen, Herren und Kinder ab, dazu weitere 12 % Haus-, Turn-, Sport und sonstige Schuhe sowie 6 % sonstige Artikel wie Strümpfe, Accessoires usw. Der Personaleinsatz ist mit 4,5 Beschäftigten zu veranschlagen. Die Werbekosten betragen 2 % des Umsatzes.

Quelle: BBE 1999; IfH 1999

Der Einzelbetrieb legt zu Beginn seiner Tätigkeit im Rahmen des von ihm gewählten Unternehmenskonzepts diese Handlungsparameter fest. Änderungen in seiner Umwelt führen dazu, dass er im Rahmen von Strategien zur Standortverteidigung zu einer laufenden Anpassung dieser Parameter gezwungen ist.

1.3.2   Abgrenzung der Einzelhandelsbetriebe

Handel im funktionellen Sinn war oben als Tätigkeit definiert worden, Handel kann aber auch im **institutionellen Sinn** verstanden werden. Dann ist von konkreten Einzelhandelsbetrieben die Rede. Einzelhandelsbetriebe haben ihren ausschließlichen oder überwiegenden Tätigkeitsschwerpunkt in der Beschaffung und dem Absatz von beweglichen Sachgütern, ohne sie wesentlich zu be- oder verarbeiten. Eine aus geographischer Fachsicht wichtige Differenzierung des institutionellen Einzelhandels ist die Unterscheidung von stationärem Ladeneinzelhandel, ambulantem Handel und Versandhandel sowie E-commerce. In der Regel werden in Untersuchungen der Geographischen Handelsforschung nur Betriebe des stationären Ladeneinzelhandels erfasst. Sie müssen einen vom Kunden betretbaren und von außen erkennbaren, regelmäßig geöffneten Verkaufsraum aufweisen.

Mit der obigen Definition des Handelsbetriebes ist eine sehr enge Festlegung getroffen worden, die es je nach Fragestellung zu erweitern gilt. Anlass hierzu geben sowohl betriebswirtschaftliche als auch fachspezifische Überlegungen.

So ist in geographischen Untersuchungen die strenge Anwendung des Kriteriums der zu vernachlässigenden Be- und Verarbeitung der Handelsware im Bereich des Handwerks oft nicht durchzuhalten. Beispielsweise wird das Nahrungsmittelhandwerk (Bäcker, Metzger) von der amtlichen Statistik nicht dem Einzelhandel zugeordnet, weil die verkauften Produkte durch den Verkäufer im wesentlichen hergestellt werden, aber bei Übernahme dieser Ausgrenzung würden für die fachspezifische Betrachtung wichtige Erscheinungsformen des Handels ausgeblendet und Umsatzanteile bzw. wichtige Nachfragebeziehungen fehlen. Ähnlich verhält es sich z.B. mit Optikern und Gold-/Silberschmieden.

Auch die Forderung, dass die Haupttätigkeit des Unternehmens dem Einzelhandel zuzurechnen ist, lässt sich gerade im ländlichen Raum nicht immer einhalten. Hier werden traditionell in vielen Handwerksbetrieben eigenständige Einzelhandelsbetriebe geführt, welche aber oft ein nachrangiges Umsatzgewicht haben, so z.B. bei Schreinern (Möbel und andere Einrichtungsgegenstände), Klempnern (Sanitärbedarf und Haushaltswaren) und Elektrikern (Elektroartikel). Andererseits fördern solche internen Kopplungspotenziale den Beziehungshandel, der in seinem Effekt einem Großhandelsabsatz an Endverbraucher mit umfassendem Service- und Reparaturangebot nahe kommt.

Auch das Abgrenzungskriterium der Handelsware ist von Fall zu Fall zu diskutieren. Gerade bei Untersuchungen des Wandels im Handel werden die begleitend gegen Bezahlung angebotenen Dienstleistungen zu einem wichtigen Indikator für die Tendenz von der Kosten- zur Leistungsorientierung (z.b. Drogerie-Fachgeschäft). Ähnliche Effekte lassen sich bei der gegenwärtigen Filialisierungswelle der Bäckereien nachweisen: Während etwa der Stammbetrieb in einem kleinen stadtnahen Dorf ganz ohne gastronomische Angebote und sonstige Dienstleistungen auskommt, bietet die Filiale in einem SB-Warenhaus am Stadtrand ein Stehcafé an und die Filiale in der Innenstadt zusätzlich noch selbst hergestelltes Fastfood.

Übt ein Betrieb gleichzeitig produktive oder Dienstleistungstätigkeit aus (z.B. Nahrungsmittelhandwerk, Video-Shop), so wird in geographischen Untersuchungen nur der entsprechende Anteil des stationären Einzelhandels berücksichtigt. Dieser Anteil ist für die einzelnen Branchen keineswegs gleich. So zeigt Tab. 1 die meist enorme Spannweite des auf den stationären Einzelhandel entfallenden Umsatzanteils und damit auch die ungeheure Vielfalt der Absatzwege, wobei gerade im Bereich sonstiger Vertriebsformen mit Steigerungsraten zu rechnen ist.

Bislang nur in den Wirtschaftswissenschaften thematisiert, jedoch in seiner Raumwirksamkeit bereits absehbar und nicht zu unterschätzen ist, ob die Handelstätigkeit in eigenem oder fremdem Namen erfolgt oder der Betrieb seine geschäftspolitischen Entscheidungen autonom trifft. Hierunter gehören der Agenturhandel (z.b. Treibstoffe), der Kommissionshandel, aber auch werksverbundene Vertriebsgesellschaften und Handelshäuser mit einer vertraglichen Bindung an einen Hersteller (z.b. Kfz-Handel). Diese Fragen berühren das zunehmend wichtiger werdende Forschungsfeld der Verdrängung des selbständigen Handels durch den Direktvertrieb der Produzenten, das in der FOC-Diskussion (Factory Outlet Center) bereits seinen Niederschlag in Handlungsanweisungen zur Genehmigung von Einzelhandelsgroßprojekten der Planung gefunden hat.

Tab. 1   Anteil des stationären Einzelhandels am einzelhandelsrelevanten Umsatzvolumen in ausgewählten Branchen (Stand: 1997)

Branchengruppe	Umsatz pro Jahr (Mrd. DM)	Anteil des stationären Einzelhandels	Anteil des Versandhandels	Anteil sonst. Vertriebsformen
Eisenwaren, Hausrat	9,5	94	6	0
Möbel, Teppiche	37,3	94	5	1
Optik, Hörgeräte, Sanitär	9,9	94	5	1
Zweiradhandel	5,4	93	6	1
Schuhe, Lederwaren	18,7	92	7	1
Spiel, Sport	18,1	90	9	1
Uhren, Schmuck, Foto	17,6	88	11	1
Bekleidung	71,4	87	13	0
Farben, Tapeten, Heimwerker	67,5	87	4	9
Papier, Schreibwaren	16,0	81	5	14
Elektrowaren	43,6	79	14	7
Bücher, Neue Medien	12,7	76	5	19
Musikindustrie, Bürobedarf, Computer	32,5	42	4	54

Quelle: berechnet nach Unterlagen der Höheren Landesplanung der Regierung der Oberpfalz zum Einzelhandel in der Bundesrepublik, die für das Beurteilungsverfahren zur Zulässigkeit von Einzelhandelsgroßprojekten verwendet werden

In weitgehender Übereinstimmung mit der amtlichen Statistik werden in der Geographischen Handelsforschung üblicherweise die Branchen Kfz-Handel und -Zubehör, Heiz-, Kraft- und Schmierstoffe (Kohle, Öl, Tankstellen) und Baustoffe (nicht aber Heimwerkerfachmärkte und dgl.) von der Betrachtung ausgeschlossen (vgl. auch die Branchensystematik im Anhang). Dieser Festlegung folgen wir auch in diesem Buch. Sie ist auch aus dem Blickwinkel getroffen worden, dass beim be-

trachteten Einzelhandel auf der Absatzseite die Privathaushalte als Kunden über-
wiegen sollten. Aber auch Betriebe des Großhandels verwischen diese Grenze.
Bekannt sind die Cash & Carry-Märkte, welche unter Zugangsbeschränkungen für
Privatpersonen auch Einzelhandel betreiben.

1.3.3   Ableitung der Betriebsformen

Wer in einer empirischen Untersuchung Einzelhandelsbetriebe erfassen will, wird
auf die beobachtbaren Merkmale wie Standort, Branchenzugehörigkeit, Bedienungsform oder Außendarstellung zurückgreifen. Unschwer lässt sich erkennen,
dass es sich dabei um die in Abb. 3 hergeleiteten Handlungsparameter handelt.
Wovon hängt es nun aber ab, wie diese gehandhabt werden? Gehen wir zur Beantwortung dieser Frage gedanklich bis zur Gründung eines Einzelhandelsunter-
nehmens zurück. Bei jeder Unternehmensgründung wird in einem ersten Schritt
eine Unternehmenskonzeption entworfen. Dies ist eine strategische Entscheidung
über

1.   die Art und den Umfang des Leistungsprogramms,
2.   die Form der Leistungserstellung und
3.   den Standort der Leistung (SEDLACEK 1988, S. 20).

Unter Art und Umfang des Leistungsprogramms lässt sich z.b. die Festlegung der
Branche sowie die Breite und Tiefe des Sortiments fassen. Die Form der Leistungserstellung berührt etwa die Frage, ob Fremd- oder Selbstbedienung eingesetzt wird. Und mit der Standortwahl legt man implizit eine ganze Reihe von Parametern wie Bausubstanz und Erweiterungsmöglichkeiten, Miethöhe und Passantenfrequenz, Kopplungspotenzial und Pkw-Zugang fest. Man bezeichnet die
Gesamtheit dieser Festlegungen als **Handlungsform.**

Die Unternehmenskonzeption kann aber noch mehr enthalten als nur die Festlegung der Handlungsform. Sie umfasst weitere strategische Entscheidungen, z.B.
die, ob man nur an einem Standort tätig sein will, oder ob das gesamte Konzept
oder auch nur Teile davon möglicherweise in einer anderen Handlungsform über
Filialisierung auf weitere Standorte übertragen werden sollen. Diese vielfältigen
Formen der Aktivitätsausweitung durch Multiplikation und/oder Diversifikation
werden unter dem Oberbegriff **Organisationsform** zusammengefasst.

Schließlich hat jedes Unternehmen über mögliche **Kooperationsformen** zu entscheiden. Die Beschaffungskooperation eröffnet über die Mitgliedschaft in Ein-
kaufsvereinigungen und Bezugsgesellschaften günstigere Konditionen für den Erwerb der Handelsware. Unter Standortkooperationen fallen Interessengemein-
schaften, die lieferseitige Fragen der Beschaffung, Betriebsmittel und deren Kosten sowie absatzfördernde standortbezogene Maßnahmen vertreten, etwa gegenüber den Eigentümern der Betriebsflächen oder gegenüber der Stadtverwaltung.

Absatzkooperationen gehen z.B. Vermieter und Mieter bei ShopInShop-Verhältnissen oder die Mitglieder von Standort-Werbegemeinschaften ein. Nicht als Kooperationsformen gelten Einzelhandelsverbände (sowohl branchen- als auch standortübergreifend) und Kammern (Zwangsmitgliedschaft).

Abb. 4   Mittel-Ziel-Ableitung der Raumwirksamkeit der Betriebsform

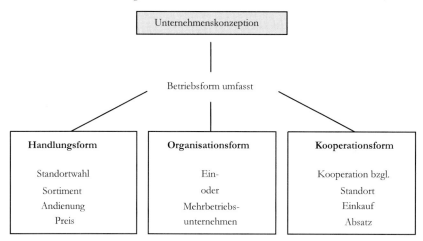

Die Benennung der von den Unternehmen verfolgten Konzepte ist selbstverständlich deren Angelegenheit, wobei sie möglichst klangvolle, publikumswirksame Bezeichnungen benutzen, aber natürlich nicht den Ansprüchen genügen wollen, denen eine wissenschaftliche Terminologie entsprechen muss. Entsprechend schwierig bzw. unbefriedigend sind deshalb viele Versuche, solche Bezeichnungen als Termini der wissenschaftlichen Fachsprache zu verwenden. Einen Überblick über die im Lehrbuch verwendeten Bezeichnungen der Betriebsformen gibt Tab. 2, die dazugehörigen Definitionen sind im Anhang zusammengestellt.

Tab. 2   Überblick über die Betriebsformen

Lebensmittel		Gebrauchsartikel (ohne Lebensmittel)		Warenhäuser (mit Lebensmittel)	
1	LM-Kiosk	7	Kiosk	13	Verbrauchermarkt
2	LM-Laden	8	Spezialgeschäft	14	SB-Warenhaus
3	LM-SB-Markt	9	Fachgeschäft	15	Warenhaus
4	LM-Supermarkt	10	Fachkaufhaus		
5	LM-Discounter	11	Fachmarkt		
6	LM-Spezialgeschäft	12	Discounter		

Übersicht der in den Wirtschaftswissenschaften herangezogenen Merkmale zur Festlegung von Betriebsformen

Merkmale	*Erläuterungen zu ihrer Verwendung*
Sortimentspolitik	Festlegung der verkauften Warenarten (Branchenzugehörigkeit) sowie der Sortimentsbreite und -tiefe. Damit lassen sich z.b. Spezial- und Fachgeschäfte (Verkauf nur einer Warenart) von den Generalisten (Warenhaus, Verbrauchermarkt, SB-Warenhaus bieten Artikel mehrerer Warenarten an) abgrenzen.
Betriebsgröße	Eine für die betriebliche Einordnung wie für die planerischen Auswirkungen gleichermaßen wichtige Größe, welche sich aus einer Vielzahl von Produktionsfaktoren zusammensetzt. In der Regel wird die Fläche herangezogen und hier wiederum die Verkaufsfläche.
Bedienungsprinzip	Die Spanne reicht von der klassischen Fremdbedienung, die z.b. bei Apotheke, Bäcker und Metzger für bestimmte Artikel sogar noch gesetzlich vorgeschrieben ist, über die Teilselbstbedienung (Bedienung nach Anforderung des Kunden, der bereits Artikel aus dem Regal vorausgewählt und ggf. genommen hat) bis hin zur Selbstbedienung. Bei letzterer wird der eigentliche Verkaufsvorgang vollständig auf den Kunden abgewälzt.
Art des Inkassos	Unterscheidung des Automatenverkaufs von der Berechnung des Einkaufsbetrags und der Entgegennahme des Zahlungsmittels durch Personal.
Distanzüberwindung	Klassifizierung der raum-zeitlichen Anbieter-Nachfrager-Beziehung. Hierbei kann zwischen Holkauf (stationärer Einzelhandel) und Bringkauf (ambulanter Liefer- bzw. Versandhandel) gesprochen werden. Mischformen wie Wochenmärkte zeichnen sich neben der zeitlichen Varianz des Angebots auch durch das Treffen von Anbieter und Nachfrager auf „halbem" Weg aus.
Art der Preisstellung	Schwierig zu operationalisierendes Merkmal. Die deutlichste Unterscheidung besteht zwischen der diskontierenden Preispolitik, bei der dauerhaft für die Mehrzahl der Artikel das lokale/regionale Preisniveau der übrigen Anbieter unterboten wird und der Normalpreispolitik, die sich unter Umständen in Mittel- und Hochpreisniveau differenzieren lässt.
Art des Kundenkreises	Umgehungshandel liegt vor, wenn der Anbieter (ggf. Produzent) bestimmte Personenkreise unter Ausschaltung des institutionellen Einzelhandels beliefert. Beim Beziehungshandel werden vom Produzenten oder Einzelhändler den Kunden Sonderkonditionen gewährt.
Standortklasse	TIETZ (1991) unterscheidet vier Kategorien (Netze) von Standortklassen: Das primäre Netz besteht aus allen gewachsenen Standortklassen wie der Innenstadt, den Stadtteilzentren und den wohnorientierten Einzellagen bzw. Verdichtungen. Das sekundäre Netz beinhaltet alle verkehrsorientierten Lagen wie z.b. an Hauptausfallstraßen, Verkehrskreuzungen, in Gewerbe- und Sondergebieten. Als tertiäres Netz sieht er den Direktvertrieb sowie den Versandhandel an, während das quartäre Netz den Kfz-Handel einschließlich begleitender Dienstleistungen umfasst.

Quelle: nach MÜLLER-HAGEDORN 1998, S. 43; eigene Bearbeitung

Hier sei nur noch darauf hingewiesen, dass die Begriffe Betriebsform und Betriebstyp sowohl in der geographischen als auch in der wirtschaftlichen Literatur unterschiedlich, oft aber synonym gebraucht werden (vgl. MÜLLER-HAGEDORN 1998).

Die Merkmale, die für die Definitionen herangezogenen werden und die teilweise über die hier behandelten der Handlungsform hinausgehen, sind im Kasten links zusammengestellt. Diese Merkmale sind nicht unabhängig voneinander, vielmehr bestehen unter ihnen korrelative Beziehungen.

1.3.4 Begriffsklärungen zur Raumwirksamkeit des Einzelhandels

Die Standortwahl gehört nach den Abb. 3 und 4 zu den Handlungsparametern der unternehmerischen Tätigkeit. Dabei wird **Standort** als erdräumliche Lokalisation mit bestimmten sachlichen und funktionalen Attributen verstanden. Die Nahumgebung eines Betriebes in Hinblick auf den dort ansässigen Einzelhandel wird als sein **Standortraum** bezeichnet. Typisches Beispiel ist die Gesamtheit aller Einzelhandelsstandorte in einer Geschäftsstraße der Innenstadt. Hingegen wird die unter entsprechenden Kontingenzbedingungen räumlich abgegrenzte Einzelhandelsverdichtung als **Standortbereich** bezeichnet. Dieser Begriff wird verwendet, um Raumklassen gleicher Standortbedingungen zu definieren.

Um seinen Standort bildet der Betrieb ein **Einzugsgebiet** aus, das die in einem bestimmten Zeitraum erfassten Herkunftsorte der Kunden enthält, die den betreffenden Betrieb besucht haben. Der Terminus "Gebiet" legt die Vorstellung nahe, dass es sich dabei um einen mit klaren Grenzen exakt festgelegten Raumausschnitt handeln würde, doch führt eine solche Vorstellung tatsächlich in die Irre. Vielmehr sind Einzugsgebiete Konstrukte. Ihre Außengrenzen sind stets ein Ergebnis von Bearbeiterentscheidungen und unterliegen in der Regel auch zeitlich starken Veränderungen. Je nach Art und Spezialisierungsgrad des Sortiments kann die Dichte der Besucher oder potenziellen Kunden invariant sein, distanziell abfallen oder räumlich unregelmäßig variieren. Nicht nur Einzelbetriebe, auch beliebige Aggregate von Einzelbetrieben und damit im übertragenen Sinne Standortbereiche oder die Gesamtstadt bilden Einzugsgebiete aus.

Überschneiden sich die Einzugsgebiete von zwei Betrieben mit gleichem Angebot, entsteht **Wettbewerb** zwischen ihnen. Man unterscheidet hierbei zwischen **intraformalem** und **interformalem** Wettbewerb. **Intraformaler Wettbewerb** bezeichnet das Konkurrenzverhältnis zweier Betriebe, die der gleichen Betriebsform angehören. Dabei ist die gesamte Handlungsform dem Wettbewerb ausgesetzt. Wegen der ähnlichen Kostenstruktur bleibt wenig Spielraum für den Einsatz des Preisparameters. Also wird der Wettbewerb stärker über Sortimentsbildung, Andienung und Werbeeinsatz ausgetragen. Der Konsument kann die Anbieter gut vergleichen, so dass geringe Vorteile, insbesondere der günstigere Standort, für die Einkaufsstättenwahl entscheidend sind.

Interformaler Wettbewerb besteht hingegen zwischen Betrieben gleicher Zielsetzung, aber verschiedener Betriebsformenzugehörigkeit. Aufgrund der unterschiedlichen Handlungsformen kann der Konsument das Gesamtangebot der konkurrierenden Betriebe nicht direkt vergleichen. Damit eröffnen sich erheblich mehr Möglichkeiten als beim intraformalen Wettbewerb, durch unterschiedliche Handhabung der Handlungsparameter Vorteile zu erlangen. Es kommt zu weit intensiveren Wettbewerbsauseinandersetzungen mit Veränderungen des Einzugsgebietes bis hin zu Verdrängungsprozessen und Änderung der Einzelhandelsstruktur.

Der Wettbewerb, der bei der Überschneidung der Einzugsgebiete zweier Betriebe entsteht, muss nicht nur negative Folgen haben. Dies zeigt eine Betrachtung des Geschäftserfolgs, der sich nach Nelson aus „generated", „shared" und „suscipient business" speist (NELSON 1958, S. 45). Dabei definiert er **„generated business"** als jenen Teil des Umsatzvolumens, der auf der Eigenanziehung des Betriebs beruht, also u.a. aufgrund seiner Größe, seinem Standort oder seinem Werbeaufwand und seiner Werbeintensität. Dagegen enthält der als **„shared business"** bezeichnete Teil des Umsatzvolumens Käufe von Besuchern, die eigentlich von benachbarten Einzelhandelsbetrieben angezogen worden sind. Diese geschäftsfördernde Nähe ist nicht als parasitär, sondern als symbiotisch zu bewerten, da es benachbarten Betrieben mit gegenseitigem Kundenaustausch gelingt, ein gemeinsames Einzugsgebiet auszubilden, das dasjenige jedes einzelnen Betriebs mindestens umfasst und in dem das Kundenpotenzial aller Betriebe (gemessen an Durchdringungsgrad, Besuchsintensität oder Kaufkraftbindung) deutlich über demjenigen der einzelnen Betriebe liegt. Wesentliche Gründe sind, dass eine Standortagglomeration mit angebotskompatiblen Betrieben a) höhere Wahrnehmungschancen hat und b) mehr Vergleichsmöglichkeiten bietet, was zusammen ihre höhere Attraktivität bedingt.

„Suscipient business" ergibt jenen Teil des Umsatzvolumens, der dem Betrieb aus dem zufälligen Aufsuchen von Passanten zufließt. Nicht von ungefähr bewerten Immobilienmakler die Qualität von Geschäftslagen nach der Passantenstromstärke, denn von der "Laufkundschaft" profitieren keineswegs nur der Tabak- und Zeitschriftenhandel oder Apotheken, sondern mehr oder weniger alle Einzelhandelsbetriebe.

In der Praxis erweist sich die Trennung der genannten Umsatzanteile aber als nicht immer eindeutig. Sie variieren je nach Branche und Betriebsform erheblich. Damit ist zu erwarten, dass mit größer werdendem „shared" und „suscipient business"-Anteil das räumliche Umfeld bei der Standortwahl immer wichtiger wird. Die Branchen und Betriebsformen, die zur "Umsatzagglomeration" (BIEBERSTEIN 1990, S. 7) neigen, kann man als angebotskompatibel bzw. kopplungsaffin bezeichnen. Ursache für den Kundenaustausch zwischen angebotskompatiblen Betrieben ist jenes Kundenverhalten, das die aktionsräumliche Forschung mit **Kopplung** umschreibt. So beschränken endogene und exogene Umwelteinflüsse („constraints") den Aktionsradius des Kunden sowohl zeitlich als auch räumlich. Zudem ist seine Transportkapazität begrenzt. Wegen dieser Restriktionen ist er gezwungen, durch Bündelung von Tätigkeiten im Rahmen eines Besorgungsgangs (= Kopplung) Zeit und Kosten einzusparen.

Unter **Einzelhandelsverdichtung** wird eine räumliche Konzentration von mindestens drei Einzelhandelsbetrieben verstanden, die bestimmten Kontingenzbedingungen genügt. Neben Einzelhandelsverdichtungen ohne erkennbare Abstimmung von Sortimenten und Betriebsformen der ansässigen Betriebe finden sich auch spezialisierte Einzelhandelsverdichtungen (BERRY 1963), die noch nicht als Geschäftszentren klassifiziert werden können. Typisches Beispiel sind die dem Kfz-Handel und -Zubehör zuzurechnenden Betriebe entlang von Ausfallstraßen. Als Geschäftszentrum wird eine Einzelhandelsverdichtung (ab einer definierten Mindest-Verkaufsfläche und mit einem Mindestangebot an Lebensmitteln) bezeichnet, die in der Regel auch weitere Dienstleistungseinrichtungen wie gastronomische Betriebe, Reisebüros, Banken etc. umfasst und den Kunden die vorteilhafte raum-zeitliche Kopplung der Betriebe ermöglicht. Dabei zeigen die Konsumenten durch ihr Verhalten, dass sie die Mehrheit der Betriebe am Standortbereich des Zentrums und deren aufeinander abgestimmte Sortimente bzw. sich ergänzende Handlungsformen hinsichtlich ihrer Versorgungsfunktion als Einheit betrachten. Als Überbegriff für Einzelhandelsverdichtung und Geschäftszentrum ist in der Literatur der Begriff **Einzelhandelsagglomeration** gebräuchlich.

Nach LANGE (1973) wird die gleichzeitige Besorgung von Gütern gleicher Verbrauchshäufigkeit als horizontale Kopplung verstanden. Sie steht im Gegensatz zur vertikalen Kopplung, die eine gleichzeitige Besorgung von Gütern unterschiedlicher Verbrauchshäufigkeit beinhaltet. Sinnvoll ist auch die Unterscheidung der Kauf- von der Informationskopplung. Von **Kaufkopplung** spricht man, wenn die Intention der auf einem Besorgungsgang durchgeführten Kopplung auf die Auswahl für einen späteren Kauf ausgerichtet ist. Dagegen steht bei der **Informationskopplung** der Kauf in einem anderen Geschäft im Vordergrund, der vorgeschaltete bzw. nachfolgende Besuch in weiteren Geschäften dient zunächst nur der Angebotsübersicht. Es bleibt offen, inwieweit dieser Besuch jetzt oder zukünftig zu einem Kaufabschluss führt. Nähere Ausführungen dazu enthält Kapitel 5.

Aufgrund der unterschiedlichen Größe und Ausstattung der Geschäftszentren lässt sich eine Rangordnung aufstellen, die als **Zentrenhierarchie** bezeichnet wird, allerdings nicht die von Christaller angenommene räumlich-geometrische Ordnung aufweist.

Die in einem Geschäftszentrum vereinten Betriebe erlangen durch ihre räumliche Nähe und ihr aufeinander abgestimmtes Angebot bestimmte Wettbewerbsvorteile. Damit tritt der Wettbewerb im stationären Einzelhandel nicht nur auf der Mikroebene der Einzelstandorte, sondern auch auf der Mesoebene der Geschäftszentren, allgemeiner: der Standorträume und Standortbereiche auf. Zu unterscheiden sind hier v.a. ungeplante (gewachsene) von geplanten Zentren (vgl. Kapitel 4). Es gehört zur Dynamik des Einzelhandels, dass immer neue Unternehmenskonzepte entwickelt und auf dem Markt etabliert werden. Dies greift die Handelsforschung auf, indem sie sich mit der Regelhaftigkeit des Auftretens neuer Betriebsformen sowie der Raumwirksamkeit dieses Wandels auseinandersetzt. Ein in Kapitel 2 behandelter zentraler Erklärungsansatz ist die Polarisationstheorie, welche einen unmittelbaren Zusammenhang zwischen der zunehmenden Polarisation des Nachfrageverhaltens und der Ausdifferenzierung von Betriebsformen herstellt. Für ihre Behandlung werden die Begriffspaare problemlose und -volle Waren, Grund- und Zusatznutzen sowie kosten- und leistungsorientierte Betriebsformen benötigt, die im folgenden Abschnitt besprochen werden, in dem die zur Angebotsklassifizierung verwendete Terminologie vorgestellt wird.

1.3.5   Angebotsklassifikationen

Das Sortiment eines Handelsbetriebs lässt sich auf unterschiedliche Weise charakterisieren. Die Einteilung in **Branchen** ist dabei wohl die am häufigsten angewandte Klassifikation, die auch der Handels- und Gaststättenzählung (HGZ) und damit der amtlichen Statistik zu Grunde liegt (vgl. Anhang). Sie fasst bestimmte **Warenarten** (z.B. Stoffe, Pelze, Hüte, Oberbekleidung), die eindeutig bestimmbar sind, zu übergeordneten Klassen = Branchen (z.B. Bekleidung) zusammen. Im Rahmen der Vereinheitlichung der Statistik in der EU wurden die Branchen neu definiert. In vielen geographischen Arbeiten wurden und werden jedoch abgewandelte Klassifikationen angewandt, da die Einteilung der amtlichen Statistik stark nach volks- bzw. betriebswirtschaftlichen Aspekten erfolgt und räumliche Aspekte kaum berücksichtigt. In der deutschen Literatur wird häufig auch eine Einteilung nach der **Bedarfshäufigkeit** (täglicher, periodischer und episodischer Bedarf) bzw. nach der **Fristigkeit** (kurz-, mittel- und langfristiger Bedarf) vorgenommen. Waren diese beiden Kriterien lange Zeit ohne weiteres austauschbar, weil täglicher Bedarf eben kurzfristig zu besorgen war etc., ist die Identität angesichts des technischen Fortschritts bei der Vorratshaltung (Kühlschrank und -truhe) heute nicht mehr gegeben.

Die in den empirischen Arbeiten verwendete Einteilung des Sortiments basiert auf einer hierarchischen Ableitung. Sortimente werden zu Branchen, Branchen werden zu Branchengruppen zusammengefasst, die ihrerseits wiederum in **Bedarfsstufen 1 bis 3** und **Sonderbedarf** aggregiert werden (siehe Abb. 5). Diese

Einteilung vermeidet einerseits die Fristigkeit der Bedarfsdeckung, beachtet aber andererseits die Häufigkeit des Auftretens von Betrieben und auch ihre räumliche Sortierung. So bilden Mitglieder der Bedarfsstufe 1 sehr oft die Minimalausstattung wohnnaher Geschäftsagglomerationen, solche der Bedarfsstufe 2 finden sich vorzugsweise in Innenstadtlagen.

Abb. 5   Zuordnung von Branchengruppen zu Bedarfsstufen

Bedarfsstufe	Branchengruppen
Bedarfsstufe 1 = kurzfristig	Nahrungs- und Genussmittel Papier- und Schreibwaren Pharmazie, Drogerie, Parfümerie Blumen
Bedarfsstufe 2 = mittelfristig	Bekleidung, Textilien; Schuhe, Lederwaren Raumausstattung Eisenwaren, Hausrat, Porzellan, Glas, Keramik Spielwaren, Sportartikel, Geschenkartikel Bücher, neue Medien Pflanzen, Samen, Zoo
Bedarfsstufe 3 = langfristig	Möbel, Teppiche, Bodenbeläge Uhren, Schmuck, Foto Optik, Hörgeräte, Sanitätsbedarf Sammlerbedarf (Antiquitäten, Münzen etc.) Unterhaltungselektronik, Haushaltsgeräte Farben, Tapeten, Heimwerkerbedarf
Sonderbedarf	Kfz- und Zweiradhandel Musikinstrumente, Büromaschinen, Computer

In der anglo-amerikanischen Literatur herrscht eine weitere Einteilung in convenience goods, shopping goods und speciality goods vor, die auf eine umfassendere Charakterisierung des Käuferverhaltens abzielt. Als **convenience goods** werden Waren mit oft geringem Einzelwert und hoher Standardisierung bezeichnet. Außerdem werden die Waren häufig benötigt, so dass davon ausgegangen werden kann, dass der Verbraucher einen möglichst mühelosen Einkauf anstrebt. Typisch hierfür ist ein habitualisiertes Kaufverhalten, das sich durch geringe Informationsverarbeitung und somit relativ stereotype Einkaufsmuster auszeichnet. Auch Impulskäufe bzw. das „suscipient business" gehören hierzu.

Bei den **shopping goods** handelt es sich um Waren mit höherem Einzelwert sowie einer geringeren Standardisierung, so dass hier umfangreichere Vergleiche hinsichtlich Qualität und Preis der Waren angestellt werden und mehr Zeit investiert wird. Neben dem Versorgungs- kommt hier auch das Erlebnisbedürfnis zum Tragen. **Speciality goods** haben schließlich einen hohen Einzelwert und werden sehr selten benötigt, so dass hier dem Kauf eine gründliche Informationsbeschaffung vorausgeht. Oft werden die Kaufentscheidungen deswegen auch nicht von einer Person getroffen, sondern innerhalb des Haushalts diskutiert.

Eine weitere Form der Charakterisierung besteht in der Erklärungsbedürftigkeit der Waren. So steht **problemlos** für beratungsfrei und bezeichnet Waren, die der Konsument nach Merkmalen, die für ihre Beschaffung oder ihren Gebrauch wichtig sind, hinreichend kennt, so z.b. nach der Qualität, der Verwendung oder dem Preis. Hierunter fallen etwa Verbrauchsgüter des täglichen Bedarfs, die dementsprechend besonders geeignet für einen SB-Vertrieb sind. **Problemvolle Waren** benötigen eine mehr oder weniger hohe Beratungsintensität. Hierzu gehören neben Blumen und Pflanzen die meisten Waren der Bedarfsstufen 2 und 3 sowie des Sonderbedarfs. Jedoch ist die Notwendigkeit der Beratung sowohl abhängig von dem Entwicklungsstand des Produkts als auch von der Vorinformation und dem Selbstbewusstsein des Kunden. Zum Beispiel zeigt sich, dass die Problemhaftigkeit des Bekleidungskaufs mit dem Alter variiert.

Eine weitere Klassifikation teilt die Waren nach ihrem Grund- und Zusatznutzen ein. Diese Einteilung lässt sich nur bedingt an den Warengattungen festmachen, sondern geht von der Kaufmotivation des Käufers aus. Beim **Grundnutzen** steht primär die Funktion der Waren im Vordergrund, z.b. das Wärmen der Kleidung. Wird ein neues Kleidungsstück jedoch nicht „wirklich" gebraucht, ist der Kauf primär vom Wunsch nach einem **Zusatznutzen** geleitet. Dies kann Freude an Mode, das Gefühl dazuzugehören, ein Frust- oder Belohnungskauf o.ä. sein.

Unterstellt man, dass Betriebsformen immer auch eine Antwort auf aktuelle Nachfragetrends darstellen, dann lassen sich zwei gegensätzliche Ausrichtungen der Handlungsparameter charakterisieren. **Kostenorientierung** ist dann gegeben, wenn das Sortiment überwiegend auf die Befriedigung des Grundnutzens abzielt mit standardisierten, selbsterklärenden Artikeln homogener Qualität. Ein sehr zurückhaltender Personaleinsatz mit überwiegender Selbstbedienung sowie eine einfache, zweckmäßige Ladeneinrichtung zielen auf Minimierung der Kosten ab, das Image der Preiswürdigkeit wird gepflegt. **Leistungsorientierung** setzt dagegen überwiegend auf Artikel des Zusatznutzens, die auch Statuskomponenten aufweisen und zielgruppenspezifisch differenziert sind. Bedienung/Beratung steht ebenso im Vordergrund wie ein erlebnisorientiertes Einkaufsambiente an einem Standort mit hohem Goodwill.

Literaturhinweise zu Kapitel 1

Als umfassende neuere Darstellung des Handels aus betriebswirtschaftlicher Sicht kann empfohlen werden:

MÜLLER-HAGEDORN, L. (1998): Der Handel. Stuttgart, Berlin, Köln.

Eine systematische Diskussion der Handelsfunktionen gibt

SEYFFERT, R. (1972): Wirtschaftslehre des Handels. Opladen.

Als englischsprachiges Lehrbuch der "Retailing Geography" sei die Lektüre des Buches von Jones und Simmons empfohlen.

JONES, K.; SIMMONS, J. (1990): The Retail Environment. London, New York.

Als zentraler Begriff für die weitere Behandlung des Einzelhandels ist die Betriebsform herausgestellt worden. Um die hierzu angestellten Überlegungen der Fachperspektive einordnen zu können, wird auf die Einführungskapitel von Sedlacek verwiesen.

SEDLACEK, P. (1988): Wirtschaftsgeographie. Eine Einführung. Darmstadt.

Ergänzend kann die moderne Sicht der Wirtschaftswissenschaften nachgelesen werden bei

GLÖCKNER-HOLME, I. (1988): Betriebsformen-Marketing im Einzelhandel. Augsburg. (=Schwerpunkt Marketing 23).

Bislang steht eine systematische Behandlung der Raumstrukturen des Einzelhandels aus der Sicht von betriebswirtschaftlichen und nachfragebedingten Erfordernissen aus. Teilaspekte wie die klassische Typologie der innerstädtischen Geschäftsverdichtungen (BERRY) oder gewachsene und geplante Einkaufszentren (z.B. DIETSCHE) müssen ergänzt werden durch die eher wirtschaftswissenschaftlich orientierte Sichtweise von FALK und TIETZ.

BERRY, B. J. (1963): Commercial structure and commercial blight. Chicago. (=Research Paper 85 der University of Chicago. Department of Geography).

DIETSCHE, H. (1984): Geschäftszentren in Stuttgart. Regelhaftigkeit und Individualität großstädtischer Geschäftszentren. Stuttgart. (=Stuttgarter Geographische Studien 101).

FALK, B. (1998): Das große Handbuch Shopping-Center. Einkaufspassagen, Factory-Outlet-Malls, Urban-Entertainment-Center. Landsberg/L.

TIETZ, B. (1985): Der Handelsbetrieb. Grundlagen der Unternehmenspolitik. München.

2 Handel im Wandel

2.1 Die Entwicklung des Einzelhandels in Deutschland

Die Einzelhandelslandschaft in Deutschland hat sich in den letzten Jahrzehnten stark verändert. Die wichtigsten Trends wollen wir in diesem Kapitel in einem kurzen Überblick skizzieren, auch wenn wir auf genaues Zahlenmaterial weitgehend verzichten müssen, denn verlässliche Zahlen gibt es kaum. Zwar wurden vom STATISTISCHEN BUNDESAMT 1960, 1968, 1979, 1985 und 1993 die sogenannten Handels- und Gaststättenzählungen (HGZ) veröffentlicht, die interessante Größen wie die Anzahl der Verkaufsstätten, die Größe der Verkaufsfläche oder die Höhe der Umsätze enthalten. Die einzelnen Erhebungen sind aber untereinander nur bedingt vergleichbar, da jeweils Veränderungen im Erhebungsdesign vorgenommen wurden. Weitere Kritikpunkte an der HGZ sind die Untererfassung bei den Betrieben, da aktuelle vollständige Adressdatenbanken nicht verfügbar sind und waren und die Selbsteingruppierung der Betriebe durch die Befragten. Gerade aus geographischer Sicht ist außerdem die ungenügende räumliche Differenzierung der Daten anzumerken. Auch Auswertungen auf Gemeindeebene sind aufgrund der Vorgaben zum Datenschutz oft wenig aussagekräftig.

Vergrößerung der Verkaufsfläche

Die augenscheinlichste Entwicklung in den letzten Jahrzehnten ist die Vergrößerung der Verkaufsfläche. Sie wird heute für die alten Bundesländer auf 90 Mio. m² geschätzt, so dass im Durchschnitt 1,3 m² auf jeden Einwohner kommen.

In den neuen Bundesländern bestand nach der Wende mit einer Verkaufsfläche von 0,4 m² pro Einwohner eine relativ geringe Verkaufsflächenausstattung. Bis zum Jahr 2000 hat sich die Ausstattung jedoch den alten Bundesländern mit insgesamt 18 Mio. m² und damit 1,2 m² pro Einwohner weitestgehend angeglichen, auch wenn lokal zum Teil deutliche Abweichungen auftreten.

Rückläufige Betriebszahlen

Parallel zur Vergrößerung der Verkaufsfläche ist die Zahl der Einzelhandelsbetriebe in den alten Bundesländern in den letzten 40 Jahren gesunken. Dementsprechend ist die durchschnittliche Verkaufsfläche pro Einzelhandelsbetrieb angestiegen. Dies wird als **Maßstabsvergrößerung** bezeichnet. In der Konsequenz sind die Flächenproduktivitäten, d.h. die Umsätze pro Quadratmeter Verkaufsfläche, im Durchschnitt gesunken.

Unternehmenskonzentration

Auch die Betriebs- und Unternehmensstruktur hat sich stark gewandelt. Dominierte nach dem Zweiten Weltkrieg noch der eigentümergeführte Betrieb, so wird der Einzelhandel in Deutschland heute von nationalen und internationalen Konzernen geprägt. Einzelhandelsunternehmen wie die Metro AG oder die Rewe-Gruppe gehören heute zu den umsatzstärksten Unternehmen in Deutschland.

Abb. 6   Die umsatzstärksten Unternehmen in Deutschland

Rang	Unternehmen	Branche	Umsatz 2001 in Mio. €	Beschäftigte
1	Daimler Chrysler	Automobil	152.873	372.470
2	Volkswagen	Automobil	88.540	322.077
3	Siemens	Elektronik	87.000	484.000
4	Eon	Energie	79.664	151.953
5	RWE	Mischkonzern	56.751	169.979
6	**Metro**	**Handel**	**49.522**	**240.769**
7	Deutsche Telekom	Telekommunikation	48.309	257.058
8	BMW	Automobil	38.463	97.275
9	Thyssen/Krupp	Mischkonzern	38.008	193.516
10	**Rewe-Gruppe**	**Handel**	**37.540**	**186.834**
13	**Edeka**	**Handel**	**32.800**	**200.000**
16	**Tengelmann**	**Handel**	**26.650**	**185.591**
17	**Otto-Gruppe**	**Handel**	**22.805**	**75.962**
19	**Aldi**	**Handel**	**21.600**	**200.000**

Quelle: Bauchmüller 2002, S. 27

Die Vergrößerung der Unternehmen erfolgt in der Regel über Fusionen, Aufkäufe und Übernahmen. Im Gegensatz zu den eigentümergeführten Betrieben verfügen sie über eine enorme Marktstärke, Finanzkraft und organisatorische sowie kostenmäßige Überlegenheit.

Abb. 7   Konzentration im Lebensmitteleinzelhandel – Die Verteilung des Umsatzes auf die Einzelhandelsunternehmen in Deutschland

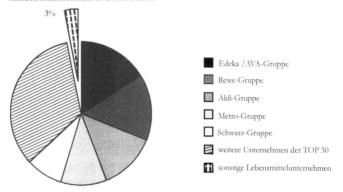

3%

- Edeka /AVA-Gruppe
- Rewe-Gruppe
- Aldi-Gruppe
- Metro-Gruppe
- Schwarz-Gruppe
- weitere Unternehmen der TOP 30
- sonstige Lebensmittelunternehmen

Quelle: M+M EURODATA 2002[b]; eigene Darstellung

Im Vergleich zu anderen Wirtschaftsbereichen ist die Unternehmenskonzentration in Teilbereichen des Einzelhandels mit am weitesten fortgeschritten. Dies betrifft insbesondere den Lebensmitteleinzelhandel, wo bereits von einer Oligopolsituation gesprochen werden kann: 97,6 % des Umsatzes im Lebensmittelbereich werden heute von nur mehr 30 Einzelhandelsunternehmen erwirtschaftet. Die fünf umsatzstärksten Unternehmen vereinen dabei bereits einen Anteil von 65 % auf sich.

Die Einzelhandelsunternehmen umfassen dabei vielfach nicht nur einen Betriebstyp (Ausnahme: Aldi-Gruppe), sondern eine Vielzahl sorgfältig aufeinander abgestimmter Vertriebsschienen unterschiedlicher Betriebsformen und Branchen. Insofern beruht der Eindruck großer Vielfalt auf Seiten des Angebots gewissermaßen auf einer optischen Täuschung: Viele Konkurrenten sind gar keine, sondern gehören zu ein und demselben Unternehmen (vgl. Abb. 8).

Abb. 8   Einzelhandelsunternehmen und ihre Vertriebsschienen (Auswahl)

	SB-Waren-häuser	Super-/ Verbrau-cher-märkte	Fach-märkte	Waren-häuser	Kaufhäuser	Fach- und Spezial-geschäfte
Metro	Real	Extra	Media-Saturn-Holding Praktiker	Kaufhof		
Karstadt-Quelle Konzern			WOM (World of Music) Schaulandt (Elektromarkt)	Karstadt Hertie KaDeWe Wertheim Alsterhaus	Karstadt Sport	Runner´s Point Wehmeyer Golf House
Douglas-Holding			Voswinkel (Sport)		Appelrath-Cüpper (Damen-mode) Pohland (Herren-mode)	Douglas Christ (Schmuck) Hussel (Süßwaren) Thalia (Bücher)

Quelle: Metro AG 2002; Karstadt Quelle AG 2002; Douglas-Holding AG 2002

Zu den in Abbildung 8 dargestellten Diversifikationen im Einzelhandelsbereich kommen in vielen Fällen noch weitere, einzelhandelsfremde Unternehmensbereiche wie Touristik (z.B. Rewe mit Tjaereborg, ADAC Reisen, Jahn Reisen, DERTOUR, Meier´s Weltreisen, ITS und ITS Billa Reisen), Gastronomie (z.B. Metro mit Dinea, Grillpfanne und Axxe) oder Lebensmittelproduktion (z.B. Tengelmann mit Wissoll).

Internationalisierung

Der Konzentrationsprozess macht auch vor Landesgrenzen nicht halt, die Internationalisierung schreitet ebenso voran. Viele Einzelhandelsunternehmen wie z.b. IKEA, WalMart, GAP und Woolworth sind heute, wenn auch nicht weltweit, so doch in vielen Ländern bekannt. Das Ausmaß der Internationalisierung wird hier beispielhaft für den Lebensmittelbereich dargestellt: Ahold führt dabei mit einem Auslandsanteil von rund 85 % am Umsatz die Rangliste an. Das Unternehmen ist in insgesamt 27 Ländern tätig.

Abb. 9   Die zehn Einzelhandelsunternehmen im Lebensmittelbereich mit dem höchsten Anteil des Umsatzes im Ausland

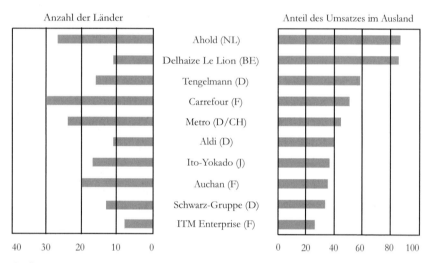

Anzahl der Länder

Ahold (NL)
Delhaize Le Lion (BE)
Tengelmann (D)
Carrefour (F)
Metro (D/CH)
Aldi (D)
Ito-Yokado (J)
Auchan (F)
Schwarz-Gruppe (D)
ITM Enterprise (F)

40 30 20 10 0

Anteil des Umsatzes im Ausland

0 20 40 60 80 100

Quelle: M+M Eurodata 2002ª

2.2   Ursachen und Wirkungen des Strukturwandels

Um den beschriebenen Strukturwandel verstehen zu können, muss nach seinen Ursachen gefragt werden. Sie können auf handelsendogene und -exogene Einflüsse zurückgeführt werden (HATZFELD 1987). Die handelsexogenen Einflüsse können dabei nochmals in Einflüsse des sozialen Systems (Konsumenten) und Einflüsse des politisch-administrativen Systems (Politiker, Planer) unterteilt werden. Die Trennung ist jedoch nicht immer eindeutig. So sind die Einflüsse untereinander und teilweise über Rückkopplungen mit den vorher geschilderten Handlungen der Unternehmen und deren Wirkungen verbunden. Die folgende Abb. 10 zeigt diese Verflechtungen zwischen den jeweils relevanten Entscheidungsträgern.

Abb. 10   Modell der Einflussfaktoren und Entscheidungsmechanismen

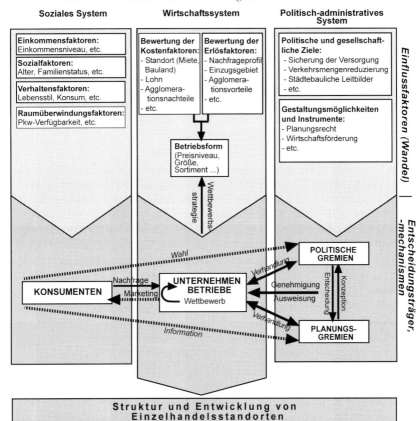

Quelle: Pütz 1998, S. 12; eigene Bearbeitung

Handelsexogene Einflüsse

Die Konsumenten beeinflussen über ihr Einkaufsverhalten die weitere Entwicklung des Einzelhandels maßgeblich. Ihr Verhalten wird nach KULKE (1992[b]) durch Einkommens-, Sozial-, Verhaltens- und Raumüberwindungsfaktoren bestimmt. Von herausragender Bedeutung ist hierbei die Zunahme der Mobilität der Nachfrage. Durch den steigenden Motorisierungsgrad erhöhen sich Reichweite und Transportkapazität der Konsumenten. Die gestiegene Mobilität ermöglicht damit eine Neuorientierung der Standortwahl bestimmter Betriebsformen, die auch durch die zunehmende Urbanisierung der Bevölkerung und durch die Verlagerung des Bevölkerungsschwerpunktes in den Ballungsgebieten nach außen gefördert wird. Begleitend vollzieht sich der Ausbau des Straßennetzes. Damit wird ländlichen Räumen der Zugang zu den verstädterten Gebieten erleichtert. Da gleichzeitig die Möglichkeiten der häuslichen Vorratshaltung beim Grundbedarf steigen, können über Großeinkäufe die Preisvorteile der diskontorientierten Betriebe und das interne Kopplungspotenzial der großflächigen Betriebsformen ausgenutzt und zugleich die Einkaufsfrequenz gesenkt werden.

Auch die demographischen Veränderungen haben Auswirkungen auf den Strukturwandel im Einzelhandel. So bewirkt die Zunahme des Durchschnittsalters der Bevölkerung eine veränderte Schwerpunktsetzung der Nachfrage nach Konsumgütern. Dies gilt in ähnlicher Weise für die Veränderungen bei der Haushaltszusammensetzung und dem Familienstatus und betrifft z.B. die Abgabemengen und die Zunahme der Nachfrageindividualisierung.

Daneben kann eine Ausdifferenzierung der Gesellschaft in Lebensstilgruppen beobachtet werden, die jeweils spezifische Konsummuster ausbilden. Hier wird der Zusatznutzen der Waren in den Vordergrund gestellt. Wie weit die Ausdifferenzierung angesichts einer zunehmenden Polarisierung der Einkommensentwicklung mit wachsenden Anteilen einkommensschwacher Bevölkerungsgruppen reicht, wird unterschiedlich diskutiert. Die Segmentierung bei der Bevölkerungsmehrheit ist jedoch unbestritten und spiegelt sich in der Entwicklung der Einzelhandelsstrukturen, insbesondere der Betriebsformen, deutlich wider.

Das Konsumentenverhalten unterliegt aber auch Einflüssen der Einzelhandelsunternehmen. So haben nicht zuletzt das Auftreten neuer Betriebsformen, die Entwicklung eines eigenen Handelsmarketings und die von Produzenten und Handelsunternehmen betriebene Werbung zu einem veränderten Verbraucherbewusstsein geführt. Gestützt durch eine gestiegene Vorinformation ist v.a. bei standardisierten Waren ein ausgeprägtes Preisbewusstsein festzustellen.

Mit der Entwicklung des Straßennetzes ist bereits ein Einflussfaktor aus dem Bereich des politisch-administrativen Systems angesprochen. Dem Ziel der Verkehrsmengenreduzierung steht hier ein in der Realität zunehmender motorisierter Einkaufsverkehr gegenüber. Generell gilt, dass die jeweils aktuellen politischen und gesellschaftlichen Ziele und Leitbilder den Rahmen für die jeweiligen Einzelhandelsentwicklungen setzen. Ein internationaler Vergleich der Planungsrichtlinien und der jeweiligen Einzelhandelsentwicklungen macht dies schnell deutlich.

Handelsendogene Einflüsse

Die Einzelhandelsentwicklung ist – wie bereits erwähnt – nicht nur äußeren Einflüssen ausgesetzt, sondern auch auf interne Veränderungen zurückzuführen, die mit organisatorischen und technologischen Innovationen einhergehen. Sie führen zu unterschiedlichen Bewertungen der Kosten- und Erlösfaktoren und beeinflussen den Erfolg oder Misserfolg von Einzelhandelsunternehmen maßgeblich.

Will man die handelsendogenen Einflüsse auf drei Kernpunkte reduzieren, so bestehen sie gerade in der kapitalbedingten Selektionswirkung bei der Umsetzung von Innovationen, der Verschärfung des Wettbewerbs infolge der Kapitalkonzentration und der Nachfragemacht der Großunternehmen.

Als wesentliche Innovationen sind die Einführung der Selbstbedienung (SB), die Vergrößerung der Sortimente und die Rationalisierung aller Arbeitsabläufe zu sehen. So erfordert die Einführung der SB mehr Verkaufsfläche, was mit mehr Kapitaleinsatz verbunden ist. Die Vergrößerung des Sortiments wird sowohl von den Produzenten über Innovationen, als auch von den Konsumenten über die weitere Differenzierung der Nachfrage angestoßen. Zwischen beiden besteht ein Zusammenhang, der über Marktforschung einerseits (Ausforschung der Konsumentenwünsche) und Werbung andererseits (Weckung von Bedürfnissen) hergestellt wird. Auch die Erweiterung des Sortiments bewirkt eine Vergrößerung der Verkaufsfläche. Schließlich macht auch die Einsparung von Arbeitskraft mehr Verkaufsfläche und einen größeren Kapitaleinsatz erforderlich, da sie nicht nur den Verkaufsvorgang (Bedienung) betrifft, sondern bereits bei der Anlieferung ansetzt und auch die Sortier- und Einordnungsvorgänge im Laden selbst einschließlich der Warenbestandserfassung und die Modernisierung des Kassenbereichs umfasst. Alle Betriebe, die diesen Kapitaleinsatz nicht leisten können, erleiden einen Wettbewerbsnachteil und sind damit nur bedingt konkurrenzfähig.

Es sind v.a. die Betriebsformen SB-Warenhaus, Verbrauchermarkt und Fachmarkt, die im besonderen Maße diese Innovationen umsetzen. Ihre Errichtung verlangt erheblich mehr Investitionen als herkömmliche Betriebsformen, so dass fast ausschließlich Großunternehmen als Betreiber auftreten. Ihre Platzierung auf lokalen Märkten hat eine schlagartige Erhöhung des Angebots sowie ein Absenken des Preisniveaus und damit eine Verschärfung des interformalen Wettbewerbs zur Folge, dem viele Klein- und Mittelbetriebe nicht gewachsen sind.

Nun lässt sich das Ausscheiden von Betrieben, die aufgrund ihrer Kapitalschwäche oder ihrer traditionellen Betriebsführung nicht mehr konkurrenzfähig sind, im Rahmen der vorherrschenden Marktwirtschaft sicherlich rechtfertigen. Sehr viel schwieriger wird dies bei der Beurteilung der Folgen des Wettbewerbs auf der Ebene der großen Einzelhandelsunternehmen. Er wird ausgelöst durch die Verknappung von Standorten infolge der restriktiven Haltung der Planung sowie durch den Kampf um Marktanteile. So wird zum einen ein interformaler Wettbewerb mit den Discountformen ausgetragen, die schon vorher SB und Niedrigpreise konsequent verfolgt und den Konzentrationsprozess bereits hinter sich haben. Zum anderen wird in einem intraformalen Wettbewerb der großflächigen Betriebsformen das Herausdrängen von Unternehmen aus lokalen Märkten praktiziert. Für den Ausgang ist die Kapitalausstattung entscheidend, da auch verlustreiche Standorte bis zur Beendigung mitgetragen werden müssen. Insgesamt bleiben dabei aber auch durchaus leistungsfähige Unternehmen auf der Strecke.

In jedem Fall wachsen die Marktanteile der großflächigen Betriebsformen weiter (vgl. Abb. 11), was – wie bereits ausgeführt – zu einer steigenden Nachfragemacht der Betreiber gegenüber den Lieferanten und Produzenten führt. Die den großen Unternehmen gewährten Sonderkonditionen werden den kleinen Unternehmen verweigert. Es wird sogar von der Beschaffungsseite versucht, die gegen-

über den Großunternehmen erlittenen Verluste im Handel mit den Kleinabneh-
mern zu kompensieren. Damit ergeben sich auch auf der Beschaffungsseite erhebliche Wettbewerbsverzerrungen, die den Strukturwandel beeinflussen.

Abb. 11   Entwicklung ausgewählter non-food-Betriebsformen seit 1980

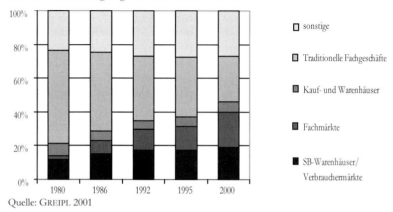

Quelle: GREIPL 2001

Raumrelevanz des Strukturwandels

Versucht man eine knappe Bilanz der räumlichen Wirkung des Strukturwandels
aus der Sicht der Planung zu ziehen, dann stehen die Auswirkungen des Betriebsrückgangs, die Maßstabsvergrößerung und die Veränderung der Standortstruktur
im Vordergrund (HATZFELD 1987).

Auswirkungen des Betriebsrückgangs

Thema Nr. 1 ist v.a. die Gefährdung der flächendeckenden Nahversorgung. Bei
einem Ausdünnen des Bestands kommt es einerseits lokal zu einer verringerten
Anbietervielfalt, andererseits verlängern sich die Einkaufswege. Das belastet die in
ihrer Mobilität eingeschränkten Bevölkerungsschichten und schließt sie möglicherweise von Vorteilen aus, die der Strukturwandel für die Konsumenten mit
sich bringt. Da diese Kunden meist nur über eine geringere Kaufkraft verfügen,
werden so auch sozioökonomische Unterschiede weiter verschärft.

Ein weiteres Problem ist die abnehmende Bedeutung des ortsgebundenen selbständigen Einzelhandelskaufmanns. Dabei werden nicht nur Fragen des Arbeits-
marktes und der Qualifikation der Arbeits- und Ausbildungsplätze berührt, sondern auch die Sortimentsgestaltung mit entsprechendem Eingehen auf lokale und
regionale Besonderheiten oder das Interesse an dem Standort und die aktive Mitarbeit in Standortkooperationen. Mit wachsender Filialisierung ergibt sich für die
räumliche Ordnung des Einzelhandels, seine Entwicklung und regionale Profilierung eine zunehmende Fremdbestimmtheit. Nicht mehr einzelne Unternehmer-
persönlichkeiten am Ort sind für die raumrelevanten Standort- und Sortiments-
entscheidungen verantwortlich, sondern die in übergeordnetem Maßstab und

nach streng betriebswirtschaftlichen Kategorien agierende Unternehmensleitung an ihrem jeweiligen Verwaltungssitz.

Maßstabsvergrößerung

Die Entwicklung neuer Betriebsformen hat in mehrfacher Hinsicht zu einer Normierung geführt. So haben sich auf Unternehmerseite Standards hinsichtlich des Verkaufsflächenbedarfs und seiner Kosten, der Zusatzflächen, der verkehrsmäßigen Erschließung und des erforderlichen Einzugsgebietes herausgebildet. Werden diese nicht erfüllt, dann erfolgt keine Investition. Damit reichen die planerischen Anreizmittel immer häufiger nicht aus, um etwa die Nicht- oder Unterversorgung von Gemeinde- und Stadtteilen zu beheben. Wenn ein Geschäft gebaut wird, dann geschieht dies nach den Richtlinien des Unternehmens. Von ihnen um einer besseren städtebaulichen Integration willen abzuweichen, verursacht Kosten, so dass der Betreiber versuchen wird, entsprechende Auflagen zu umgehen.

Die Vergrößerung des Einzugsgebietes führt zu einer Verlängerung der durchschnittlichen Einkaufswege. Dies und die Verringerung der Einkaufsfrequenz ziehen einen verstärkten Pkw-Einsatz der Besucher nach sich. Damit werden am Standort mehr Parkflächen benötigt, es erfolgt ein größerer Flächenverbrauch. Gleichzeitig erhöht sich die Verkehrsbelastung, so dass weitere Infrastrukturmaßnahmen nötig werden. Insbesondere werden dadurch bei dezentralen Standorten, die nur mit dem Pkw erreicht werden können, indirekt die bisher in den ÖPNV geleisteten Investitionen entwertet.

Veränderte Standortstruktur

Die dezentrale Standortwahl großflächiger Einzelhandelsbetriebe läuft in mehrfacher Hinsicht herkömmlichen planerischen Leitbildern zuwider. Auf landesplanerischer Ebene deutet sich ein Konflikt mit dem Leitbild der zentralörtlichen Gliederung der Siedlungsstruktur an. So ist die Ansiedlung von großflächigen Einzelhandelsprojekten erst ab einer bestimmten Zentralitätsstufe zugelassen. In unmittelbarer Nachbarschaft von (Kern-)Städten führt die Ansiedlung dieser Einzelhandelsprojekte häufig zum interkommunalen Streit um erhoffte Arbeitsplatzgewinne und Gewerbesteuereinnahmen. Darüber wird die Pflicht zur Abstimmung der Bauleitplanung oft missachtet. Innerhalb der Städte wirft die Erschließung neuer Standorte im städtischen Außenbereich ebenfalls erhebliche Probleme auf. So werden v.a. Gewerbegebiete, die ursprünglich für produzierendes Gewerbe ausgewiesen wurden, zweckentfremdet und zur Ansiedlung von Einzelhandel genutzt. Dieser Tendenz scheinen sich nur wenige Städte entziehen zu können.

Weiter können die Folgen für den bereits bestehenden Einzelhandel bzw. besonders sensible Standortbereiche wie die Innenstadt oder das innerstädtische Zentrensystem mangels Kenntnissen und verfügbaren Daten in der vorgeschriebenen planerischen Beurteilung nur höchst unzureichend abgeschätzt werden. Auch die Eigendynamik am neuen Standort, insbesondere der von dem angesiedelten Unternehmen ausgehende Agglomerationseffekt, wird weitgehend missachtet.

Zusammenfassung

Im Rahmen der handelsendogenen Einflüsse tritt der Betriebsformenwandel als Ursache auf und in Rückkopplung mit den handelsexogenen Einflüssen übt er infolge der großen Akzeptanz der neuen Betriebsformen eine Katalysatorfunktion für die gesamte Einzelhandelsentwicklung aus.

Dieser Primat der handelsendogenen über die handelsexogenen Faktoren dokumentiert sich auch in einer weitaus stärkeren Stellung des Handels gegenüber der Planung. Je mehr der Handel eine höhere Standortflexibilität und das Einzelhandelsunternehmen ein größeres Gewicht für die Versorgung, den Arbeitsmarkt oder das Gewerbesteueraufkommen gewinnt, umso stärker wächst indirekt sein Einfluss auf die Leitbildausprägung der Planung und deren Umsetzung.

2.3   Der Betriebsformenwandel als Motor der Entwicklung

Als Ausgangspunkt für die Behandlung des Betriebsformenwandels dient das Unternehmenskonzept der Einzelwirtschaft, aus der im Einzelhandel die Betriebsform abgeleitet ist. Seine Umsetzung wird zunächst von den Beweggründen und Rahmenbedingungen der unternehmerischen Leitung abhängen. Diese sind in Abb. 12 unter dem endogenen Bereich bzw. der „internen Einzelwirtschaftsumwelt" zusammengefasst. Verändern sich die Beweggründe und Rahmenbedingungen etwa in Folge eines Alterungsprozesses der Entscheidungsgremien oder durch anhaltenden Erfolg oder Misserfolg des Unternehmens, dann hat dies Rückwirkungen auf die Ziele und begleitend auch auf die Art, Gewichtung und Intensität der Ausübung der Handelsfunktionen. Damit kommt es zu einer Veränderung der Betriebsform.

Die Entscheidungen und Handlungen stehen in Wechselbeziehungen mit der (Außen-)umwelt: Einerseits wird jede Einzelwirtschaft in ihrer Tätigkeit von ihrer Umwelt beeinflusst, andererseits verändert ihr Bestehen und Wirken die Umwelt. Für die nachfolgenden Ausführungen wird dabei eine Unterscheidung in die generelle und die Aufgaben-Umwelt vorgenommen.

Die **generelle Umweltdynamik** des Handels (Exogener Bereich I) lässt sich an zwei Aspekten zeigen. Zum einen kann der Handel als Spiegelbild der gesellschaftlichen, ökonomischen und kulturellen Situation und Entwicklung eines Landes angesehen werden. In ihm finden ihren Niederschlag:

- demographische, sozioökonomische und sozialkulturelle Wandlungen,

- Veränderungen im Zielsystem, der Innovationskraft und der Anpassungsfähigkeit der Handelsunternehmen und

- Veränderungen in den Regulatorien von Gesetzgeber und öffentlicher Verwaltung.

Zum anderen ist der Handel Teil der Marktwirtschaft, die sich selbst charakterisiert durch eine systemimmanente Entwicklungs- und Veränderungsdynamik. Insofern ist der Handel beeinflusst von

- der technischen Entwicklung,
- der Massenproduktion und Ausweitung der Produktpalette,
- der Konsumdifferenzierung mit Bildung immer neuer, fragmentierter Nachfrage- und Zielgruppen und
- dem Wertewandel.

Abb. 12   Dimensionen der Umwelt von Einzelwirtschaften

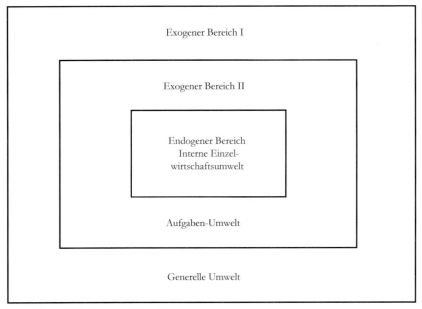

Quelle: GLÖCKNER-HOLME 1988, S. 102

Während die generelle Umwelt einen mittelbaren Einfluss auf den Einzelhandel ausübt, kann der Einfluss der **Aufgaben-Umwelt** als unmittelbar bezeichnet werden. Hierunter werden alle Einwirkungen von Marktpartnern der Einzelhandelswirtschaft sowohl auf der Beschaffungs- als auch auf der Absatzseite verstanden (GLÖCKNER-HOLME 1988). Für die weitere Betrachtung sind auf der Beschaffungsseite die Lieferanten von Waren, die Arbeitskräfte und die Verkäufer oder Vermieter von Betriebsflächen wichtig. Auf der Absatzseite finden die Nachfrager sowie die Mitbewerber Beachtung.

In der Literatur finden sich überwiegend wirtschaftswissenschaftliche Ansätze, die den Betriebsformenwandel unter Einbeziehung von Einflüssen der internen, generellen und Aufgaben-Umwelt erklären. Sie sollen nachfolgend skizziert, ihre Verwendung im Rahmen geographischer Forschung diskutiert und ihre Eignung zur Erklärung raumwirksamer Prozesse geprüft werden. Unter Heranziehung der Einteilung von BROWN (1987) lassen sich drei Hauptgruppen theoretischer Ansätze zur Erklärung des Betriebsformenwandels bilden: Umwelttheorien, zyklische Theorien und Konflikttheorien.

2.3.1   Umwelttheorien

Eine erste Gruppe von theoretischen Ansätzen betont besonders die ein- oder wechselseitige Einflussnahme der generellen und der Aufgaben-Umwelt auf den Einzelhandel. Neue Betriebsformen setzen sich demnach nur dann durch, wenn sie bei ihrer Einführung auf günstige Umweltbedingungen treffen. Bereits bestehende Betriebsformen werden in dem Maße überleben, wie sie sich auf neue Bedingungen einstellen können. Die Handlungsform der wirtschaftlich schwächsten Betriebsformen ist am ehesten der Weiterentwicklung bzw. dem Angriff neuer Betriebsformen ausgesetzt.

Stellvertretend sei der **anpassungstheoretische Ansatz** von MOSER (1974) vorgestellt. Er geht davon aus, dass der Einzelhandel ein lern- und anpassungsfähiges System darstellt. Äußere Einflüsse verändern seine Zielnormen. Wird er bei der Verfolgung seiner Ziele behindert, dann kommt es zu entsprechenden Reaktionen und Weiterentwicklungen. Diese laufen in den Phasen "Einführung", "Verbreitung" und "Anpassung" ab.

Bestätigung findet dieser Ansatz z.B., wenn die Reaktion von Einzelhandelsunternehmen auf die Bestimmungen des § 11(3) BauNVO (Baunutzungsverodnung) erklärt werden soll (Näheres hierzu in Kapitel 6). Der dort verfügten Flächenbeschränkung wird u.a. dadurch begegnet, dass ein aufgrund seiner Verkaufsfläche gerade noch nicht genehmigungspflichtiger Vertriebstyp entwickelt wird. Dies kann z.B. eine Betriebsform sein, die von der Flächengröße als Supermarkt einzuordnen wäre, deren Sortimentszusammenstellung aber weitgehend dem nächstgrößeren Typ des Verbrauchermarkts entspricht (BREMME 1988).

Neben bloßer Übernahme dieser Ansätze finden sich in ausgewählten geographischen Arbeiten auch räumliche Konkretisierungen von Umwelteinflüssen und daraus abgeleitete räumliche Prozesse der Einzelhandelsentwicklung. So zieht z.B. POTTER (1982) zur Erklärung der Entwicklung innerstädtischer Geschäftszentren in Großbritannien aus der generellen Umwelt das Phänomen der steigenden Konsumentenmobilität und der Einkommensentwicklung und aus der Aufgaben-Umwelt die Veränderung der Nachfrage infolge räumlich differenzierten Bevölkerungswachstums in Betracht.

Die Kritik dieser Ansätze setzt an dem Determinismus an, welcher der impliziten Annahme des Darwin'schen Auswahlpostulats innewohnt, und an dem weitgehenden Ausblenden der endogenen Einzelhandelsentwicklung. So führt die Unterstellung einer fast naturgesetzlichen Reaktion auf die Veränderung von Umwelteinflüssen zu einer Vernachlässigung der einzelnen Unternehmerentscheidung. Weiterhin ist mit diesem Ansatz nur der Wandel bestehender Betriebsformen erklärbar, nicht aber das Entstehen völlig neuer Betriebsformen. Immerhin zeigen diese Ansätze die Notwendigkeit einer kontinuierlichen Analyse aller exogenen Umwelteinflüsse als Voraussetzung für ein Überleben.

2.3.2 Zyklische Theorien

Zu einer zweiten Gruppe sollen Ansätze zusammengefasst werden, die Veränderungen im Handel als eine ihm quasi innewohnende Eigenschaft ansehen. Die grundlegende Hypothese des rhythmischen und oszillatorischen Ablaufs von Veränderungen unter Wiederholung früherer Trends gestattet eine Einteilung des Entwicklungsverlaufs von Betriebsformen in verschiedene Reifephasen. Im Einzelnen können drei Hauptströmungen der Theoriebildung unterschieden werden: der verdrängungstheoretische Ansatz, der Lebenszyklusansatz und der Marktlückenansatz.

Der **verdrängungstheoretische Ansatz** geht davon aus, dass die Komponenten einer Betriebsform im Laufe ihrer Entwicklung unterschiedlich gewichtet werden. Der Einstieg in den Markt erfolgt mit niedrigen Preisen, Konzentration des Sortiments auf Waren mit hohem Lagerumschlag und geringem Service-Angebot. Dazu begnügt sich das Unternehmen mit geringen Verdienstspannen. In der Aufstiegsphase gelingt es der neuen Betriebsform, aufgrund der Preisattraktivität erhebliche Marktanteile zu gewinnen. Der Wettbewerb verläuft im Wesentlichen zu Lasten der bereits etablierten Betriebsformen (interformal). Die nachfolgende Reifephase ist gekennzeichnet durch ein geringer werdendes Expansionspotenzial und zunehmenden intraformalen Wettbewerb. Die Gewichtung der Handlungskomponenten verlagert sich vom Preis zu einer Vergrößerung und qualitativen Aufbesserung des Sortiments und einem Mehrangebot an Dienstleistungen. Dieses „trading up" treibt die Gesamtkosten und damit die Preise in die Höhe. Die einst innovative Betriebsform nähert sich zunehmend den traditionellen Betriebsformen an. Dieser Prozess setzt sich fort bis zur völligen Assimilation und Integration, verbunden mit Umsatzrückgängen infolge schrumpfender Marktanteile. Es treten Bedingungen ein, die das Aufkommen neuer Betriebsformen ermöglichen, die ihrerseits die bestehenden Betriebsformen wieder verdrängen und ersetzen.

Diese u.a. von MC NAIR (1958) formulierten Thesen (**"wheel of retailing"**) haben Geographen immer wieder benutzt und sie mit den ihnen geläufigen Konzepten der Innovation und räumlichen Diffusion verknüpft. KULKE (1992[b]) verwendet das "wheel of retailing", um die Ausbreitung von Supermärkten, Verbrauchermärkten/SB-Warenhäusern und Fachmärkten in Niedersachsen zu erklären. Nach seinen Ergebnissen haben die Supermärkte bereits das Reifestadium erreicht, während die Verbrauchermärkte und SB-Warenhäuser dicht davor stehen. Die Ausbreitung der Betriebsformen erfolgt über eine hierarchische Diffusion, wobei auch die Reifephasen räumlich differieren.

Die Kritik der verdrängungstheoretischen Ansätze führt an, dass grundsätzlich jede Gewichtung der Handlungsform als Einstieg für eine neue Betriebsform möglich ist. Dies gilt z.b. für Fachmarktzentren, die keineswegs auf einem Niedrig-Preis-Niveau bzw. -Image begonnen haben. Allerdings zeigen Untersuchungen, dass die Niedrig-Preis-Kombination am häufigsten angewendet wird.

Ein weiteres Argument betrifft den Zwang zum „trading-up" und die Gesetzmäßigkeit des Vorgangs. Sie lässt die Unternehmerentscheidung für eine Betriebsform als zweitrangig und determiniert von den Kräften des Wandels erscheinen. Neue Betriebsformen werden gegenwärtig aber von Mehrbetriebsunternehmen entwickelt, am Markt installiert und durchgesetzt. Auch ihre Weiterentwicklung und laufende Anpassung an veränderte Bedingungen werden innerhalb des Unternehmens vorgenommen. Immer häufiger verfügt ein Unternehmen über mehrere verschiedene Betriebsformen, die bei erheblichen Überschneidungen ihres Sortiments in denselben Marktgebieten nebeneinander eingesetzt werden. Dies spricht dafür, den Organisationsgrad in die Überlegungen mit einzubeziehen sowie von einer Dominanz der unternehmerischen Entscheidung auszugehen und nicht einen zwanghaften Wandel zu unterstellen.

In engem Zusammenhang mit den verdrängungstheoretischen Ansätzen stehen die **Lebenszyklusansätze**. Ausgangspunkt ist die Vorstellung, dass jedes Produkt einem natürlichen Alterungsprozess unterworfen ist. Er ergibt sich aus dem nachlassenden Interesse der Konsumenten entweder infolge von Präferenzverschiebungen oder des Ersatzes durch neue, in der Funktion oder dem Gebrauchswert überlegene Nachfolgeprodukte. Nun besteht das Sortiment eines Einzelhandelsbetriebs aus Artikeln, deren Reifezustand einheitlich oder auch unterschiedlich sein kann. Die zugehörige Betriebsform kann dementsprechend auch einen Reifeprozess durchlaufen, der durch die Sortimentszusammenstellung zu beeinflussen ist, etwa in einer zeitlichen Ausdehnung der verschiedenen Phasen oder in einer Richtungsumkehr. Damit rücken diese Theorien ab von der Annahme, dass nur eine mögliche Kombination der Handlungsform den Ein- und Aufstieg einer Betriebsform bewirkt und dass die Entwicklung irreversibel vonstatten geht.

Wesentliche Bezüge zur Store-Erosion, also der Entwertung der Betriebsform, des Mikrostandorts und des Meso-Standortbereichs stellt BERGER (1977) her. Sie nimmt vier Phasen der Entwicklung einer Betriebsform an (Einführung, Wachstum, Reife und Degeneration). Im Entwicklungsverlauf steigt die Umsatzkurve bis zur Mitte der Reifephase an, um dann wieder abzufallen. Der Verlauf der

Deckungsbeitragskurve zeigt erst zu Beginn der Wachstumsphase positive Beiträge, die ihr Maximum zu Beginn der Reifephase erreichen und danach schon wieder abnehmen. Aus diesem Verhältnis von Umsatz zu Deckungsbeitrag ermittelt sie drei Wirkungsphasen der Store-Erosion, denen mit jeweils unterschiedlichem unternehmerischen Instrumentarium begegnet werden kann.

Aus den vorgestellten Überlegungen zum Einfluss des Sortiments auf den Entwicklungsgang einer Betriebsform lässt sich eine weitere Folgerung ziehen, die das Verhältnis von Generalisten und Spezialisten betrifft. Mit den Einzelartikeln durchläuft auch die Auswahltiefe und -breite einen Entwicklungsprozess. So hat ein Erstarken von breiten und flachen Sortimenten eine Schwächung der engen und tiefen Sortimente zur Folge und umgekehrt. Dieses in der Literatur auch "retail accordion" genannte Prinzip meint TIETZ (1985) in der zeitlichen Abfolge des Auftretens von: Gemischtwarengeschäft, Fachgeschäft, Warenhaus, Spezialgeschäft, Verbrauchermarkt, SB-Warenhaus und Fachmarkt zu erkennen. Allerdings gilt dieser "Generalist-Spezialist-Generalist"-Zyklus nicht uneingeschränkt. Immer dann, wenn nicht nur das Sortiment, sondern auch der Preis und andere, außerhalb der Handlungsform liegende Einflussgrößen wesentlich zur Attraktivität der Betriebsform beitragen, muss damit gerechnet werden, dass die Konsumenten mehrere Betriebsformen kombinieren.

Ebenso können Größe und Organisationsgrad eines Unternehmens nicht außer Acht gelassen werden. So vollziehen Generalisten intern eine Spezialisierung durch Aufteilung ihrer Sortimente in Fachabteilungen mit eigenständiger Leitung. In Form von Diversifizierung (vgl. auch Abschnitt 2.1) kommt es sogar unter Gründung neuer Betriebe und Vertriebslinien zur Auslagerung von Sortimentsteilen mit daraus sich ergebenden räumlichen Folgen für die Attraktivität des Standorts und des übergeordneten Standortbereichs.

Eine direkte Anwendung des reinen Lebenszykluskonzepts hat es selten in der geographischen Literatur gegeben. Ein wichtiger theoretischer Ansatz mit der Ableitung von Folgen für hierarchische Standortsysteme des Einzelhandels stammt aber von LANGE (1973). Da er auch weitere Annahmen der internen und externen Einzelhandelsumwelt mit einbezieht, wird er erst später besprochen (vgl. Abschnitt 2.3.4).

Als letzter zyklischer Ansatz soll der **Marktlückenansatz** vorgestellt werden. Seine grundlegende Annahme ist, dass der Betriebsformenwandel im Wesentlichen auf dem interformalen Wettbewerb der Betriebsformen beruht. Neue Betriebsformen entwickeln sich aufgrund von Rationalisierungsfortschritten, die in Form von Kostensenkungen an die Nachfrager weitergegeben werden. Jedoch gelingt es nicht, den gesamten Markt abzudecken. Die unvermeidlichen Lücken nützen Unternehmen aus, um ihrerseits wieder durch bessere Anpassung an die Kundenbedürfnisse oder eine neue bedarfsorientierte Sortimentszusammenstellung eine neue Betriebsform zu entwickeln. Als Ergebnis können eine wachsende Angebotsdifferenzierung und eine begleitende Marktsegmentierung festgestellt werden (WOLL 1964; TIETZ 1985). Anders als beim verdrängungstheoretischen Ansatz bildet hier die Preislücke nur eine von mehreren Varianten. Grundsätzlich kann jede Gewichtung von Handlungsformen zu Lücken führen bzw. als neues Konzept wieder Lücken füllen. Im Gegensatz zum Umweltansatz können die zyklischen Theorien sehr gut das Auftreten neuer Betriebsformen erklären. Aber ihre Aussagen beinhalten Determinismen und die unbewiesene Behauptung eines langfristig angelegten Betriebsformengleichgewichts.

Auffällig ist das weitgehende Ausblenden von Einflüssen der exogenen Umwelt, ohne dass dafür vertieft die endogene Entwicklung thematisiert würde. Es genügt in vielen Fällen die Annahme der Systemimmanenz des Wandels, dagegen findet die unternehmerische Entscheidung oder Reaktion auf Veränderungen kaum Beachtung.

2.3.3 Konflikttheorien

Bei der Gruppe der Konflikttheorien wird die Reaktion auf Neuerungen als grundlegend für die Ausbildung neuer oder auch nur die stärkere Differenzierung vorhandener Betriebsformen angesehen. Die **crisis-response-Theorie**, vertreten z.b. von STERN/EL-ANSARY (1977), versucht, den Ablauf der Reaktion bei den von Neuerungen Betroffenen näher zu fassen. Die einzelnen Reaktionsstadien ergeben eine zeitliche Handlungskette, die in eine Auflösung des Konflikts und dem Herstellen eines neuen Gleichgewichts zwischen den Betriebsformen mündet. Aber dieser Gleichgewichtszustand ist instabil: der in ihm enthaltene Konfliktstoff kann durch Weiterentwicklung von bestehenden oder dem Auftreten neuer Betriebsformen zu erneuten Auseinandersetzungen führen.

MARTENSON (1981) hat diesen Ansatz aufgegriffen und mit dem Lebenszyklusansatz kombiniert, um die Reaktion der Möbelbranche auf die Innovation einer neuen Stil-, Verteilungs- und Organisationsform am Beispiel des schwedischen Möbelunternehmens IKEA zu systematisieren. Dabei zeigt sich, dass alle Stadien vertreten sind. So haben viele Anbieter in einer Schockphase verharrt und sich geweigert, dieser neuen Herausforderung zu begegnen. Auch die zweite Stufe der Reaktion, der defensive Rückzug unter Druck auf seine Zulieferer oder Verhinderungsstrategien unter Einbezug administrativer Planungsstellen, war zu beobachten. Vielfältig sind die Reaktionen der dritten und vierten Stufe ausgefallen. So lassen sich unterschiedliche Grade der Anerkennung nachweisen, die mit der Einsicht beginnt, dass nur positive Gegenmaßnahmen weiterhelfen. Diese reichen von der Integration einzelner Stil- und Distributionselemente über das Kopieren des gesamten Marketingkonzepts bis zur Entwicklung eines eigenen Unternehmenskonzepts als Antwort auf die Herausforderung. Zusammenfassend erweist sich die crisis-response-Theorie eher in der Lage, das Nebeneinander von Betriebsformen zu erklären. Allerdings bleiben wesentliche Einflüsse der externen Einzelhandelsumwelt ausgeblendet.

Der **Gegenmachttheoretische Ansatz** entspringt einem mehr volkswirtschaftlichen Denken. Im Allgemeinen geht man dabei davon aus, dass zur Verhinderung von Monopolsituationen ein verschärfter Wettbewerb auf einer Marktseite, etwa der Anbieter oder der Nachfrager, nötig ist. GALBRAITH (1952) hat die These aufgestellt, dass in Situationen eines drohenden Ungleichgewichts die jeweils andere Marktseite mit organisatorischen Maßnahmen ausgleichend reagiere. Damit werde Marktmacht beschränkt und neutralisiert. Auf die Betriebsformen-Ebene übertragen kann die Entwicklung der Einzelhandelskonzerne und begleitend deren Entwicklung großflächiger Betriebsformen als Reaktion auf die zuvor stattgefundene Konzentration der Produzenten interpretiert werden. Durch die somit gewonnene Nachfragemacht ist es ihnen möglich, größere Rabattabschläge beim Einkauf zu gewinnen, die als Preissenkung an den Verbraucher weitergegeben werden. Somit werden Marktanteile hinzugewonnen.

Wesentliche Einwände gegen diesen Ansatz entzünden sich an der Maßstäblichkeit und der Dauer der Veränderungen. So kann hiermit nur die Entwicklung großflächiger Einzelhandelsbetriebsformen erklärt werden. Die Prozesse laufen außerdem eher etappenweise als kontinuierlich ab und der interformale Wettbewerb bleibt als wichtige Triebfeder für Veränderungen außer Acht.

In die Gruppe der Konflikttheorien gehört auch der **polarisierungstheoretische Ansatz**, den UNKELBACH (1982) und TIETZ (1985) näher ausführen. Auslöser für die Differenzierung von Betriebsformen sowohl innerhalb von Branchen als auch branchenübergreifend ist die zunehmende Polarisierung des Nachfrageverhaltens bei Waren des Grundnutzens und solchen des Zusatznutzens (vgl. auch Abschnitt 1.3.5). Die Polarisierung drückt sich im Informationsstand, im Preisbewusstsein, in der räumlichen Einkaufsstättenwahl und im Rationalitätsgrad der Kaufentscheidung aus.

Die Betriebsformen reagieren darauf, indem sie ihre Handlungsform auf das von ihnen gewählte Polaritätsextrem abstimmen. Dabei verfolgen grundnutzenorientierte Betriebsformen eine Strategie der Kostenminimierung, zusatznutzenorientierte Betriebsformen eine Strategie der Leistungsoptimierung und sowohl grund- als auch zusatznutzenorientierte Betriebsformen eine Strategie der Kostenoptimierung. Diese Strategie schlägt sich nicht nur in der Handlungsform, sondern auch in der Standortwahl nieder. Damit ist die Polarisation auch in der räumlichen Ordnung ablesbar.

So behauptet Tietz eine Funktionsteilung zwischen Stadtkern und -rand/„Grüne Wiese" bzw. Shopping Center: Während der Innenstadt eine polyfunktionale

Ausrichtung mit höchster Qualität der angebotenen Waren eigen sei, beginne der Rand als „low-cost"-Standort, anspruchslos und mit entsprechendem Image, um sich dann der mittleren und gehobenen Qualität zu nähern (TIETZ 1985, S. 1326).

Die Dynamik wird durch den über die Kaufkraftentwicklung und den Produktionsfortschritt ausgelösten Wandel der problemvollen Waren zu problemlosen gewährleistet. Die Betriebsformen müssen ein klares Angebotsprofil ausbilden, das dem gewählten Nachfragesegment entspricht. Und dieses Profil unterliegt einer ständigen Weiterentwicklung im Rahmen der übergeordneten Strategie.

KIRBY (1976, 1986) hat gezeigt, dass das Polarisationsprinzip auch zu neuen Betriebsformen im Bereich des Grundbedarfs führen kann. Ausgangspunkt ist die gespaltene Einkommensentwicklung in den westlichen Industrienationen. Die Mehrheit der Bevölkerung partizipiert am Wirtschaftswachstum durch einen entsprechenden Einkommenszuwachs. Nichtsdestoweniger zeigt sie ein Einkaufsverhalten gemäß der Polarisationstheorie. Das heißt, im Bereich des täglichen Bedarfs werden die neu entstandenen Betriebsformen aufgesucht, die preisgünstig sind, aber einen verkehrsorientierten und damit vielfach wohnfernen Standort haben. Dies tut erst recht jene Bevölkerungsminderheit, die sich aus Arbeitslosen, frühzeitig aus dem Arbeitsverhältnis ausgeschiedenen Personen und aus Rentnern zusammensetzt, die über wenig Geld verfügt, aber viel Zeit hat. Ihr Besorgungsprofil ist erheblich schmaler, die nachgefragten Mengen je Besorgung deutlich geringer als bei der Bevölkerungsmehrheit. In der wirtschaftlich besser gestellten Bevölkerungsmehrheit gibt es aber auch eine Nachfragegruppe, die nicht gewillt ist, größere Besorgungsdistanzen zurückzulegen. Auf letztere zielen Nachbarschaftsläden mit einem qualitativ hochwertigen und preislich gehobenen Angebot in Wohnnähe, das zu seinem Nachteil auch der immobile Teil der wirtschaftlich schwachen Bevölkerung mangels Alternativen nutzen muss. Solche Nachbarschaftsläden haben eine Verkaufsfläche, die deutlich unter der von Super- und Verbrauchermärkten liegt. Ihr Auftreten ist in den USA nachgewiesen, in Großbritannien nach Kirby schon deutlich erkennbar. Das Sortiment ist breit angelegt und enthält unentbehrliche Artikel, die auch von der Mehrheit der Bevölkerung im Rahmen „vergessener Besorgungen" oder „Notfälle" nachgefragt werden. Die langen Öffnungszeiten dieser Läden ermöglichen dies (vgl. auch Abschnitt 5.4.2).

Zusammenfassend erweist sich die Polarisationstheorie als außerordentlich ergiebig und geeignet, die in der geographischen Diskussion vorherrschenden Lebenszyklusansätze zumindest im Bereich der städtischen Einzelhandelsentwicklung abzulösen. Vier Gründe sind dafür anzuführen.

1.   Die Theorie greift über den einfachen Konfliktansatz hinaus. Sie bezieht ihre Dynamik aus der Verknüpfung von exogener und endogener Umwelt.

2.   Es wird keine zwanghafte Ablösung der Betriebsformen postuliert, vielmehr lässt sich gerade das Nebeneinander von Betriebsformen in der gleichen

Branche erklären. Dies entspricht der Beobachtung, dass neue Betriebsformen innerhalb von großen Einzelhandelsunternehmen entwickelt und am Markt platziert werden. Dort müssen sie sich unter Umständen im Wettbewerb mit Betriebsformen des gleichen Unternehmens bewähren.

3. Die angegebenen Strategien beinhalten bei konsequenter Befolgung die Festlegung aller Handlungsparameter, also auch der Standortwahl. Die aufgeführten Beispiele haben gezeigt, dass damit sowohl auf der Ebene des Einzelstandorts, als auch auf der Ebene von Einzelhandelsagglomerationen und auf der Ebene des Wettbewerbsraums Polarisierungen der Standortbedingungen und der Standortattraktivität induziert werden.

4. Der urbane Raum zeichnet sich durch das konzentrierte Auftreten einer großen Konsumentenzahl aus. Dies sind günstige Bedingungen für das rasche und nachhaltige Auftreten der Polarisierung der Nachfrage.

Eine zusammenfassende Beurteilung der Konflikttheorien ergibt als unbestreitbaren Vorteil die Nähe zur Unternehmerentscheidung. Allerdings ist die Maßstabsebene und damit die Differenzierung der Aussage, in welcher Form Handlungsparameter als Antwort auf eine Herausforderung eingesetzt werden, unterschiedlich. In der Tendenz bleiben die diesbezüglichen Aussagen eher unbestimmt. In der Literatur wird außerdem besonders kritisiert, dass die Ansätze Entstehungsursachen von Neuerungen aufgrund von Umwelteinflüssen unberücksichtigt lassen und dass der Ablauf der Konfliktlösung weitgehend mechanistisch gesehen wird.

2.3.4 Kombination der verschiedenen Ansätze mit raumbezogenen Aussagen

Nun bemängelt die Kritik der einzelnen Ansätze jeweils das Fehlen von Einflussgrößen der gerade nicht verfolgten Richtungen. Daraus ließe sich ableiten, dass alle drei Theoriegruppen zwar verschiedene, aber wesentliche Ursachen des Betriebsformenwandels aufgreifen. Eine Kombination der drei Denkschulen liegt nahe. Nach BROWN (1987) sind alle möglichen Zweierkombinationen durchgespielt worden. Jedoch bleibt die Anzahl der Ansätze mit einer Kombination aller drei Richtungen gering. Aus den vorliegenden Versuchen werden diejenigen von LANGE (1973) und AGERGARD et al. (1970) herausgegriffen und zusammen mit einer ersten empirischen Überprüfung durch HEINRITZ (1989) besprochen.

Theorie von Lange

LANGEs Ansatz (1973) gilt einer teilweisen Dynamisierung der Theorie der Zentralen Orte (CHRISTALLER 1933). Er versucht dies durch eine Theorie der Standortwahl der Betriebe des tertiären Sektors zu erreichen. Dabei berücksichtigt er sowohl das exogene als auch das endogene Umfeld.

Wesentliche Einflussgröße des exogenen Umfelds ist das räumliche Konsumentenverhalten mit zeitlich variablen Randbedingungen. Jeder Konsument bildet ein **Verbrauchsprofil** aus, das alle von ihm nachgefragten Güter enthält und dessen Umfang sowie die Aufteilung der Güter nach Verbrauchshäufigkeiten einkommensabhängig ist. Je höher das Einkommen, umso mehr Güter unterschiedlicher Verbrauchshäufigkeit umfasst es. Bezeichnet man diejenige Zeiteinheit als Periode, in der alle Güter mindestens einmal nachgefragt werden, dann werden im **Besorgungsprofil** alle in der Periode durchgeführten Besorgungen zusammengefasst. Jede Besorgung wiederum stellt den Versuch dar, ein oder mehrere Güter zu erwerben. Sie ist als Weg operationalisiert, der in äußere und innere Raumüberwindung gegliedert ist. Dabei bezeichnet die äußere Raumüberwindung den Zu- und Abgang zum Geschäftszentrum, die innere Raumüberwindung den Wegeaufwand im Geschäftszentrum.

Lange geht von der Annahme aus, dass dem Konsumenten für Besorgungen nur ein bestimmtes Zeitbudget zur Verfügung steht, das mit zunehmender Verbrauchshäufigkeit der zu besorgenden Güter geringer wird. Hieraus leitet er den Zwang ab, die Besorgung der Güter möglichst effektiv durchzuführen, also zu koppeln.

Die Aussagen von Lange zum Unternehmerverhalten basieren auf der Annahme, dass jedes Gut einen Lebenszyklus durchläuft. Da ein Sortiment aus Gütern besteht, überträgt er dies auch auf die Betriebsform (von Lange als „Geschäftstyp" bezeichnet). Neue Betriebsformen treten auf, expandieren, verdrängen die alten, reifen und degenerieren, um schließlich selbst wieder verdrängt zu werden. Als wesentlichen Handlungsparameter des Einzelhändlers sieht Lange die Sortimentszusammenstellung an. Neue Betriebsformen zeichnen sich v.a. durch ein neuartiges, gegenüber den bestehenden Betriebsformen attraktiveres Sortiment aus. Ein attraktives Sortiment beachtet zum einen die Stellung des Gutes im Lebenszyklus, zum anderen die durchschnittliche Nachfragehäufigkeit. Letztere bestimmt das interne Kopplungspotenzial und ist für den Konsumenten mit ein Anreiz, da er internen Aufwand sparen kann.

Die hierarchische Gliederung der Zentren leitet Lange aus dem unterschiedlichen Zwang zur horizontalen (Güter gleicher Verbrauchshäufigkeit) und vertikalen (Güter unterschiedlicher Verbrauchshäufigkeit) Kopplung ab. Hinzu kommt noch die Auswahldifferenzierung, die durch die unterschiedliche Anspruchshaltung von Konsumenten mit unterschiedlichem Einkommen bewirkt wird. So nehmen nach seinen Beobachtungen mit steigendem Einkommen die Ansprüche der Konsumenten an die Auswahl in bestimmten Gütern zu, so dass bei der Einkaufsstättenwahl besser ausgestattete Zentren bevorzugt werden. Dies gilt im übrigen auch, je besser der Konsument über ein bestimmtes Gut informiert ist. Dies führt dazu, dass Zentren mit bereits hohem Kopplungspotenzial in selbstverstärkender Weise weitere Geschäfte anziehen.

Als dynamisches Element sieht Lange die Steigerung des Einkommens sowie den Lebenszyklus der Güter an. Mit steigendem Einkommen verschiebt sich das Verbrauchs- und damit auch das Besorgungsprofil. Es kommt schubweise zur Bildung neuer Betriebsformen, die der Konsumnachfrage besser angepasst sind. Neue Betriebsformen mit kleinem Kopplungspotenzial siedeln sich dabei in der Expansionsphase zuerst in großen Zentren an, um so bei großer Reichweite und attraktivem Standort infolge des hohen externen Kopplungspotenzials optimale Entwicklungsbedingungen in Anspruch nehmen zu können. In der Expansionsphase wird sich dann ihr Bestand im höchstrangigen Zentrum vergrößern und sie werden gleichzeitig weitere Standorte in nachrangigen Zentren einnehmen (vgl. Abb. 13). Diese Diffusion im System endet in Zentren, deren Hierarchierang gerade noch den für die Branche benötigten Einzugsbereich garantiert. Dies bedeutet, dass höherrangige Zentren schneller wachsen als niederrangige.

Abb. 13   Entwicklung einer Betriebsform in einem hierarchischen Zentrensystem nach Lange

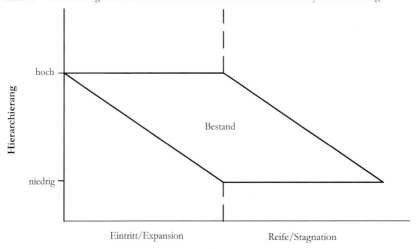

In der Reifephase entwickelt sich die Betriebsform weiter und erfährt unter der im höchstrangigen Zentrum beginnenden Auswahldifferenzierung der Nachfrage verstärkt intraformale Konkurrenz, was mit einem Bestandsabbau verbunden ist. Denn Kunden kommen in das höchstrangige Zentrum, weil sie sich mehr Auswahl erhoffen. Das Kernsortiment der reifenden Betriebsform besteht aus Gütern, welche ebenfalls in ihrem Lebenszyklus ihre Reifephase beginnen, somit bekannt sind. Gleichzeitig findet sich dieses Sortiment auch bei allen anderen Betrieben dieser Betriebsform, was zu steigendem Wettbewerb führen muss.

Dagegen hält sich die Betriebsform in nachrangigen Zentren am längsten. Langfristig werden niederrangige Zentren von der Entwicklung ausgespart. Sie verlieren an Attraktivität und sind dem Wettbewerb höherrangiger Zentren ausgesetzt. Somit kann davon ausgegangen werden, dass das bestehende hierarchische System eine Ausdünnung in den unteren Hierarchierängen erfährt, ohne dass Ersatz auftritt. Lediglich Shopping Center mit großem internen Kopplungspotenzial können Standorte zwischen den höchstrangigen Zentren wählen. Sie spezialisieren sich aber nach Lange zunächst auf bestimmte Nachfragegruppen.

Wird durch steigende Einkommen eine Auswahldifferenzierung induziert, dann sind davon wiederum höherrangige Zentren zuerst betroffen. Im Umkreis dieser Zentren verschlechtern sich die Bedingungen für das Wachstum niederrangiger Zentren, da sie wegen ihrer geringeren Auswahl (ihres geringeren Kopplungspotenzials) nicht mehr als Einkaufsstandort in Betracht gezogen werden; es kommt im Extremfall zur Zentrenauflösung. In der Stagnationsphase von Betriebsformen wird aufgrund der Konkurrenzsituation zuerst ein Rückgang in den größten Zentren auftreten. Dies hat aufgrund des Wettbewerbs um Standorte eine erhöhte Faktormobilität zur Folge, so dass wieder neue Nutzungen nachrücken. In niederrangigen Zentren werden dagegen der schwächere Konkurrenzdruck und die geringere Flexibilität der Betriebsinhaber zu einer Verschleppung der Entwicklung führen.

Ordnet man Lange in die vorgestellten theoretischen Ansätze ein, so hat er eine Kombination des Umweltansatzes mit dem Lebenszyklusansatz versucht. Die Umwelteinflüsse reduziert er auf das Konsumentenverhalten, wobei er mit der Einführung des Kopplungsansatzes einen wichtigen Beitrag leistet. Allerdings steht eine Quantifizierung des Kopplungspotenzials eines Betriebes aus. Von ihm eingefordert, aber nicht selbst geleistet, ist die Einbeziehung der Politik. Ganz vernachlässigt wird die Entwicklung der Einzelhandelstechnik und der Produktinnovation. Bei den endogenen Einflüssen ist die starke Betonung der Sortimentsbildung eine Folge der Entwicklung des Konsumentenverhaltens. Die Preisentwicklung spricht er im Rahmen der Zyklustheorie an, misst ihr aber für die Standortwahl nur eine untergeordnete Rolle zu. Dies mag darin begründet sein, dass Lange die fortschreitende Mobilität nur unzureichend voraussieht, vielmehr die traditionelle Verkehrsmittelwahl vor Augen hat. Organisationsformen und deren Einflüsse werden von ihm nicht thematisiert.

Theorie der Spiralbewegung von Agergard et al.

In ihrer Theorie der Spiralbewegung versuchen AGERGARD et al. (1970) über die Erklärung des Betriebsformenwandels zu einer Erklärung der gegenwärtigen und Voraussage der zukünftigen Zentrenentwicklung im urbanen Raum zu gelangen. Sie berücksichtigen als externe Einflüsse die Einkommensentwicklung und das Verkehrssystem, als interne Einflüsse alle in Abb. 3 aufgeführten Handlungsparameter bis auf die Werbung.

Sie gehen von einer positiven Einkommensentwicklung aus, in deren Folge die zunehmende Motorisierung dazu führt, dass die Betriebsgrößen wachsen, dass sich größere Geschäftskonzentrationen bilden und als Auswahlkriterien für die Einkaufsstättenwahl Zugang und Parkmöglichkeiten dominieren. Dies bildet die Rahmenbedingung für die Einzelhandelsentwicklung.

Letztere vollzieht sich ähnlich wie bei der Verdrängungstheorie postuliert: der Einstieg einer Betriebsform geschieht über den Preisparameter und einer Expansions- folgt eine Reifephase, die wegen steigender Kosten von „trading up" begleitet ist. Das dabei zu beobachtende Flächenwachstum führt zu einer Erhöhung der Mindestkundenanzahl, was wiederum mit einer größeren Reichweite verbunden ist. Irgendwann wird der Punkt erreicht, wo durch Sortimentsausweitung keine Erhöhung der Attraktivität mehr erreicht wird, da die Entfernung zu den Kunden zu groß geworden ist. Der schwindende Preisvorteil deckt die Aufwandskosten nicht mehr. Diese Marktlücke kann von einer neuen Betriebsform ausgefüllt werden, die sich der gleichen Anfangs-Parameterkombination wie ihre Vorgängerin und zusätzlich des Distanzparameters bedient. Allerdings ist die Ausstattung hinsichtlich der Qualität der Waren, der Aufmachung und des inneren Betriebsablaufs dem höheren Niveau der Einkommensentwicklung angepasst.

Das Konsumverhalten ist nun darauf ausgerichtet, den Lebensstandard zu erhöhen. Dies kann wegen der Inelastizität der Nachfrage nach Gütern des Grundbedarfs nur über die Anschaffung von Konsumgütern höherer Ordnung geschehen. Hierfür besteht ein begrenzter finanzieller Handlungsspielraum, der nur durch eine kostengünstige Grundversorgung erweitert werden kann. Insofern besteht Entwicklungsdruck bei Betriebsformen v.a. im Bereich der Branchen, die Güter des Grundbedarfs anbieten. Aber auch die Betriebsformen in den übrigen Branchen erfahren Entwicklungsschübe, wenn der Bedarf nach einem ehemaligen Luxusgut steigt, das dann über Massenproduktion standardisiert und zu einem niedrigeren Preis angeboten werden kann.

Neue Betriebsformen finden dabei in Zentren ihrer Vorläufer in der Regel nur ungenügende Standortbedingungen vor. Also siedeln sie sich überwiegend in höherrangigen Zentren an. Hierunter können sich auch eigens für diese Betriebsform geplante Zentren befinden. Bestehende Zentren erleiden dadurch zunächst einen Funktionsverlust. Da die neu hinzukommenden Betriebsformen aber einen Entwicklungsstand an Sortimentsbreite und -qualität aufweisen, der dem gestiegenen Einkommen der Nachfrage entspricht, wird der Funktionsverlust mit der Weiterentwicklung dieser Betriebsformen wieder ausgeglichen.

Der Einfluss der Betriebsformenentwicklung auf die Zentrenstruktur ergibt sich v.a. aus dem Flächenwachstum der Betriebe und der sich damit verbindenden Vergrößerung der Einzugsbereiche (Abb. 14). Jüngere Zentren haben größere Einzugsbereiche als ältere Zentren derselben Hierarchiestufe, da sie in der Regel die weiterentwickelten Betriebsformen aufweisen. Im Verlauf der Entwicklung

werden in jeder Hierarchiestufe auslaufende Betriebsformen durch neue, flächenmäßig größere ersetzt. Dabei kommt es zu einer Ausdünnung der Anzahl der
Zentren. In der untersten Stufe können Netzlücken durch neue, kleinere Betriebe
aufgefüllt werden. Nach dem Durchlauf eines Zyklus erhalten die einzelnen Hier-
archiestufen die ihnen zukommende Versorgungsfunktion, üben sie aber in ver-
änderter Geschäftsstruktur aus. Auch hier erhöht sich das Ausstattungsniveau gemäß der als positiv angenommenen Einkommensentwicklung.

Abb. 14   Zentrenentwicklung nach der Theorie von Agergard et al.

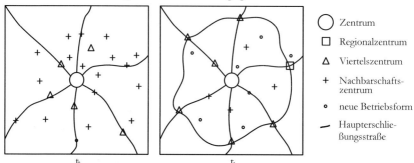

Quelle: KLEIN 1995, S. 305

Der Unterschied von Agergard et al. zu Lange ist darin zu sehen, dass neue Betriebsformen nicht unbedingt an höherrangigen Zentren ansetzen. Vielmehr können flächenmäßig größere Betriebe die Funktion von ganzen Zentren übernehmen. Des Weiteren zeigt die Zentrenentwicklung des ganzen Systems infolge von
Flächenmangel und Verkehrsproblemen in den alten Zentren eine zentrifugale
Tendenz bezüglich der Innenstadt. Hier wird deutlich, dass sich die Anwendungs-
möglichkeiten der Theorie v.a. an den USA und an Schweden ausrichten, da hier
sowohl das Wachstum der Stadtregion als auch die Beschaffung der Flächen für
neue Zentren auf geringere Hindernisse stoßen als etwa in Deutschland.

Umsetzung/Überprüfung in der Realität

Im Rahmen einer Langzeitbeobachtung des Wandels im Handel von 1981-1986
hat HEINRITZ (1981, 1989, 1991) wesentliche Elemente der Theorieansätze von
Lange und Agergard et al. thematisiert. In seinen Ergebnissen hebt er hervor, dass
weder für den Verdrängungsansatz von McNair noch für die Spiralbewegung von
Agergard et al. eindeutige Belege gefunden werden können. Die einfachen Theorien des Betriebsformenwandels werden dem vielfältigen Erscheinungsbild der
Veränderungen nicht gerecht. So stellt er die Ausweitung von Verkaufsflächen,
Sortimenten und Dienstleistungen ebenso fest wie auch gegenläufige Bewegun-
gen. Er widerspricht der These, dass neu eröffnete Betriebe nur ein niedriges Ein-
stiegsniveau haben und dass das Ladensterben nur gealterte Betriebe betrifft.

Am ehesten findet die These von Lange Bestätigung, derzufolge mit einem Rückgang des Einzelhandels in Räumen geringer oder fehlender Zentralität zu rechnen ist. Andererseits durchlaufen die Räume höherer Zentralitätsstufen nach HEINRITZ (1989) während dieses Zeitraums keine bevorzugte Entwicklung. Dies gilt weder für die Innenstädte der untersuchten Oberzentren, noch für die ausgewählten Mittelzentren. Lediglich Unterzentren im suburbanen Raum erweisen sich im Beobachtungsraum als sehr dynamisch.

Ein zweiter Schwerpunkt der Auswertung liegt in der Beantwortung der Frage, welche Standortqualität für die Stabilität der Einzelhandelsnutzung wesentlich ist. Hier nimmt das von POPIEN (1989) operationalisierte (externe) Kopplungspotenzial eine zentrale Rolle ein. Das Kopplungspotenzial eines Einzelhandelsbetriebs ist dabei umso höher, je mehr Kopplungspartner, d.h. andere Einzelhandelsbetriebe und kopplungsrelevante Dienstleistungsbetriebe wie z.b. Banken, Friseure oder Reisebüros, sich im Nahbereich jedes einzelnen Betriebs befinden. Die beobachteten Betriebsschließungen waren besonders an Standorten mit hohem Kopplungspotenzial gering. Begleitend hierzu fällt die Einschätzung der Standortqualität durch den Betriebsinhaber dort deutlich besser aus als in Gebieten mit niedrigem Kopplungspotenzial.

Die aufgezeigten widersprüchlichen empirischen Befunde zum Anstoß und Ablauf des Betriebsformenwandels haben zuletzt KLEIN (1995) zu eigenen Untersuchungen angeregt. Seine am Beispiel von Oldenburg, Darmstadt und Regensburg gewonnenen Ergebnisse betreffen Entstehungsanlass, Einstiegsstrategie, zeitliche Entwicklung und Einfluss des Organisations-/Kooperationsgrades neuer Betriebsformen. Abb. 15 führt noch einmal diese grundlegenden Einflussgrößen auf und stellt die Beziehung zum Forschungsgegenstand her.

Abb. 15   Einflussgrößen der Entwicklung des Zentrensystems

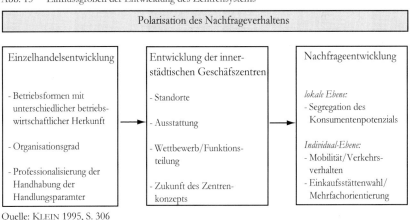

Quelle: KLEIN 1995, S. 306

Allgemein bietet das Auftreten einer Marktlücke einen Entstehungsanlass für eine neue Betriebsform. In vielen Fällen lässt sich ein direkter oder indirekter Einfluss der Einkommensentwicklung als Ursache ausmachen. Ihr direkter Einfluss ist für die Polarisation der Betriebsformen verantwortlich. Zumindest für den Bereich der Anbieter von Waren des Grundbedarfs ist dabei die Existenz und Notwendigkeit des Auftretens von Discountformen schon begründet worden. Damit muss nicht notwendigerweise in jeder Branche ein „Generalist-Spezialist-Generalist"-Zyklus auftreten, wie ihn AGERGARD et al. (1970) annehmen.

Begleitend zu dieser direkten Einflussnahme ist auch die Einkommensentwicklung über die Lohnkosten der Einzelhandelsbeschäftigten an der Dynamik der internen Handelsentwicklung beteiligt. Diese bietet ebenfalls über Produktinnovationen und Rationalisierungsbestrebungen Anlass zur Entwicklung neuer Betriebsformen.

Zur indirekten Einflussnahme zählt außerdem die Einführung des § 11(3) BauNVO, da erst die aufkommende Mobilität der Konsumenten eine dezentrale Entwicklung des großflächigen Einzelhandels ermöglicht hat. Der Einzelhandel reagiert darauf mit der Entwicklung neuer Betriebsformen, die einerseits die Knappheit der Standorte überwinden, andererseits der internen Einzelhandelsentwicklung Rechnung tragen sollen.

Angesichts vieler gegenteiliger empirischer Befunde kann die Annahme der Verdrängungstheorie nicht zugrundegelegt werden, die besagt, dass der Einstieg nur über eine Preis-Mengen-Strategie möglich wäre. Vielmehr ist jede Gewichtungskombination der Handlungsparameter prinzipiell für einen Markteintritt geeignet, wenn sie nur der zu schließenden Marktlücke angepasst ist.

Die Polarisierung der Marketingstrategie hat auch zu einer Polarisierung der Betriebsformen geführt (vgl. Abb 16).

Abb. 16   Polarisierung der Betriebsformen

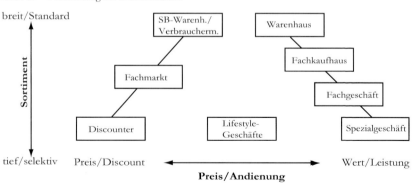

Quelle: HORTEN AG O.J.; eigene Bearbeitung

Die übergeordnete Unternehmenskonzeption wird hier durch die Handhabung und Gewichtung der Handlungsparameter Sortimentsbildung und Preisbildung/Andienung charakterisiert. Die sich ergebenden Kombinationen definieren die Angebotssegmentierung und legen damit sowohl das Kunden- als auch das Kostenprofil der Betriebsform fest.

Die Einordnung erfolgt nach der branchenunabhängigen Betriebsformendefinition. Allerdings kann es innerhalb der Branchen zu Abweichungen kommen, v.a. dann, wenn die Segmentierung nicht eindeutig vorzunehmen ist. In diesem Zusammenhang sind die Lifestyle-Geschäfte anzusprechen, die in zunehmend mehr Branchen auftreten. Ihre Sortimentsausrichtung ist hierbei von der Zugehörigkeit des ausgewählten Kundensegments zu einer bestimmten Gruppe abhängig. Als definierende Gruppenmerkmale treten z.B. Geschlecht, Alter, Lebens- und Arbeitsbedingungen, kulturelles Leitbild oder propagierte Trends auf.

Die Entwicklung einer neuen Betriebsform verläuft ähnlich einem Innovationsprozess, d.h. es treten Anfangs-, Expansions-, Reife- und Assimilationsphasen auf. Sie lassen sich zu Markteintritt (Anfang/Expansion) und Marktbehauptung (Reife-/Assimilation) zusammenfassen. Diese zeitliche Dimension ist mit der Dimension der Handlungsstrategie zu kombinieren. In Erweiterung von NIESCHLAG (1954) sind nach KÖHLER (1990) vier Entwicklungen der Einstiegsstrategie denkbar (vgl. Abb. 17).

Die erste Möglichkeit bezeichnet das Festhalten an der Gewinnspannen-Ausschöpfung unter Betonung der Sortiments-/Bedienungs- und Dienstleistungs-Parameter. Der zweite Verlaufspfad kennzeichnet die von McNair, Nieschlag und anderen Autoren angenommene Entwicklung des steten Zurückdrängens des Preiswettbewerbs zugunsten einer qualitativ und quantitativ aufgewerteten Ausübung der Handlungsparameter. Die entgegengesetzte Entwicklungsrichtung beschreibt die dritte Möglichkeit, während die vierte Möglichkeit der strategischen Option des "Dauer-Niedrig-Preis-Typs" entspricht.

Abb. 17   Mögliche Entwicklungen der Einstiegsstrategie

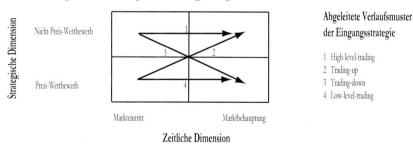

Quelle: KÖHLER 1990, S. 61; eigene Bearbeitung

Die aufgezeigten Strategie-Entwicklungspfade müssen nicht zwangsweise zum Abgang der Betriebsform führen. Je größer der Organisations- und Kooperationsgrad der beteiligten Unternehmen, umso größer ist die Wahrscheinlichkeit, dass Versuche zur Verhinderung des Übergangs von der Expansions- zur Reife- bzw. von der Reife- zur Sättigungsphase unternommen werden. Damit ist zum Ausdruck gebracht, dass die Fortentwicklung der Betriebsform als Reaktion auf den Wettbewerb nicht nur – wie bisher angenommen – zwischen den Unternehmen, sondern auch innerhalb des Unternehmens erfolgen kann.

Die in Abb. 17 dargestellten vier Möglichkeiten treten in der Realität auf und stehen in Einklang mit der Polarisationstheorie. Dies soll im nächsten Kapitel gezeigt werden.

Literaturhinweise zu Kapitel 2

Einen Überblick über die gegenwärtige Entwicklung und die heutige Situation des Einzelhandels, die dahinter stehenden Entwicklungsursachen und mögliche Folgerungen für die Stadtentwicklung sowie die Notwendigkeit und das Instrumentarium planerischer Eingriffe stellen knapp und übersichtlich Hatzfeld und Blotevogel dar.

HATZFELD, U. (1987): Städtebau und Einzelhandel. Bonn. (=Schriftenreihe 03 „Städtebauliche Forschung" des Bundesministers für Raumordnung, Bauwesen und Städtebau 03.119).

BLOTEVOGEL, H. H. (2001): Strukturwandel im Handel – Konsequenzen für die Stadt. In: Deutsche Bau- und Grundstücks-AG; Universität Bonn (Hg.): Die Zukunft des Handels in der Stadt. Bonner Städtebautag 2000. Bonn, S. 10-29.

Gerade weil in der deutschsprachigen Geographie bis in jüngste Zeit (z.B. in der FOC-Diskussion) die Verwendung von zyklischen Theorien einen hohen Stellenwert hat, lohnt es sich, den immer noch anregenden Vergleich der verschiedenen wirtschaftswissenschaftlich inspirierten Theorieansätze zur Erklärung der Dynamik im Handel und deren Systematisierung zu lesen von

BROWN, S. (1987): Institutional change in retailing: a geographical interpretation. In: Progress in Human Geography 11 (2), S. 181-206.

Zwei sehr raumrelevante Umsetzungen der theoretischen Ansätze, die über lange Zeit die wissenschaftliche Diskussion bestimmt haben, haben Agergard et al. und Lange vorgenommen.

AGERGARD, E; OLSEN, P. A.; ALLPASS J. (1970): The interaction between retailing and the urban centre structure: a theory of spiral movement. In: Environment and Planning 2 (1), S. 55-71.

LANGE, S. (1972): Die Verteilung von Geschäftszentren im Verdichtungsraum. Ein Beitrag zur Dynamisierung der Theorie der zentralen Orte. In: Forschungs- und Sitzungsberichte der ARL 72, S. 7-48.

Einen guten Einblick über das Vorgehen bei der Überprüfung der Theorien mittels Prozessforschung sowie eine Fülle von empirischen Ergebnissen sowohl aus der Perspektive des Einzelhandels als auch jener der Konsumenten bieten die zwei folgenden Publikationen von Heinritz.

HEINRITZ, G. (1981): Strukturwandel im Einzelhandel als raumrelevanter Prozess. Bericht über den Beginn eines Forschungsprojektes. In: HEINRITZ, G.; KLINGBEIL, S.; RÖSSLER, W. (Hg.): Beiträge zur Geographie des Tertiären Sektors in München. Kallmünz. (=Münchener Geographische Hefte 46), S. 9-41.

HEINRITZ, G. (Hg.) (1989): Geographische Untersuchungen zum Strukturwandel im Einzelhandel. Kallmünz. (=Münchener Geographische Hefte 63).

Einen aktuellen Überblick der Veränderungen im deutschen Einzelhandel nach der Wiedervereinigung gibt

KULKE, E. (1998): Einzelhandel und Versorgung. In: KULKE, E. (Hg.): Wirtschaftsgeographie Deutschlands. Gotha, S. 162-182.

Themenbezogene Schriftenreihen sind:

- Geographische Handelsforschung: Schriftenreihe des AK Geographische Handelsforschung in der DGfG; erscheint zweimal im Jahr mit unterschiedlichen Themenschwerpunkten
- Jahrbuch für den Handel: Schriftenreihe der Forschungsstelle für den Handel Berlin (FfH) e.V.; erscheint jährlich

Aus dem englischsprachigen Bereich sind folgende Zeitschriften, die alle viermal im Jahr erscheinen, zu empfehlen:

- The International Review of Retail, Distribution and Consumer Research
- Journal of Retailing and Consumer Services
- The European Retail Digest

Interessantes Zahlenmaterial zu den neuesten Entwicklungen in Deutschland und Europa stellen u.a. diverse Handelsverbände im Internet zur Verfügung:

www.einzelhandel.de: Homepage des Hauptverbands des Deutschen Einzelhandels (HDE)

www.ehi.org: Homepage des Europäischen Handelsinstituts (EHI) e.V.

www.mm-eurodata.de: Homepage M+M/Planet Retail

Aktuelle Informationen bieten auch folgende Zeitschriften:

- BAG Handelsmagazin (Bundesarbeitsgemeinschaft der Mittel- und Großbetriebe des Einzelhandels e. V.)
- Handelsjournal des HDE (Hauptverband des Deutschen Einzelhandels)
- Lebensmittelzeitung (berichtet über alle Branchen, der traditionelle Name führt hier in die Irre)

3   Standorte und Standortwahl

3.1   Grundlagen

3.1.1   Allgemeine Standortbedingungen und -faktoren

Die Raumwirksamkeit des Einzelhandels schlägt sich auf der Mikroebene besonders augenfällig in der Standortwahl nieder. Mit ihr wollen wir uns im Folgenden befassen. Unter Standort wird die erdräumliche Lokalisation mit bestimmten sachlichen und funktionalen Attributen verstanden. Dabei legt die jeweils ausgeübte wirtschaftliche Tätigkeit die Auswahl der relevanten Attribute fest, die einem Vorschlag von DE LANGE (1989) folgend als Standortbedingungen bezeichnet werden. Erst wenn der Unternehmer im Zuge einer anstehenden Standortwahl einzelne Standortbedingungen für seine Entscheidung auswählt und ihre räumliche Ausprägung subjektiv bewertet, spricht de Lange von den für diese Standortwahl relevanten Standortfaktoren. In Abb. 18 sind die Standortbedingungen des Einzelhandels mit größerer raumdifferenzierender Wirkung zusammengestellt:

Abb. 18   Allgemeine Standortbedingungen für Einzelhandelsbetriebe: Zusammenstellung unter Verwendung der Vorschläge von Behrens und de Lange

Allgemeine Standortbedingungen	Standörtliche Ausprägung/Erläuterung
Größe des betrieblichen Absatzgebietes	Verkehrszugang für Kunden, Parkmöglichkeiten
Größe des betrieblichen Absatzpotenzials	
• Bedarf	Zahl der Bedarfsträger und ihrer Bedarfsintensität
• Kaufkraft und Kapitalverhältnisse	Abhängig von der Sozialstruktur
• Absatzkonkurrenz	Zahl und Marktanteile von Mitbewerbern
• Absatzagglomeration	Branchengleiche und -ungleiche Agglomeration
• Herkunfts-Goodwill	Ruf eines Standorts
Größe des betriebl. Beschaffungsgebietes	Verkehrszugang für Lieferanten, Parkmöglichkeiten
Größe des betrieblichen Beschaffungspotenzials	
• Betriebsraum	Verfügbarkeit und Qualität sowie Kosten von Verkaufsflächen
• Leistungen der Gebietskörperschaften und sonstiger Institutionen	Städtische Infrastruktur, Anreiz-, Abschreckungs- und Anpassungsmittel zur Standortbeeinflussung Direkte Standortbeeinflussung Langfristiges Ansiedlungsklima

Quelle: BEHRENS 1965; DE LANGE 1989

3.1.2   Der Einfluss der Handlungsparameter

Die Handlungsparameter der Einzelhandelsbetriebe beeinflussen die jeweilige Bewertung der Standortbedingungen. Als wichtigstes Instrument des Einzelhandels zur Marktanpassung wird – über alle Branchen hinweg – das Sortiment angesehen. Es wird von der Nachfrage sowohl direkt als auch indirekt über Produktinnovationen beeinflusst. **Änderungen in der Gesellschaft**, sei es in der Bevölkerungsstruktur (Haushaltsgröße, Altersaufbau), der Einkommensverteilung oder dem Wertewandel (z.B. Einkaufen als Freizeitbeschäftigung) differenzieren die Nachfrage erheblich. Folglich hat sich der Handel auf mehrere zeitgleiche Nachfragetrends einzustellen. Die Industrie reagiert mit vermehrten Produktinnovationen. So hat beispielsweise im Lebensmittel-Einzelhandel die Zahl der Markenartikel von 1980 bis zum Jahr 2000 um 50 % zugenommen.

Sortimentsausweitungen führen zu größeren Verkaufsflächen bei Neuansiedlungen bzw. zu einem laufenden Flächenanpassungsdruck für bestehende Betriebe und damit auch zu einer Erhöhung der Kosten für die Beschaffung des Betriebsraumes, wenn die gesamte Sortimentsbreite dargestellt werden soll. Arbeitet der Betrieb leistungsoptimierend, werden diese Kosten an den Kunden weitergegeben. Dagegen ist bei einer betriebswirtschaftlichen Zielsetzung der Kostenminimierung ein Ausweichen auf Standorte mit niedrigeren Kosten für den Betriebsraum unumgänglich.

Gleichzeitig mit der Sortimentsausweitung sinkt aber die mittlere Umschlagsrate der Waren. Dies hat zur Folge, dass das betriebliche Absatzpotenzial ausgeweitet werden muss. Unabhängig davon, ob hierzu die Nachfragehäufigkeit erhöht, die Durchdringungstiefe des bestehenden Einzugsgebiets gesteigert oder das Einzugsgebiet ausgedehnt wird, immer gewinnt damit der Verkehrszugang weiter an Bedeutung. Die Notwendigkeit der Ausweitung des betrieblichen Absatzpotenzials kann zu einer erhöhten Agglomerationsneigung führen. Dabei entscheiden Nachfrageintensität und Marktübersicht der Kunden sowie die Handhabung der Preisparameters, ob eine branchengleiche oder branchenungleiche Agglomeration zu erwarten ist. In jedem Fall wird sich die Absatzkonkurrenz erhöhen.

Entscheidet sich ein Betrieb jedoch stattdessen für die Spezialisierung des Sortiments, bedeutet dies gegenüber dem Vollsortimenter eine Verringerung des Absatzpotenzials, insbesondere der Nachfragedichte und der Nachfrageintensität. Zum Ausgleich muss dem Bekanntheitsgrad des Standorts und dem Verkehrszugang ein größeres Gewicht bei der Standortwahl beigemessen werden. Allerdings fällt diese Gewichtung je nach Art der Angebotsspezialisierung und der Handhabung der übrigen Handlungsparameter unterschiedlich aus. So werden leistungsorientierte Spezialgeschäfte mit Ausrichtung ihres Angebots auf einkommensstarke Kunden beste Lagen in der Innenstadt unter Ausnutzung des Standortimages bevorzugen. Dagegen werden kostenorientierte Spezialgeschäfte mit starker

Betonung des Preisparameters eher verkehrsmäßig gut erschlossene Innenstadt-Nebenlagen oder entsprechende Standorte außerhalb der Innenstadt wählen.
Ähnlich weit ist die Spannweite der Entscheidungen für oder gegen einen Standort in einer Agglomeration branchengleicher oder branchenungleicher Betriebe.
Auch die Entscheidung für eine **Andienungsform** beeinflusst über die Kostenstruktur den Flächenbedarf und damit den Standort. Personal wird zunehmend durch Fläche substituiert. Bei kleineren Betrieben ist i.d.R. mehr Personal pro Quadratmeter Verkaufsfläche beschäftigt; die Kostenkalkulation wird dann auf Erlöse aus Gewinnspanne und Dienstleistung abgestellt und höhere Mieten bzw. Aufwendungen für Immobilien scheinen tragbar, so dass Innenstadt-Standorte in das Blickfeld der Standortüberlegung rücken können. Wird dagegen über Kapitalinvestition die Substitution von Arbeitskraft durch Fläche angestrebt, werden bei gegebenem Umsatzziel und festen Gewinnspannen normierte Vorstellungen über maximal mögliche Miethöhen oder Aufwendungen für die Errichtung eigener Gebäude in die Standortüberlegung einfließen. Innenstadtrand sowie Peripherie erlauben die Umsetzung dieses Marketing-Konzepts am ehesten. Natürlich sind auch Zwischenformen denkbar. So existieren auch in der Innenstadt flächenextensive Vertriebsformen, allerdings mit Sortimentspezialisierung. Umgekehrt gibt es sehr viel seltener personalintensive Betriebe im Außenbereich, eingebunden in eine Strategie, die den optimalen Personaleinsatz erst ermöglicht.

Die **Preispolitik** als wichtiges Kennzeichen der Betriebsform nimmt ebenso Einfluss auf die Auswahl und Gewichtung der Standortbedingungen. So erwirtschaftet der Discounter seine Erträge über hohe Warenumschlagsraten und geringe Handelsspannen. Die strikte Kostenorientierung bewirkt, dass das Sortiment auf die kostengünstig zu beschaffenden und mit geringer Serviceleistung verbundenen Artikel beschränkt wird. Diese Spezialisierung erfordert zusammen mit dem angestrebten Warenumschlag eine hohe Kundenfrequenz. Je nach Branche kann dies über einen Standort mit hoher Passantenfrequenz oder einer guten Verkehrszugänglichkeit erreicht werden. Dabei gilt freilich die Einschränkung, dass Betriebsraum zu niedrigen Kosten (Miet-/Bodenpreis) vorhanden sein muss und der Flächenzuschnitt konsequente Selbstbedienung möglich macht.

Auch die **Organisationsform** stellt wichtige Anforderungen an die verkehrliche Erreichbarkeit des ins Auge gefassten Standorts. Handelt es sich um ein größeres Mehrbetriebsunternehmen mit mengenmäßig beträchtlichen Belieferungen der einzelnen Filialen in zeitlich dichter Folge, wird aus Kostengründen ein zentrales Lager angestrebt und/oder die Belieferung „just-in-time" abgewickelt. Hierzu ist es notwendig, dass mit genormten Auslieferungsfahrzeugen eine ganztägige Anlieferung möglich ist, was Standorte in Innenstädten und verkehrsberuhigten Zonen vor große Probleme stellt. Dieses Erfordernis kreuzt sich in manchen Fällen mit dem Erfordernis des Herkunfts-Goodwills, der besonders bei überregionalen Unternehmen, etwa den Fachkaufhäusern für Bekleidung, geltend gemacht wird.

3.1.3   Der Einfluss der Branche

Selbstverständlich ist die Gewichtung der Standortbedingungen auch je nach Branche zu modifizieren, denn Nachfragehäufigkeit und Transportaufwand des Kunden sind ebenso branchenspezifisch wie der durchschnittliche Flächenbedarf für ein Vollsortiment. Dabei nimmt die Nachfragehäufigkeit direkt Einfluss auf die Betriebsdichte im Raum. Diese wiederum beeinflusst die Größe des Absatzgebiets und des Absatzpotenzials.

Innerhalb der Branchen beeinflusst die Orientierung auf den Grund- oder Zusatznutzen zusätzlich die Standortwahl. Grundnutzenorientierte Nachfrage ist durch eine distanzielle Abnahme der räumlichen Kundenverteilung im Einzugsgebiet charakterisiert, der Standort sollte demnach möglichst im Aufwandsminimalpunkt des Einzugsgebietes gewählt werden. Zusatznutzenorientierte Nachfrage weist hingegen eine disperse Kundenverteilung im Raum auf. Damit ist die funktionale Mitte des Einzugsgebietes als geeigneter Standort anzusehen.

Bereits NELSON (1958) hat außerdem die unterschiedliche Kompatibilität von Branchen nachgewiesen. Dazu analysierte er unterschiedliche Agglomerationstypen mit insgesamt über 100.000 Betrieben in allen Teilen der USA und erstellte „compatibility tables", die kompatible (bzw. kopplungsaffine) und inkompatible Branchen für verschiedene Geschäftszentrentypen (ländliches Zentrum, Einkaufszentrum, Innenstadt etc.) unterscheiden (NELSON 1958, S. 70). In den Tabellen werden die vorgefundenen Branchen und auch einzelhandelsrelevante Dienstleistungen (Bank, Friseur, Wäscherei etc.) miteinander kreuztabelliert. Einige der für den Untersuchungsraum und die damalige Zeit markanten Beispiele können der folgenden Abb. 19 entnommen werden.

Abb. 19   Die Kompatibilitätstabelle von Nelson – Beispiel Innenstadt

	hoch kompatibel	mäßig kompatibel	nicht kompatibel	schädlich
Lebensmittel-Supermarkt	Drogeriewaren Feinkost Fleischwaren	Fotobedarf Bücher Blumen	Zoobedarf Reparaturen	Tankstelle Begräbnisinstitut
Bekleidung	Bekleidung Schuhe Pelzwaren	Lebensmittel Antiquitäten Friseur	Zoobedarf Wäscherei	Drive-in Restaurant
Zoobedarf		Post Münzen / Briefmarken	Fleischwaren Bücher Bekleidung	Drive-in Restaurant

Quelle: NELSON 1958, S. 76f

Über die Unterscheidung von Sortimenten in innenstadt- und nicht innenstadtrelevante Sortimente, die in den letzten zehn Jahren zunehmend zur Richtlinie für die Planung wurde (vgl. Kapitel 6), wird die Standortwahl der Branchen ebenfalls beeinflusst. Die Ansiedlung innenstadtrelevanter Sortimente wie Bekleidung, Schuhe, Schmuck oder Bücher an nicht-integrierten Standorten wird oftmals nicht mehr genehmigt bzw. sie werden bei der Genehmigung von Einzelhandelsansiedlungen explizit ausgeschlossen.

3.2   Die Standortwahl der Betriebsformen

Für die nachfolgenden Überlegungen der Abschnitte 3.2 und 3.3 wird implizit als übergeordneter Standortraum eine Großstadt angenommen. Damit ist einerseits die Ausbildung sowohl einer genügend großen Innenstadt als auch von Stadtteilzentren und peripheren, verkehrsorientierten Standorten gesichert. Andererseits finden alle hier näher untersuchten Betriebsformen günstige Standortbedingungen, so dass sie auftreten und interformale bzw. intraformale Konkurrenzbeziehungen sowie daraus resultierende Prozesse untersucht werden können.

3.2.1   Die Standortwahl der Betriebsformen im Lebensmittel-Einzelhandel

Den Zusammenhang, der zwischen Betriebsform und Standortwahl besteht, wollen wir am Beispiel des Lebensmittel-, Bekleidungs- und Möbeleinzelhandels zeigen. Was ersteren betrifft, folgt unsere Darstellung einer Gliederung, die sich aus der in Abb. 20 dargestellten Einordnung der LM-Betriebsformen nach grundlegenden Einflussfaktoren für die Standortwahl ergibt.

Abb. 20   Einordnung der Betriebsformen des Lebensmitteleinzelhandels nach grundlegenden Einflussfaktoren für die Standortwahl

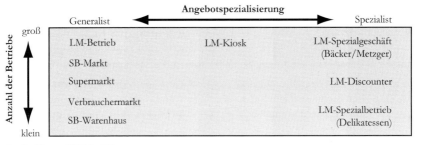

Quelle: KLEIN 1995, S. 162

LM-Generalisten

Die Gruppe der Generalisten zeichnet sich durch eine Zunahme der Vollständigkeit des Sortiments vom flächenmäßig kleinsten Vertreter bis zum SB-Warenhaus aus. Begleitend hierzu vollzieht sich der Übergang der Andienungsform von der Teilselbst- zur Selbstbedienung, die schon beim SB-Markt durchweg vorherrschend ist. Als wichtige Differenzierung ist außerdem der Organisationsgrad zu nennen: Hier nimmt der Filialisierungsgrad zu, je größer die Verkaufsfläche ist. So beträgt er z.b. in Oldenburg bei den LM-Läden nur 9 %, bei den SB-Läden schon 38 %, springt dann für die Supermärkte auf 93 % und erreicht jeweils 100 % für die Verbrauchermärkte und die SB-Warenhäuser (KLEIN 1995, S. 161).

Die Zunahme der Vollständigkeit des Sortiments, das Ersetzen von Personal durch Fläche sowie die zunehmende Kostenorientierung wirken nach den vorangestellten Überlegungen in Richtung auf eine Vergrößerung des betrieblichen Absatzgebiets und des Absatzpotenzials sowie auf eine stärkere Gewichtung niedriger Betriebsraumkosten. Mit wachsender Zahl als auch Dichte der Bedarfsträger werden höhere Anforderungen an die Zugänglichkeit des Standorts gestellt und es entsteht ein höherer Bedarf an Zusatzflächen wie z.B. Parkplätzen. Mit zunehmendem Filialisierungsgrad steigt die Zahl der Betriebsstätten, die zur Kostenreduktion moderne Logistikkonzepte anwenden. Dies wirkt sich innerbetrieblich durch Anforderungen an den Zuschnitt der Geschäftsfläche und außerhalb ebenfalls in Richtung unbeschränkten Verkehrszugangs aus.

Nicht ganz so einsichtig ist die Erhöhung des Absatzpotenzials über die Tendenz zur branchengleichen und -ungleichen Agglomeration. Hierzu ist kurz auf die Entwicklung und heutige Versorgungsfunktion der Betriebsformen einzugehen: LM-Läden und insbesondere SB-Märkte stellen Betriebsformen dar, die sich mit ihren Konzepten v.a. in wohnnaher, dezentraler Lage halten können. Dabei ist der LM-Laden angesichts seines beschränkten Sortiments noch eher auf Standortagglomerationen etwa mit dem Nahrungsmittelhandwerk angewiesen, um das externe Kopplungspotenzial und damit die Attraktivität seines Standorts zu erhöhen. Durch Ausweitung des Sortiments kann der SB-Markt noch stärker wohnorientierte Standorte wählen. Heute geraten beide Betriebsformen hinsichtlich ihrer Sortimentspolitik mehr und mehr unter Zugzwang: als Lückenbüßer und Notnagel für vergessene Einkäufe in Wohnstandortnähe des Konsumenten müssen sie auf beschränkter Fläche ihren Lebensmittelkern zunehmend um Randsortimente – meist Drogerieartikel, Schreibwaren und Zeitschriften – ergänzen.

In der Entwicklungsreihe abgelöst werden diese Betriebsformen vom Supermarkt, dessen Verkaufsfläche oft nahe an die vom Gesetzgeber gezogene Grenze für "Großflächigkeit" heranreicht. Dies ermöglicht eine Ausweitung des internen Kopplungspotenzials und folglich ein größeres Kundenaufkommen. Damit wird die Nähe zu einem Supermarkt für weitere Betriebe attraktiv, so dass er selbst als Kern und wesentlicher Leitbetrieb von (niederrangigen) Zentren fungiert.

Stärker von herkömmlichen Zentrenstandorten unabhängig sind der Verbrauchermarkt und das SB-Warenhaus. Sie erfüllen aufgrund ihres Sortiments und großen internen Kopplungspotenzials bereits die Anforderungen eines Zentrums unterster Stufe. Das schließt aber nicht aus, dass auch sie, v.a. das SB-Warenhaus, einen Anlass für weitere Ansiedlungen und somit zur Agglomeration geben.

Foto 1   Einkaufen im SB-Warenhaus

Aufnahme Peter Heigl 2003

Die Auswirkungen ihrer Ansiedlung auf das Standortumfeld, sowohl im Einzelhandel als auch im Verkehr und der übrigen Flächennutzung müssen gegebenenfalls einer planerischen Beurteilung unterworfen werden (vgl. Kapitel 6). Damit sind die flächenmäßig größten Betriebsformen in ihrer Standortwahl zunehmend von den planerischen Vorstellungen der Landesplanung abhängig.

Es lässt sich also folgende Lokalisationsregel ableiten: Je vollständiger das Sortiment, desto größer der Raumanspruch, die Verkaufsflächen und der Mindesteinzugsbereich und umso notwendiger die Lage im sekundären Netz.

LM-Spezialisten

Die folgenden Betriebsformen haben im Gegensatz zu den Generalisten eine Beschränkung ihres Sortiments vorgenommen. Dadurch werden sie gezwungen, bei der Standortwahl den Bekanntheitsgrad des Standorts und den Kundenzugang zu berücksichtigen. Hinzu kommt je nach Kostenminimierung oder Leistungsoptimierung eine stärkere Wohnstandort- oder Zentrenorientierung.

Um die Größe ihres betrieblichen Absatzgebietes und Absatzpotenzials positiv zu beeinflussen, werden v.a. Standorte in höherrangigen Zentren bevorzugt. Standorte in den Hauptgeschäftsstraßen der Innenstadt nehmen die filialisierten Genussmittel- und Süßwarenanbieter ein sowie die auf kleiner Fläche mit hoher Flächenleistung arbeitenden sortimentsbeschränkten Lebensmittelgeschäfte (z.B.

Tee, Obst). Dagegen sind die auf bestimmte Kundensegmente ausgerichteten Feinkost- und Delikatessengeschäfte, Reformhäuser und Bioläden, Wild- und Geflügelanbieter überwiegend an Standorten in weniger bevorzugten Abschnitten der Hauptgeschäftsstraßen sowie in Nebenstraßen zu finden. Aufgrund der dispersen Verteilung ihrer Kunden genügt es, den Standort möglichst in der funktionalen Mitte des Einzugsbereichs zu wählen, wobei die mit hohen Beschaffungskosten des Betriebsraums belasteten 1a-Lagen gemieden werden.

LM-Discounter

Im Gegensatz zur Bandbreite der Handlungsformen der LM-Spezialgeschäfte wird das Discountkonzept nur mit minimalen Abweichungen vertreten. Die freiwillige Sortimentsbeschränkung auf häufig nachgefragte, standardisierte Artikel des Grundnutzens (zwischen 500 und 1200 Artikel) führt zu einem geringeren Flächenbedarf, der bei kompaktester Lagerung mit 250 m² angegeben wird; die Standardgröße von Discountern schwankt heute jedoch zwischen 500 m² und 700 m² Verkaufsfläche. Selbstbedienung ist durchweg die Regel, die Preisgestaltung zeigt, dass Gewinne nur über den Warenumschlag zu realisieren sind. Für den Kunden bedeutet dies, dass er bei den insgesamt geringpreisigen Waren den größten Nutzen zieht, wenn er größere Mengen kauft, was seinen Transportaufwand erhöht. Damit sind verkehrszugängliche Standorte sowohl für Anlieferung als auch für den Kunden unabdingbar. Die Absicherung dieses Konzepts kann nur über die Organisationsform der Filialisierung erfolgen.

Nahrungsmittelhandwerk

Dem Nahrungsmittelhandwerk sind bei der Preisgestaltung enge Grenzen gesetzt; die Andienungsform liegt als Fremdbedienung fest. So spielt sich die jüngste Entwicklung in der Sortiments- und Organisationsformenpolitik als Reaktion auf die veränderten Wettbewerbsbedingungen, auf einen zunehmenden Kostendruck und auf eine veränderte Nachfrage ab.

Die Vergrößerung der Sortimente im Lebensmittelhandel mit der Angliederung von Frischwarenabteilungen hat zunächst einen Wettbewerbsdruck auf die bestehenden Betriebe des Nahrungsmittelhandwerks ausgeübt. Neben einem altersbedingten Selektionsprozess kam es in der Folge zu mehreren Abwehrmaßnahmen. Die überwiegend dezentral angesiedelten Betriebe erweitern ihr Sortiment um Lebensmittel-Hartwaren, in beschränktem Umfang auch um Zeitschriften, und bieten Dienstleistungen an (Imbiss, Liefer- und Partyservice). Die großflächigen LM-Betriebsformen wiederum müssen erfahren, dass ihre Frischwarenabteilungen nicht von allen Kunden angenommen werden und sich wegen ihrer arbeitsintensiven Bedienungsform auch nicht reibungslos in die übrige Kostenstruktur einfügen lassen. In der Folge treffen sich ihre Ausgliederungsbestrebungen mit den Filialisierungsansätzen im Nahrungsmittelhandwerk, v.a. der Bäcker. So kommt es zu Kooperationen von Mehrbetriebsunternehmen von Bäckern und Metzgern, die zu neuen Standortgründungen führen.

Die Filialisierungsbestrebungen werden durch die ungünstige Kostenentwicklung im Herstellungsbereich des Nahrungsmittelhandwerks verstärkt, denn die gestiegenen Kosten können nur durch eine Ausweitung des Absatzgebietes und eine Vergrößerung des Absatzpotenzials aufgefangen werden. Dabei bewirkt die Polarisation der Nachfrage einerseits eine Einengung auf das preisgünstige Marktsegment der verpackten Ware, das von den Discountern und Lebensmittelbetrieben übernommen wird. Andererseits wächst gerade bei Backwaren der Anteil des außerhäuslichen Verzehrs, so dass insbesondere Standorte mit einem hohen Anteil an Laufkundschaft für Verkaufsstellen – u. U. mit integriertem Stehcafé – interessant werden.

3.2.2 Die Standortwahl der Betriebsformen im Bekleidungs-Einzelhandel

Im Vergleich zu Lebensmitteln handelt es sich bei Bekleidung um wenig standardisierte Ware, die vielerlei Trends unterliegt, hohe Qualitätsunterschiede aufweisen kann und zielgruppenspezifisch angeboten wird. Die Periodizität der Nachfrage weist in letzter Zeit zwar steigende Tendenz auf, ist aber nach wie vor deutlich geringer als auf Bedarfsstufe 1. Somit ist eine geringere Netzdichte nötig. Für bestimmte Bereiche des Markenartikelvertriebs gewähren Hersteller und zwischengeschalteter Großhandel sogar Gebietsschutz, d.h. dem Betreiber eines Einzelhandelsgeschäfts wird zugesichert, dass im festgelegten Absatzgebiet keine zweite Verkaufsstelle eingerichtet wird.

Anders als man annehmen könnte, ist auch die Bekleidungsbranche nicht genau abgrenzbar, da zahlreiche Querverbindungen zu anderen Sortimenten bestehen. Als Grund fehlender Standardisierung lässt sich anführen, dass mehr oder weniger große Teile des Sortiments der Mode unterworfen sind. Dabei vereinigt die Mode zwei fast gegensätzliche Prinzipien menschlichen Verhaltens: individuelle Selbstbehauptung und gesellschaftliche Einordnung. Beides kann dem Zusatznutzen zugerechnet werden, der gegenüber dem Grundnutzen des Kleidens und Wärmens in aller Regel im Vordergrund steht. Als unmittelbare Folge dieser unterschiedlichen Intentionen beim Kauf von Bekleidung zeichnet sich das Angebot je nach Modeabhängigkeit durch eine Vielzahl unterschiedlicher Ausprägungen aus, von denen an einem Standort nur jeweils kleine Mengen abgesetzt werden. Hinzu kommt die Instabilität der Nachfragebeziehungen. Sie wird zum einen gefördert durch die Politik der Produzenten. Gab es früher vier saisonale Kollektionen, sind es heute bis zu zehn Kollektionen pro Jahr. Die Verkürzung des Produktzyklus reduziert die Saisonalität der Nachfrage und führt zu einer Erhöhung der Spontankäufe. Zusätzlich hat sich die Wertschätzung der Kunden für bestimmte Produkteigenschaften wie Haltbarkeit oder Strapazierfähigkeit geändert.

Die ständige Ausweitung des Sortiments, das gleichzeitige Ablaufen verschiedener Trends und die zunehmende Segmentierung der Nachfrage fördert die Vielfalt von Handlungsformen. Dabei ergibt sich für den Einzelbetrieb, dass er nur einen Teil der Nachfrage abdecken kann. So gewinnt bei der Standortwahl die Größe des Absatzgebietes sowie das vorhandene Absatzpotenzial hinsichtlich der Anzahl, Dichte und Nachfrageintensität der erreichbaren Konsumenten an Gewicht.

Eine weitere Eingrenzung der Standortwahl ergibt sich aus der Betrachtung der Informationsgewinnung durch den Kunden. Trotz gestiegener Möglichkeiten der Vorinformation bleibt der Marktüberblick unvollkommen. Einschlägigen Untersuchungen entnimmt man, dass sich weibliche Konsumenten zu mehr als drei Vierteln über das Schaufenster informieren, gefolgt von Katalogen von Versandhäusern (54 %) und einschlägigen Modezeitschriften (49 %). Damit gewinnt der Standort in einer branchengleichen Agglomeration und deren Image an Bedeutung. Dies gilt ganz besonders für den Standort in der Innenstadt. Deren Image wird einerseits durch das Vorhandensein von überregionalen Filialisten und Großbetrieben wie C&A, H&M, Peek & Cloppenburg etc. begründet. Andererseits ist es die Dichte des Angebots, die eine gewisse Vollständigkeit bewirkt und somit Auswahl und Kompetenz signalisiert.

Bei den Andienungsformen hat sich die Teilselbstbedienung durchgesetzt. Jedoch neigen junge Konsumenten verstärkt dazu, auf Beratung zugunsten eines eigenen Durchmusterns des Angebots ohne direkten oder indirekten Kaufdruck zu verzichten. Dies nutzen besonders die Fachmärkte und Discounter mit ihrem sehr stark auf bestimmte Zielgruppen zugeschnittenen Angebot aus.

Gerade die letztgenannten Betriebsformen treffen auf eine wachsende Nachfrage. Der Bekleidungskauf steht in unmittelbarem Zusammenhang mit dem Lebensstandard. In Zeiten einer gespaltenen Einkommensentwicklung ist das Bemühen der Kunden darauf ausgerichtet, ihren Lebensstandard zu halten. Dies geschieht bei einem wachsenden Anteil über einen preisbewussten Bekleidungskauf.

Zusammenfassend lässt sich folgendes zur Handlungs- und Organisationsform bzw. zur Standortwahl aussagen:

- Bei Bekleidung wird es kein allumfassendes Sortiment geben. Die Polarisation der Nachfrage erzwingt eine flexible Handhabung des Andienungs- und Preisparameters. Somit können sich Betriebsformen herausbilden, die sowohl in der Handlungs- als auch in der Organisationsform variieren.

- Für ihre Mikro-Standortwahl ist die Nähe zu branchengleichen Betrieben unterschiedlicher Handlungsform vorteilhaft. Bei kostenorientierten Betriebsformen wirkt auch die Nachbarschaft branchenungleicher Betriebe mit möglichst ähnlicher Handlungsform attraktivitätssteigernd.

- Ganz entscheidend für den Geschäftserfolg der leistungsoptimierenden Betriebsformen wird die Kundenakzeptanz des geführten Sortiments sein. Da die mediale Information (Werbung, Produktinformation) vom Kunden vor Ort durch Produktvergleich ergänzt wird, spielt die Passantenfrequenz für die Standortwahl eine große Rolle. Hierbei kommt der Innenstadt als eingeführtem Standort eine besondere Bedeutung zu.

Abb. 21 zeigt die Einordnung der am häufigsten auftretenden Betriebsformen nach wesentlichen Faktoren der Standortwahl. Fachkaufhäuser suchen auf Grund ihres breiten und tiefen Sortiments immer noch einen Standort in repräsentativer Lage in der Fußgängerzone der Innenstadt. Dies gilt auch für weite Teile der Fachgeschäfte, welche angesichts ihres beschränkten Sortiments auf „shared business" angewiesen sind und demnach branchengleiche oder branchenkompatible Agglomerationen bevorzugen.

Abb. 21   Einordnung der Betriebsformen des Bekleidungshandels nach grundlegenden Einflussfaktoren für die Standortwahl

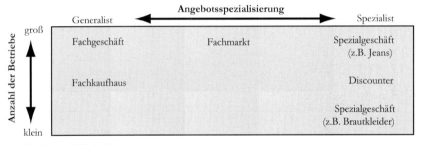

Quelle: KLEIN 1995, S. 171

Falls ein Standort außerhalb der Innenstadt gewählt wird, befindet er sich in höherrangigen Stadtteilzentren. Spezialgeschäfte richten ihr Sortiment nach einer bestimmten Zielgruppe aus, so dass auch Randlagen in der Innenstadt sowie verkehrsorientierte Standorte in Frage kommen (Brautkleider, Umstandsmoden, Über-/Untergrößen, Berufskleidung, Seniorenmode etc). Discounter sind aufgrund ihres Marketingkonzepts auf beste Standortlagen festgelegt. Ihr beschränktes Sortiment wird auf Flächen angeboten, die jene der Fach- und Spezialgeschäfte übertreffen, die Ausrichtung auf Zielgruppen ist unverkennbar. In der Innenstadt sind sie in besten Lauflagen anzutreffen, außerhalb der Innenstadt werden verkehrsgünstig gelegene Standorte aufgesucht. Fachmärkte haben gegenüber Fachkaufhäusern eine eingeengte Sortimentsbreite, bieten aber ihren Zielgruppen ein nach unteren und mittleren Preisklassen gegliedertes, vollständiges Sortiment an. Ihre Kostenstruktur legt sie auf Standorte außerhalb der Innenstadt fest, zum Teil in Verbindung mit branchenfremden Frequenzbringern (SB-Warenhäuser). Entscheidend dabei ist, dass die Standortgemeinschaft eine qualitativ und preislich abgestimmte Einheit bildet. Handelt es sich um Filialisten, treten alle Betriebsformen auch in geplanten Einkaufszentren auf und gehören hier zu den bevorzugten Mietern und Anchor-Stores.

3.2.3   Die Standortwahl der Betriebsformen im Möbel-Einzelhandel

Besonders deutlich bestätigt der Möbel-Einzelhandel die Aussage, dass die Wahl der Betriebsform den Standort bestimmt. Die allgemeinen Kennzeichen der gegenwärtigen Entwicklung heißen Sortimentswachstum, steigende Vielfalt an Designs, Ergänzung durch Nebensortimente und steigender Wettbewerb. Eine Einordnung der gängigen Betriebsformen bzgl. der Einflussgrößen zeigt Abb. 22.

Abb. 22   Einordnung der Betriebsformen des Möbel-Einzelhandels nach grundlegenden Einflussfaktoren für die Standortwahl

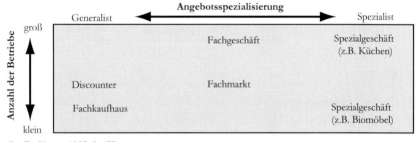

Quelle: KLEIN 1995, S. 177

Die mediale Vermittlung von Trends sowie die Internationalisierung der eigenen Wohnerfahrung – etwa durch Reisen – führen zu einem gleichzeitigen Nebeneinander verschiedener Designs und einer Erweiterung der Material- und Farbpalette. Beispiele geben die skandinavischen Möbelsortimente oder auch das Vordringen fernöstlicher Schlafmöbel. Bei der Festlegung des Sortiments bilden sich zwei große Richtungen heraus: zum einen die ständige Erweiterung mit dem Ziel der Abdeckung eines möglichst großen Nachfragespektrums, zum anderen die bewusste Einschränkung auf bestimmte Nachfragegruppen.

Nebensortimente werden zunehmend eingesetzt, um das Fachsortiment zu einem Zwecksortiment (Einrichten) zu erweitern. Neben Wohntextilien und Haushaltswaren werden deshalb auch Babyausstattung, Unterhaltungselektronik und elektrische Haushaltsgeräte angeboten. Diese Sortimentsteile weisen eine deutlich geringere Nutzungsdauer als Möbel auf, so dass damit Anreize für einen häufigeren Kundenbesuch gegeben werden.

In den vergangenen Jahren hat ein erheblicher Verdrängungswettbewerb auf dem Möbelmarkt stattgefunden, der v.a. über die Platzierung immer größerer Einrichtungs- statt Möbelhäuser geführt worden ist. Da die Kunden vor einem Kauf die Angebote vergleichen – im Schnitt werden vier bis sechs Geschäftsbesuche unternommen – besteht eine Reaktionsmöglichkeit in der Komplettierung des Sortiments. Verkaufsflächen von 50.000 m² und mehr sind dabei längst keine Seltenheit mehr. Nun weist der Möbel-Einzelhandel aber eine sehr niedrige Flächenproduktivität auf. Der höhere Miet-Kostenanteil am Umsatz zwingt also zu billigen Flächen. Die Entscheidung für ein Vollsortiment bedeutet somit die Platzierung des Betriebs außerhalb der Innenstadt. Aufgrund des großen Einzugsbereichs werden autoorientierte Standorte am Rand von Verdichtungsräumen bevorzugt. Dort ist die Entfernung zwischen Betrieb und Konsument vergleichsweise am größten. Um trotzdem den Kontakt zum Kunden herzustellen, bedienen sich die Einzelhandelsunternehmen der Werbung. Ihr Einfluss auf das Konsumentenverhalten soll uns später noch ausführlich beschäftigen (vgl. Abschnitt 5.2.5). Zum Verhältnis von Standortkosten, die bei den „Möbelriesen" minimiert werden, und Werbung bemerkt bereits Nelson: „Rent and advertising are reciprocal" (NELSON 1958, S. 46), d.h. die günstigen Grundstückskosten ziehen einen erhöhten Aufwand an Werbungskosten nach sich.

Als Gegentrend zu den immer größeren Möbelwelten entstehen aber auch zunehmend Fach- und Spezialgeschäfte, die zum Teil auf wenigen Hundert Quadratmetern ein oft sehr exklusives Teilsortiment anbieten. Die Betriebe unterscheiden sich von den oben genannten Betrieben im Wesentlichen durch die Sortimentseinschränkung und einen anderen Qualitätsanspruch sowie ein anderes Preisgefüge. Als Standort wird hier sehr wohl die Innenstadt gewählt, wobei allerdings die Haupteinkaufslagen aufgrund der hohen Mietpreise gemieden werden.

3.3 Die Standortwahl von Mehrbetriebsunternehmen

3.3.1 Ableitung von Standortbedingungen für Filialen

Um die Standortwahl für Filialen von Mehrbetriebsunternehmen zu verstehen, muss man sich vergegenwärtigen, dass sie im Gegensatz zu Einbetriebsunternehmen Einsparmöglichkeiten haben, die sich auf der Beschaffungsseite durch die Ausnutzung von „economies of scale" und auf der Absatzseite durch die Vergrößerung des eigenen Kundenpotenzials und entsprechende Rückwirkungen auf die Sortimentsgestaltung und den Warenumschlag ergeben. Innerbetrieblich lassen sich auch aus der Funktionsteilung von Zentrale und Filiale Kosteneinsparungen erzielen, die sich beispielsweise in einer besseren Flächenausnutzung der Filiale niederschlagen.

Eine Steigerung der Einsparungsmöglichkeiten lässt sich durch weitgehende Standardisierung der Marketingpolitik und der Logistik erzielen (BOYENS 1981). Dies betrifft zum einen den generellen Aspekt der Filialisierung, nämlich die Implementierung eines bewährten Einzelhandelskonzepts an Standorten mit gleichartigen Arbeits- und Absatzbedingungen. Zum anderen ist der Informations- und Warenfluss zwischen Zentrale und Filiale angesprochen. So lassen sich durch den Aufbau von modernen Logistiksystemen mit vorgeschaltetem Datenfluss aus Warenwirtschaftssystemen erhebliche Einsparungen realisieren (vgl. Abschnitt 7.1).

Der Filialstandort selbst soll sich in seinen Arbeitsbedingungen möglichst nicht von schon bestehenden unterscheiden und ein geringes Risiko mit sich bringen. Bevorzugt werden daher Lagen, die sich bereits bewährt haben. Die Erfüllung dieser Bedingungen ist mit Kosten verbunden, da optimale Lagen einen entsprechenden Marktwert haben. Geht man davon aus, dass die Betriebsflächen gemietet werden, besteht die Alternative entweder in der Hinnahme höherer Mietkosten bei gleichzeitiger Intensivierung der Flächennutzung oder in niedrigeren Mietkosten bei entsprechender Vergrößerung der Verkaufsflächen.

Die Ableitung der entsprechenden Standortbedingungen zeigt die nachfolgende Abb. 23. Dabei besitzen die Interaktionsvariablen (Erreichbarkeit und Passantenaufkommen bzw. Bekanntheitsgrad des Standorts) großes Gewicht. Dies ergibt sich sowohl aus der Gewinnerwartung als auch aus der angestrebten Normung der Absatzbedingungen.

Abb. 23   Wichtige Mikro-Standortbedingungen für Filialen

Zielvorstellungen/ Erwartungen	Einfluss auf raumrele-vante unternehmerische Tätigkeiten	Wichtige Standortbedingungen auf der Mikro-Ebene
Problemlose Übertragbarkeit des Unternehmenskonzepts	Logistik	Verkehrszugang für Lieferverkehr
	Schaffung eines Einzugsgebietes	Passantenfrequenz/ Bekanntheitsgrad bzw. Verkehrszugang/Parken
Beitrag der Filiale zum Unternehmensgewinn	Standortwahl	Standortkosten Wettbewerbsbedingungen

Quelle: KLEIN 1995, S. 188

Eine einseitige Wohn- oder Arbeitsplatzorientierung birgt die Gefahr, dass Veränderungen im Einzugsgebiet eine Differenzierung des Marktes zur Folge haben. Das bezieht beispielsweise alle Formen der Segregation innerhalb der Bevölkerung mit ein. Dagegen können Asymmetrien in der Kundenstruktur bei einem weiter gefassten Einzugsgebiet mit einem guten Verkehrszugang eher ausgeglichen werden.

Einem Mehrbetriebsunternehmen stellt sich aber nicht nur die Frage der Standortwahl auf der Mikroebene. Es muss auch die Verortung seiner Betriebe im übergeordneten Standortraum aufeinander abstimmen. Nach der Festlegung der Betriebsgröße muss die Mindestanzahl der Betriebe je Verteilzentrum bzw. Produktionsstätte geklärt werden. Dann sind Überlegungen zum Standardisierungsgrad für Standorte und Sortimente anzustellen. Diese wiederum werden davon beeinflusst, ob neben absatz- auch wettbewerbsorientierte Standorte angestrebt und welche Arten von Standortkooperationen eingegangen werden. Grundlage für diese und ähnliche Entscheidungen wird die globale unternehmerische Zielsetzung sein. Aus ihr ist ein Konzept der Markterschließung abzuleiten. Daraus lassen sich dann Richtlinien für die räumliche Verteilung und Profilierung der Einzelstandorte zusammenstellen.

Das Ergebnis dieser unternehmensspezifischen Überlegungen beeinflusst die räumliche Ordnung in dreierlei Hinsicht.

- Es ist eine räumliche Verdichtung des Angebots zu erwarten.

- Dies ist bei Branchen mit einem hohen Wettbewerbsdruck mit einer Zunahme der wettbewerbsorientierten Standortwahl verbunden.

- Während diese beiden Effekte als Kennzeichen des Wandels im Handel bislang nur global untersucht worden sind, ist der dritte Effekt in diesem Zusammenhang noch kaum beachtet worden: die beginnende Spezialisierung bei Standortwahl und Angebot innerhalb einer Branche und Betriebsform, ja sogar im selben Unternehmen.

3.3.2 Der Zusammenhang von Unternehmens-, Marketing- und Standortstrategie

Nach MERCURIO (1984) ist eine Standortstrategie die geplante räumliche Ausdehnung eines Mehrbetriebsunternehmens. Sie verknüpft Aussagen über die globalen Ziele und Tätigkeitsmerkmale des Unternehmens mit Vorstellungen, wie diese an die lokalen Gegebenheiten des jeweiligen Standorts angepasst werden sollen.

Die Verknüpfung lässt sich auch als Entscheidungskette auffassen, die in Abb. 24 als „top-down"-Durchlauf dargestellt ist. Wesentlich sind die Einflüsse und Beziehungen, die sich aus dem wachsenden Erfahrungsschatz mit bereits bestehenden Betrieben und den sich verändernden externen Rahmenbedingungen ergeben. Diese Rückkopplung führt dazu, dass sich die Standortstrategie einer ständigen Überprüfung ausgesetzt sieht. Damit wird sie zum Wettbewerbsinstrument: Das langfristige Ziel eines Mehrbetriebsunternehmens muss es sein, nicht nur seine Handlungsform, sondern auch sein Standortnetz so zu entwickeln, dass es demjenigen der Mitbewerber überlegen ist. Hierin unterscheiden sich Mehr- von Einbetriebsunternehmen, deren Standortwahl in der überwiegenden Mehrzahl der Fälle eine einmalige strategische Entscheidung darstellt. Reaktionen auf den Wettbewerb erfolgen fast nur noch über Änderungen von Sortiment, Andienung und Preis.

Abb. 24   Der Zusammenhang von Unternehmens-, Marketing- und Standortstrategie bei Mehrbetriebsunternehmen

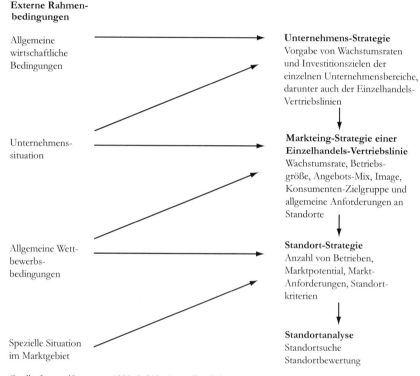

Externe Rahmenbedingungen

Allgemeine wirtschaftliche Bedingungen

Unternehmens-Strategie
Vorgabe von Wachstumsraten und Investitionszielen der einzelnen Unternehmensbereiche, darunter auch der Einzelhandels-Vertriebslinien

Unternehmenssituation

Markteing-Strategie einer Einzelhandels-Vertriebslinie
Wachstumsrate, Betriebsgröße, Angebots-Mix, Image, Konsumenten-Zielgruppe und allgemeine Anforderungen an Standorte

Allgemeine Wettbewerbsbedingungen

Standort-Strategie
Anzahl von Betrieben, Marktpotential, Markt-Anforderungen, Standortkriterien

Spezielle Situation im Marktgebiet

Standortanalyse
Standortsuche
Standortbewertung

Quelle: JONES/SIMMONS 1990, S. 383; eigene Bearbeitung

Abb. 24 verdeutlicht auch, dass die Standortstrategie nur ein Instrument unter mehreren ist, um die übergeordneten Marketing-Ziele zu verwirklichen. Demnach wird es auch eine Vielfalt von Möglichkeiten geben, selbst für Unternehmen der gleichen Branche. Systematisierungsversuche der in der Literatur vorgelegten Möglichkeiten bleiben unvollständig. Hier wird der Weg beschritten, eine Auswahl der in einer Strategie zu erwartenden Festlegungen vorzunehmen und die jeweilige Spannweite aufzuzeigen (JONES 1981; MERCURIO 1984; BOYENS 1981; GHOSH/MCLAFFERTY 1987; LAULAJAINEN 1987).

3.3.3 Ausgewählte Beispiele im Lebensmittel-Einzelhandel

Die Aufstellung von Zielsystemen und ihre Befolgung hat je nach Unternehmensgröße ein unterschiedliches Gewicht. Nach empirischen Untersuchungen (KLEIN-BLENKERS 1972; LAULAJAINEN 1987), sind es v.a. große Unternehmen mit regionalem und überregionalem Tätigkeitsfeld, die Zielsysteme entwickeln und hieraus Strategien ableiten. Im Lebensmittelbereich ist die Filialisierung besonders weit fortgeschritten: 97,6 % des Umsatzes werden von nur mehr 30 Einzelhandelsunternehmen erzielt. Im Folgenden werden daher ausgewählte Merkmale zur Strategiekennzeichnung am Beispiel unterschiedlicher Lebensmittelbetriebsformen dargestellt.

Die Nachfrage für das allgemeine Lebensmittelsortiment – insbesondere das Trockensortiment – unterliegt keiner Segmentierung, so dass das Einzugsgebiet eines Filialstandortes als distanziell abfallend charakterisiert werden kann. Für das Nahrungsmittelhandwerk gilt hingegen die Einschränkung, dass von den Kunden absolute Frische des Produkts erwartet wird. Dies hat bislang die räumliche Ausdehnung des Verbreitungsgebiets um den Produktionsstandort begrenzt. Für die weitere Untersuchung der Standortstrategie, der Standortwahl und der Standardisierung des Sortiments werden deshalb neben der Betriebsform „LM-Discounter" auch die Bäcker ausgewählt, bei denen die Filialisierungsbestrebungen besonders intensiv ausgeprägt sind.

Standortstrategien bei LM-Discountern

Zunächst soll die allgemeine Marketingkonzeption der LM-Discounter skizziert werden, um Hinweise auf die verfolgte Standortstrategie zu erhalten. Dieses übergeordnete Marketingkonzept der LM-Discounter wird von den einzelnen Unternehmen jeweils nur geringfügig abgewandelt. Für die nachfolgenden Überlegungen sind daraus folgende Aspekte wichtig:

- Durch die Eingrenzung des Sortiments auf etwa 10 % des Gesamtumfangs eines Vollsortiments kann auch die Betriebsgröße im Vergleich zum übrigen LM-Handel reduziert werden.

- In diesem Sortiment sind fast ausschließlich Massenbedarfsartikel enthalten. Dies sichert ein großes Potenzial an den Standorten.

- Zusätzlich wird eine aggressive Preispolitik betrieben, die einer Segmentierung des Nachfragepotenzials entgegenwirkt, denn der Preisvorteil überspielt eventuelle individuelle Präferenzen hinsichtlich des Auswahl- und Qualitätsanspruchs.

- Um das Preisinstrument funktionstüchtig zu erhalten, müssen alle übrigen Kosten minimiert werden. Bezüglich der Logistik bedeutet dies, dass der zentral gelieferte Anteil der Ware sehr hoch ist (z.B. Aldi: über 95 %). Damit muss hinter dem Filialnetz ein entsprechend ausgebautes eigenes Verteilnetz stehen, das so dicht ist, dass aus dem Verteilaufwand keine distanziellen Absatzbeschränkungen erwachsen.
- Die Umsatzerwartungen an die einzelnen Filialen sind besonders hoch. Sie können nur über ein – gemessen an der Verkaufsfläche – überdurchschnittlich großes Einzugsgebiet befriedigt werden. Damit kommt der Verkehrsorientierung der Standorte eine große Bedeutung zu.

Damit sind die wesentlichen Aussagen zu Logistik, Marktgebiet und Wettbewerb zusammengetragen. Für die Betrachtung der Umsetzung in eine konkrete Standortstrategie wurden bei einer Untersuchung in Oldenburg (KLEIN 1995) die beiden dominierenden Unternehmen ausgewählt, die im Marktgebiet eine vergleichbare Stellung anstreben: Aldi und Plus. Wesentliche Unterschiede bestehen trotz Discountorientierung im Sortiment sowie im Unternehmensaufbau. Aldi ist ein Unternehmen, das im Einzelhandel nur die Vertriebsschiene des LM-Discounters betreibt. Dabei werden fast ausschließlich Eigenmarken angeboten. Plus ist hingegen eine von mehreren Vertriebsschienen des Tengelmann-Konzerns, die überwiegend Markenartikel vertreibt.

Nach Boyens besitzt Aldi die Preisführerschaft auf dem Discountmarkt. Zugleich wird eine konsequente Standardisierung der Handelsform ohne regionale Differenzierung durchgehalten. Die Expansion erfolgt nur über weitere Filialen. Es kann unterstellt werden, dass Aldi auch im lokalen Absatzgebiet die Marktführerschaft anstrebt. Dies drückt sich in einer entsprechenden Netzdichte und in einer moderaten Anpassung der Standorte an veränderte Gegebenheiten (z.B. Zugangsbeschränkungen, Bevölkerungsveränderungen) aus (BOYENS 1981).

Die für Oldenburg simulierte Standortwahl von Aldi mittels des p-Median-Modells, das bisher v.a. bei der Standortsuche für öffentliche Einrichtungen angewandt wurde, erreicht für den Fall der reinen Verkehrsorientierung die besten Ergebnisse. Betrachtet man die Entwicklung der Standortverteilung von Aldi im Zeitverlauf, lässt sich außerdem erkennen, dass generell die Wohnort- und Zentrenorientierung ab- und die Verkehrsorientierung zugenommen hat.

Wie Aldi ist Plus daran interessiert, eine möglichst dominante Stellung einzunehmen. Das führt ebenfalls zu einer entsprechenden Netzdichte und einer weitgehenden Standort- und Potenzialnormung. Da die Firma Tengelmann eine kombinierte Diversifikation und Multiplikation verfolgt, müssen in manchen Marktgebieten die Standorte nicht nur auf potenzielle Discount-Mitbewerber, sondern auch auf die der eigenen Super- und Verbrauchermärkte abgestimmt werden.

Das Auftreten und die Ausbreitung der Plus-Betriebe erfolgt im Fall von Oldenburg zudem phasenverschoben zum Marktführer Aldi. Das bedeutet für Plus zunächst den Nachteil, auf die gegebene Situation reagieren zu müssen, bietet dann aber den Vorteil, bei der Wahl weiterer Standorte veränderten Standortbedingungen Rechnung tragen zu können.

Das heißt also:

1. Beide Wettbewerber wählen grundsätzlich gleiche, verkehrsorientierte Standorttypen. Die größere Sortimentsnähe von Plus zum Supermarkt erlaubt aber auch die Wahl von Standorten mit eingeschränkter Zugänglichkeit oder größerer Wohnnähe.
2. Die Standortwahl von Plus erfolgt zudem wettbewerbsbezogen innerhalb der gleichen Betriebsform.
3. Aldi reagiert nur auf einschneidende Veränderungen der Standortbedingungen, sofern seine standardisierte Marketing-Politik bedroht erscheint. Dagegen arbeitet Plus das Feed-Back seiner Standorterfahrung in die Standortstrategie mit ein.

Standortstrategien im Bäckerhandwerk

Durch zunehmenden Wettbewerb und immer schnelleren technischen Wandel wachsen Tempo und Kosten der notwendigen Innovations-Investitionen auch im Bäckerhandwerk. Da das Einzugsgebiet der meist wohnortbezogenen Standorte nicht beliebig ausgeweitet und die Durchdringungstiefe nicht beliebig gesteigert werden kann, bleibt neben dem Liefergeschäft nur noch der Ausweg der Filialisierung. Dabei bestehen hinsichtlich der Rahmenbedingungen und der übergeordneten Marketing-Strategie erhebliche Unterschiede zu den Discount-Unternehmen (vgl. Abb. 25).

Die Gegenüberstellung verdeutlicht, dass eine Strategie im Bäckerhandwerk viel stärker gesetzlichen und unternehmensbezogenen Sachzwängen unterliegt. Der Produktionsstandort beeinflusst sowohl das Verbreitungsgebiet als auch das Sortiment und die Möglichkeit begleitender Dienstleistungsangebote. Aufgrund der Erwartungen an die Frische ist es verständlich, dass nur selten ein einzelner Anbieter den Markt beherrscht. Es ist vielmehr von einer Mischung unterschiedlicher Unternehmensgrößen im Bäckerhandwerk auszugehen. Allerdings laufen seit dem Jahr 2002 Versuche, eine Discount-Betriebsform einzuführen, welche die gesetzlichen Restriktionen von Herstellung und Vertrieb zu umgehen sucht. So werden dem Kunden in einem Verkaufsraum in Selbstbedienung Rohlinge angeboten, welcher er selbst aufbäckt und dann bezahlt.

Nachfolgend sollen aber die Filialisierungsstrategien der immer noch dominierenden Handwerksbetriebe beschrieben werden. Für sie stellt das Verteilen der Ware und Einsammeln der leeren Behälter einen nicht unerheblichen Kostenfaktor dar. Dieser Distributionsvorgang steht angesichts der zeitlichen Nachfragespitzen unter Zeitzwang. Die Standorte werden daher so angelegt, dass sie über zeit- und wegsparende Rundreisenetze beliefert werden können. Das ist umso wichtiger, je größer die Entfernung zwischen Herstellungsort und Marktgebiet ist. Diese Entfernung beeinflusst auch die Sortimentgestaltung. Kurze Wege zwischen Produktions- und Filialstandort bieten die Möglichkeit der häufigeren Belieferung einschließlich einer Steigerung des Anteils des Frische-Sortiments. Dieser Vorteil entfällt für weiter entfernt liegende Standorte, bei denen versucht wird, dieses Handicap durch eine Erhöhung der Nebensortimente und zusätzliche Dienstleistungen (z.B. Kaffee-Ausschank, Imbiss) auszugleichen. Zum Teil wird bei einer eingeschränkten Anzahl von Produkten auch auf das Vollenden des Herstellungsprozesses am Verkaufsstandort ausgewichen. Welche Variante zum Tragen kommt, hängt vom gewählten Standorttyp und der Standortkooperation ab.

Abb. 25   Marketing-Strategien von Discountern und Bäckern im Vergleich

	Discounter	Bäcker
Erwartungen und Verhalten der Kunden	Qualität zu niedrigen Preisen bei eingeschränkter Auswahl	Frische, unverpackte Backwaren mit Verkaufsberatung zu angemessenen Preisen
	Standardisierte Nachfrage nach bestimmten Produkten	Zeitlich schwankende Nachfrage nach unterschiedlichen Produkten
Logistik	Überregional zentralisiert, keine zeitliche und distanzielle Beschränkung der Belieferung	Gesetzliche Regelung der Produktionszeiten sowie tageszeitlich schwankender Bedarf der Kunden bewirken zeitliche und distanzielle Beschränkung der Belieferung
	Erhebliche Kostenersparnis	Vergleichsweise großer Kostenfaktor
Sortiment	Standardisiert, problemlos	Wegen geforderter Frische in Breite und Tiefe abhängig von der Entfernung zur Produktionsstätte
Andienung	Konsequente Selbstbedienung	Fremdbedienung mit erweitertem Aufgabenbereich: Aufbacken, Aufschneiden, Kühlen der Ware, Reinigen der Behälter und Regale
Kundentreue	Gewisse Unternehmenstreue; Wechsel eher abhängig von nachlassendem Kostenbewusstsein; Image des Unternehmens auf Filialen übertragbar	Gewisse Fluktuation; Image des Einzelbetriebs wichtig; Kopplungs- und Impulskäufe; Individualität des Betriebs erwünscht
Anzahl Filialen	Anzahl der Filialen von erforderlichem Einzugsgebiet und von Wettbewerb abhängig	Anzahl der Filialen von erforderlichem Einzugsgebiet, Wettbewerb, Produktionskapazität und Verteilaufwand abhängig

Quelle: KLEIN 1995, S. 201

Anders als den LM-Betrieben erlauben der geringe Flächenanspruch und die sich ändernden Verzehrgewohnheiten den Bäckern, sich sowohl in Lauflagen der Fußgängerzone („suscipient business") als auch in Standortvergesellschaftung mit LM-Betrieben, Metzgereien, SB-Warenhäusern, Einrichtungshäusern und in Shopping Centern („shared business") oder in Wohngebieten („generated business") niederzulassen. Dabei stellen die Innenstadtlagen erhöhte Ansprüche an die Logistik, was für auswärtige Unternehmen eher nachteilig ist. Hohes Passantenaufkommen bietet aber auch die Möglichkeit der Spezialisierung (Backverfahren, Öko etc.). Darüber hinaus kann ein Fastfood-Angebot den Übergang zur Gastronomie und damit eine bessere Auslastung der Personalkapazität bedeuten und zu einer erheblichen Steigerung der Flächenleistung führen.

Wesentlichen Einfluss auf die unterschiedlichen Kombinationsmöglichkeiten nimmt die Standortkooperation. In der striktesten Form, dem ShopInShop (vgl. Foto 2), legt der Vermieter Art und Umfang des Sortiments sowie der begleitenden Dienstleistungen fest. Andererseits garantiert er eine Standardisierung der Einzelhandelsumgebung und ein gewisses Kundenpotenzial. Damit erscheint dieser Weg ideal zu sein für auswärtige Unternehmen, die einen Markteinstieg suchen, um ein weitgehend standardisiertes Sortiment anzubieten.

Foto 2   ShopInShop-Kooperation

Aufnahme Peter Heigl 2003

Generell kann beobachtet werden, dass ortsansässige Unternehmen in der Regel eher bereit sind, spezielle Lagetypen abseits der Haupteinkaufslagen bzw. Hauptverkehrsstraßen zu wählen. Auch variiert ihr Standardsortiment stärker, was auf

die Möglichkeit der besseren Marktanpassung infolge kürzerer Lieferzeiten zurückgeführt werden kann. Dagegen achten auswärtige Unternehmen verstärkt auf
einen guten Verkehrszugang und bewährte Lagen und bauen vermehrt – wie bereits erwähnt – auf Standortkooperationen mit Lebensmittelbetrieben.

3.3.4   Beispiele aus weiteren Branchen

Bei Bekleidungsunternehmen zwingt die höhere Kundensegmentierung in viel
stärkerem Maße zu einer individuellen Marketingstrategie. Dabei ergibt sich wegen der geringen Filialdichte in einer Stadt nicht automatisch auch eine Vielfalt
der Standortstrategien. In der Regel werden von den meist überregional tätigen
Unternehmen je nach Betriebsform entweder bevorzugte Lagen in der Innenstadt
oder an verkehrsorientierten Randstandorten aufgesucht. Die Spannweite der
Marketingstrategie reicht dabei von der Platzhirschfunktion in den besten Lagen
der Innenstadt wie z.b. beim Fachkaufhaus Hirmer für Herrenmode in München
oder Leffers in Oldenburg bis hin zur überregionalen Abdeckung von Einkaufs-
orten ab einer bestimmten Größe und Zentralität. Beispiele für letzteres sind etwa
C&A mit der frühen Kombination von Fachkaufhaus mit Discount-Elementen
und zunehmend Standorten in Shopping Centern oder H&M, das eher Fach-
marktcharakter anstrebt und über sein Sortiment junge Zielgruppen anspricht.
Spezielle Kundensegmente bedienen auch die in den besten Lauflagen angesiedelten Filialen der zahlreichen Mehrbetriebsunternehmen wie Hallhuber oder Orsay.
Von Beginn an auf verkehrsorientierte kostenminimierende Zentren und Agglomerationen mit SB-Warenhäusern konzentriert sich dagegen das Unternehmen
Adler. Über die Betriebsform Fachmarkt mit Elementen des weichen Discoun-
tings spricht es mit seinem Sortiment v.a. Normalverbraucher und Billigpreisty-
pen an. Ähnliches versuchen reine Discountketten z. T. mit Standorten in Stadtteilzentren von Großstädten und an Innenstadtstandorten bis in Unterzentren.

Im Zuge der Unternehmenssicherung kann Filialisierung auch eingesetzt werden,
um die negative Kostenentwicklung an einem Standort durch die positive Kostenentwicklung an einem anderen Standort aufzufangen. Diesen Weg haben v.a. mittelständische Unternehmen beschritten. Beispielsweise tritt in der Spielwaren-
branche die Kombination eines Fachgeschäftes in der Innenstadt mit einem Fachmarkt in verkehrsgünstiger Stadtrandlage auf. In der Innenstadt verbleiben die be-
ratungsintensiven und vom Kunden leicht zu transportierenden Sortimentsteile.
Durch die Auslagerung der sperrigen Sortimentsteile gewinnt man zusätzlich
Platz für eine bessere Warenpräsentation. Der Fachmarkt deckt bei einer zurück-
haltenden Andienung das Kernsortiment Spielwaren und weitere Randbereiche
mit großem Flächenbedarf ab. In diesem Modell werden innerbetriebliche Trans-
ferleistungen eingesetzt, um den Innenstadt-Standort auf Dauer zu sichern.

3.3.5 Standortkooperationen von Mehrbetriebsunternehmen

Kooperationen sind als Reaktion auf die Wettbewerbsverhältnisse zu sehen. Bekannt sind v.a. die Kooperationen auf der Beschaffungsseite (Einkaufsgenossenschaften) und der Absatzseite (Zugehörigkeit zu einer Werbegemeinschaft). Eine weitere Variante ist die Kooperation von Einzelhandelsunternehmen untereinander oder mit Investoren, z.b. den Betreibern von geplanten Geschäftszentren, um die ökonomische Inwertsetzung von Standorten zu optimieren.

Die Zunahme des Organisationsgrads im Einzelhandel ist aber nicht automatisch mit einer Normung der Standortstrategie verbunden. Vielmehr erzeugt gerade der Wettbewerb eine Vielfalt, die – je nach Branche – bis auf Sortimentsebene wirkt. Dennoch lassen sich auch weiterhin Vergesellschaftungen von Branchen und Betriebsformen beobachten, die nicht zuletzt auf strategische Beziehungen zwischen Unternehmen zurückzuführen sind.

Ausgangspunkt sind die zunehmende Knappheit von guten Standorten und die schnell steigenden Investitions- und Mietkosten für Einzelhandelsprojekte. Planerische Restriktionen einerseits und die genormten Standortansprüche der Unternehmen andererseits lassen die Zahl der entwicklungsfähigen Standorte immer mehr zurückgehen, was nicht zuletzt einen entsprechenden Anstieg der Grundstückspreise und damit der Mieten zur Folge hat. Sowohl die Entwicklung neuer als auch die Revitalisierung alter Standorte ist zudem mit steigenden Investitionskosten verbunden. Deshalb treten neben Einzelhandelsunternehmen auch kapitalkräftige Investoren auf, die geeignete Standorte aufkaufen und entwickeln.

Es sind wiederum v.a. Mehrbetriebsunternehmen, die in Kooperation mit den Investoren treten. Von Seiten der Investoren wird eine genormte Einzelhandelsumgebung angeboten. Diese umfasst den (optimalen) Standort, die Erstellung einer geeigneten Infrastruktur und, falls es sich um ein Shopping Center handelt, die Planung eines attraktiven Angebots-Mix. Von Seiten der kooperationswilligen Einzelhandelsunternehmen werden ihr Bekanntheitsgrad und ihre Geschäftserfahrung mit eingebracht. Der Grad der Kooperation ist unterschiedlich. Allen Variationen ist gemein, dass v.a. externes Kopplungspotenzial („shared business") aufgebaut wird. Im Folgenden wird unterschieden nach räumlicher Nachbarschaft, ShopInShop und Centergemeinschaft.

Räumliche Nachbarschaft, d.h. Standortnähe zweier Branchen/Betriebsformen, gibt es auch in ungeplanten Einzelhandelsverdichtungen und lässt sich als ökonomisch motivierte Kooperation deuten. Sie bleibt aber mit Unsicherheit behaftet. Dagegen kann in geplanten Verdichtungen vom bewussten Einsatz zweier Branchen/Betriebsformen zur Steigerung der Attraktivität ausgegangen werden.

Bei ShopInShop wird die engste Beziehung zwischen zwei Einzelhandelsunternehmen aufgebaut. Wie bereits gezeigt, umfasst sie die gemeinsame Ausnutzung der Verkaufsfläche am Standort, eine eventuelle Sortimentsabstimmung und dasselbe Kundenpotenzial. Kooperationsbeziehungen existieren nicht nur auf Standort-, sondern auch auf Unternehmensebene und sind Teil der Wachstumsstrategie von Mehrbetriebsunternehmen.

Paarweises Auftreten erfolgt im wesentlichen zwischen den Generalisten (Supermarkt, Verbrauchermarkt und SB-Warenhaus) und den Spezialisten (LM-Discounter und Nahrungsmittelhandwerk) sowie innerhalb des Nahrungsmittelhandwerks. Insbesondere der LM-Discounter sucht die Ergänzung seines eingeschränkten Sortiments durch Anbieter mit Frischwaren und einem breiten und tiefen Sortiment. Außerdem steigert eine hohe Geschäftsdichte von LM-Betrieben in der Nachbarschaft das Interaktionspotenzial und kommt somit seinen Warenumschlagserwartungen entgegen.

3.3.6 Zusammenfassung und Ausblick

Der Einfluss der Organisationsform auf die Standortwahl drückt sich schon dadurch aus, dass Mehrbetriebsunternehmen im Vergleich zu Einzelbetrieben den Standort ihrer Verkaufsstellen zielgerichteter bestimmen. Innerbetriebliche Logistik, aber auch die Erfahrung mit bereits bestehenden Verkaufsstellen führen zu einer anderen Gewichtung der Standortbedingungen. So haben Kundenzugang und Erreichbarkeit mit motorisierten Verkehrsmitteln einen höheren Stellenwert als bei Einbetriebsunternehmen. Dafür nehmen die Mehrbetriebsunternehmen höhere Mietkosten in Kauf, die durch die im Vergleich zu den Einbetriebsunternehmen günstigere Ertragslage der Filialen wieder kompensiert werden können.

Eine sehr viel differenziertere Aussage zum Standortwahlverhalten von Mehrbetriebsunternehmen lässt sich treffen, wenn die übergeordnete Unternehmenskonzeption berücksichtigt wird. Aus ihr entwickelt das Unternehmen seine individuelle Marketingstrategie, von der sich die verfolgte Standortstrategie ableitet, die ihren Niederschlag wiederum im Verkaufsstellennetz findet. Aber nicht nur die Standortwahl, auch die Handhabung der Handlungsparameter Sortimentsbildung und Andienung/Informationsangebot bestimmen sich aus der Marketingstrategie. So erklärt sich der enge Zusammenhang von Standortwahl und Handlungsform.

Die Spannweite der Marketing- und Standortstrategie hängt von der Kostenorientierung der Betriebsform und dem Standardisierungsgrad des Sortiments ab. So bemühen sich auf Bedarfsstufe 1 die LM-Discounter um eine weitgehende Normung der Standort- und Arbeitsbedingungen. Ihre Verkaufsstellennetze zeichnen sich durch eine optimale Marktabdeckung bei hoher Effizienz der einzelnen Filialen aus. Dagegen zeigt das Nahrungsmittelhandwerk, insbesondere die Bäcker, eine größere Vielfalt an Marketingstrategien. Innerhalb der ihnen vorgegebenen Randbedingungen von gesetzlichen Auflagen zur Produktionszeit, den Zwängen innerbetrieblicher Logistik und den Kundenerwartungen an Qualität, Vielfalt und Frische der angebotenen Waren finden sie Möglichkeiten der Spezialisierung. Dabei fällt die individuelle Anpassung an den jeweiligen Standort umso leichter, je geringer die Ausdehnung des Verbreitungsgebiets ist.

Wachsende Bedeutung kommt der Standortkooperation von Mehrbetriebsunternehmen zu. Gerade auswärtigen Unternehmen ohne detaillierte Ortskenntnis erleichtert sie den Einstieg und die Erschließung des Marktes. Diese Entwicklung wird sich zukünftig noch verstärken, wenn sich die Arbeitsteilung von Standorterschließung, Vermietung und Standortnutzung weiter durchsetzt.

In vielen Branchen bestimmen die Mehrbetriebsunternehmen dank ihrer Größe und Leistungsfähigkeit maßgeblich die Wettbewerbsbedingungen. Ihre Bedeutung wird auch in Zukunft weiter wachsen. Damit kann jetzt und zukünftig davon ausgegangen werden, dass die räumliche Ordnung des Einzelhandels von der Konzeption und Kooperation der Mehrbetriebsunternehmen geprägt wird. Das birgt Vor- und Nachteile für die Entwicklung des gesamtstädtischen Einzelhandels. So können bei Konkurs eines Mehrbetriebsunternehmens oder Übernahme durch ein konkurrierendes Unternehmen kurzfristig erhebliche Veränderungen im Standortmuster und in den Wettbewerbsverhältnissen einer Branche auftreten.

3.4 Methoden der unternehmerischen Standortwahl

Aus geographischer Sicht verdient die Standortentscheidung des Einzelhandelsbetriebes bzw. des -unternehmens besondere Beachtung. Nachdem in den vorangehenden Kapiteln typische Standortmuster für verschiedene Branchen und Betriebsformen herausgearbeitet wurden, wird im Folgenden der Frage nachgegangen, welche Methoden den Einzelhandelsunternehmen bei der konkreten Standortfindung zur Verfügung stehen bzw. welche Methoden in der Praxis tatsächlich angewendet werden.

Grundsätzlich ist davon auszugehen, dass kostenorientierte Betriebsformen bei ihrer Standortsuche hauptsächlich die Wettbewerbssituation analysieren. Leistungsorientierte Betriebsformen richten ihr Augenmerk bei ihrer Standortwahl dagegen stärker auf die Nachfrage. Zusätzlich erweitern sich die jeweiligen Fragestellungen beim Übergang von einem Ein- zu einem Mehrbetriebsunternehmen um Überlegungen zur Unternehmensstrategie.

Einschränkungen erfährt die Standortwahl v.a. durch die Planung (vgl. Kapitel 6). Die wesentlichen Prämissen der Planung, die bestimmte Standortbereiche ausschließen oder nur unter bestimmten Bedingungen vorsehen, sind:

- Freier Marktzugang für jeden Mitbewerber
- bei gleichzeitiger Sicherung einer gleichmäßigen Versorgung im Raum und
- der Sicherung der Funktionsfähigkeit der Innenstädte.

In der Praxis kann die Standortwahl eines Unternehmens als mehrstufiger Entscheidungsprozess charakterisiert werden. BIENERT (1996) teilt diesen Prozess in eine Makro- und Mikroanalyse, bei der ähnlich einer Trichterung eine immer detailliertere Analyse immer kleinerer Untersuchungseinheiten durchgeführt wird (vgl. Abb. 26). Zunächst wird – soweit nötig – der übergeordnete Wirtschaftsraum für die Ansiedlung festgelegt und im Rahmen der Gebietevorauswahl mit der Suche nach geeigneten Standorträumen begonnen (Makroanalyse). Diese müssen ein ausreichendes Potenzial aufweisen und gegebenenfalls auch schon von der Planung als mögliche Ansiedlungsfläche bestätigt worden sein. Bei der Mikroanalyse wird für die potenziellen Standorte das Absatzpotenzial ermittelt. Auf dieser Basis wird eine verfeinerte Erfolgsabschätzung durchgeführt. Außerdem wird der Standort und seine Nahumgebung einer Detailüberprüfung unterzogen.

Abb. 26 Phasen der Standortplanung

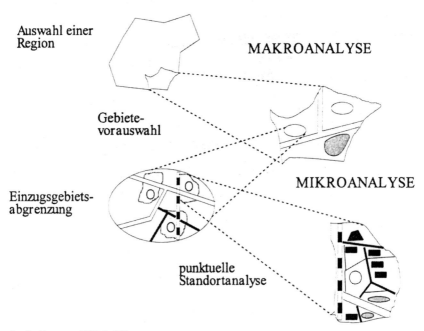

Quelle: BIENERT 1996, S. 115

Die einzelnen Schritte müssen nicht immer in der dargestellten Chronologie ablaufen. So können Merkmale der Detailüberprüfung wie Schaufensterlänge, Grundriss der Ladenfläche o.ä. bereits beim ersten Schritt dazu führen, dass ein Standort nicht weiter in die Betrachtungen einbezogen wird.

3.4.1 Makroanalyse

Auch wenn Neugründer von Einzelbetrieben die Standortsuche oft von vorn herein auf ihren Wohnort beschränken und damit die ersten beiden Schritte, d.h. die Makroanalyse, überspringen, spielt diese im Zuge der zunehmenden Filialisierung und v.a. der Internationalisierung eine immer größere Rolle. Die Makroanalyse beschränkt sich weitgehend auf die Auswertung sekundärstatistischen Materials. Die Ergebnisse werden oft in portfolio-ähnlicher Form dargestellt. GHOSH/ MCLAFFERTY (1987, zitiert nach BIENERT 1996) stellen beispielsweise das ökonomische Potenzial eines Gebiets der eigenen Wettbewerbsposition gegenüber und erhalten auf diese Weise eine 9-Felder-Matrix, aus der sie neun Gebietstypen mit unterschiedlicher Attraktivität für Neuansiedlungen ableiten und grob charakterisieren. Das ökonomische Potenzial bestimmen sie anhand der Einwohnerzahl, deren Wachstumsrate, dem Einkommen u.a.; die Wettbewerbsposition wird operationalisiert als die Anzahl und Größe konkurrierender Geschäfte und anderer Standortcharakteristika.

Abb. 27   Portfolio-Analyse des Makrostandorts

| | | Wettbewerbsposition | | |
		hoch	mittel	niedrig
wirtschaftliches Potenzial	hoch	+	+	0
	mittel	+	0	-
	niedrig	0	-	-

Quelle: BIENERT 1996, S. 120

3.4.2 Mikroanalyse I: Die Abgrenzung des Einzugsgebiets

Zentrales Problem der Mikroanalyse ist die Abgrenzung des potenziellen Einzugsgebiets. Unter Einzugsgebiet versteht man ein (theoretisch) klar abgegrenztes Gebiet, dessen Einwohner zu den potenziellen Kunden eines Geschäfts gezählt werden können. So einfach, wie dies auf den ersten Blick scheint, ist es bei weitem nicht. Einzugsgebiete werden durch eine Vielzahl von Faktoren beeinflusst, die weitgehend nicht unabhängig voneinander sind. Schon die Orientierung am Wohnstandort der potenziellen Kunden ist streng genommen nur für diejenigen Kunden sinnvoll, die auch direkt von ihrer Wohnung mit dem konkreten Ziel aufbrechen, ein bestimmtes Geschäft aufzusuchen. Ausgeblendet bleiben Geschäftsbesuche vom Arbeitsplatz aus oder von Besuchern der Stadt sowie spontane Geschäftsbesuche, die aus den unterschiedlichsten Gründen vorgenommen werden. Gerade der Anteil der Streukunden, i.e. derjenigen Kunden, die man laut Einzugsgebietsabgrenzung eigentlich nicht in einem Geschäft erwarten würde, ist in den letzten Jahrzehnten stark angestiegen. Die Konstruktion eines Einzugsgebiets über die Wohnstandorte wird damit immer fiktiver.

Wenn im Folgenden einzelne Verfahren zur Abgrenzung von Einzugsgebieten in ihren Grundzügen dargestellt werden, darf nicht der Eindruck aufkommen, dass es sich bei der Standortsuche stets um eine theoretisch fundierte Entscheidung handeln würde. Gerade bei Einzelbetrieben herrscht in der Regel die „rule of thumb" vor, d.h. die Standortentscheidung erfolgt intuitiv. Mehrbetriebsunternehmen vertrauen hingegen oft auf bewährte Standorttypen. Anhand dieser Typen entwickeln sie "manuell" oder mittels Regressionsanalysen Checklisten, die zur Bewertung von Standorten herangezogen werden. Diese Methode firmiert unter dem Stichwort „Analogverfahren". Typische Bewertungskriterien sind Angaben zur Einwohnerzahl in der Stadt bzw. im vermuteten Einzugsgebiet, zur Grundstücks- bzw. Verkaufsraumgröße, zur Lage innerhalb des Siedlungsraums oder zur überregionalen Verkehrsanbindung. Ein dem Analogverfahren ähnliches Vorgehen besteht darin, das Verhalten anderer, oft größerer Unternehmen zu imitieren. So lautete die Strategie von County Sear in den USA beispielsweise: „ If a Penney, Sears, Wards or local department store is going to go there then they have already done demographic studies. It almost sounds too simple but that really is our strategy" (MASON/MEYER 1981 zitiert nach CLARKE 1999, S. 12).

Die folgende Übersicht gibt nun einen Überblick über die Verfahren der Einzugsgebietsabgrenzung, die von einfachen, distanzbasierten Modellen bis zu komplexeren gravitationstheoretischen Ansätzen reichen.

Abb. 28   Methoden der Einzugsgebietsabgrenzung

Einfache, distanzbasierte Modelle	Komplexere, gravitationstheoretische Modelle
Thiessen-Polygon	Modell von Reilly
Kreismethode	Modell von Huff
Zeitdistanzmethode	Ökonometrische Methode

Quelle: BIENERT 1996, S. 125, eigene Bearbeitung

Als weitere Differenzierung kann angeführt werden, dass die primär distanzorientierten Modelle entweder auf einfachen Annahmen zur Einkaufsstättenwahl oder auf Erfahrungswerten basieren, während die gravitationstheoretischen Modelle – wie ihr Name schon andeutet – stärker theoriebasiert sind. Die einfachen distanzbasierten Verfahren erkaufen sich dabei ihre einfache, kostensparende Handhabung durch eine größere Ungenauigkeit des Ergebnisse.

Einfache, distanzbasierte Methoden

Thiessen-Polygon

Kann unterstellt werden, dass alle Anbieter ein vergleichbares Angebot eines von der Gesamtbevölkerung benötigten Gutes aufweisen, dann hängt die Einkaufsstättenwahl des Kunden kaum von seinen persönlichen Präferenzen, sondern vielmehr von seinem Beschaffungsaufwand ab, der mit der Distanzüberwindung gleichgesetzt werden kann. Der Kunde wird also den ihm nächstgelegenen Anbieter auswählen. Mit der Konstruktion der Thiessen-Polygone können folglich die Einzugsgebiete der Mitbewerber näherungsweise bestimmt werden. Dabei werden topographische Gegebenheiten und verkehrliche Erschließung nicht berücksichtigt (vgl. Abb. 29).

Abb. 29   Thiessen-Polygon, Kreis- und Zeitdistanzmethode

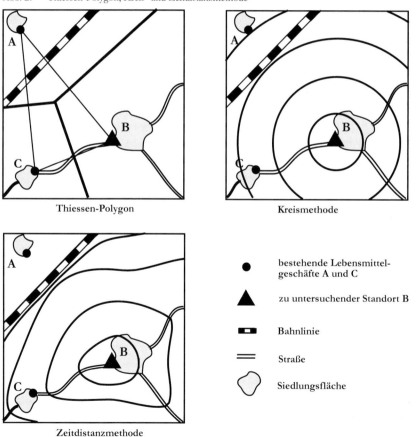

Thiessen-Polygon

Kreismethode

● bestehende Lebensmittelgeschäfte A und C

▲ zu untersuchender Standort B

▬ Bahnlinie

＝ Straße

⬡ Siedlungsfläche

Zeitdistanzmethode

„Das Polygon eines Standorts und damit dessen Einzugsgebiet ist das Ergebnis einer mehrstufigen geometrischen Abgrenzungstechnik; es umfasst das Gebiet, das näher zum betrachteten als zu allen benachbarten Standorten liegt" (BIENERT 1996, S. 128).

Bei den nachfolgend zu behandelnden Methoden wird unterstellt, dass von einem einzelnen Anbieter ein Sortiment angeboten wird, welches von der Bevölkerung in Anspruch genommen werden kann, aber nicht in Anspruch genommen werden muss. Außerdem kann sich das Angebot verschiedener Wettbewerber in Qualität, Breite und Tiefe unterscheiden. Für den einzelnen Anbieter ergibt sich ein mit zunehmendem Beschaffungsaufwand abnehmender Absatz, welcher nach Erfahrungswerten abgeschätzt werden kann.

Kreismethode

Die Kreismethode sieht eine Einteilung des Einzugsgebiets in konzentrische Kreise vor, wobei der potenzielle Standort den Mittelpunkt bildet und die Radien anhand von Erfahrungswerten festgelegt werden. Der innere Kreis weist dabei die höchste Kundenbindung (Kunden pro 1.000 Einwohner) auf, in den Ringen nimmt sie mit wachsender Entfernung vom Standort ab.

Zeitdistanzmethode

In Erweiterung der Kreismethode wird bei der Zeitdistanzmethode nicht mehr von der Luftlinienentfernung ausgegangen, sondern es werden auch topographische Gegebenheiten sowie die spezifische verkehrliche Erschließung einbezogen. Daraus wird die zeitliche Entfernung der Bewohner zum Standort abgeleitet bzw. auch empirisch gemessen und in so genannten Isochronen (Linien gleicher zeitlicher Entfernung) dargestellt. Die maximal akzeptablen Zeitentfernungen werden wiederum als Erfahrungswerte zu Grunde gelegt.

Gravitationstheoretische Modelle

Die gravitationstheoretischen Modelle gehen auf REILLY (1931) zurück und wurden vielfach modifiziert. Neben der Entfernung des Angebotsstandorts vom Wohnort (s.o.) beziehen sie grundsätzlich auch die Attraktivität des Angebotsstandorts in die Überlegungen mit ein. Analog zum physikalischen Gravitationsgesetz gehen sie davon aus, dass ein attraktiver Standort einen größeren Einzugsbereich erreichen kann, während ein wenig attraktiver Standort eben nur einen kleineren Einzugsbereich entwickelt.

Modell von Reilly

REILLY gilt mit seinem „Law of Retail Gravitation" (1931) als Begründer der gravitationstheoretischen Ansätze zur Abgrenzung von Einzugsgebieten. Er wendet dabei das physikalische Gravitationsgesetz auf die Anziehungskraft von Angebotsstandorten an. Seinen Überlegungen liegt somit die Frage zu Grunde, welcher Kaufkraftanteil einer zwischen zwei Städten A und B gelegenen Ortschaft C (i-ter

Nachfrageort in der Formel) jeweils welcher Stadt zufließt. Er stellt folgende grundlegende Formel auf:

$$\frac{U_1}{U_2} = \frac{A_1^{\alpha}}{A_2^{\alpha}} \cdot \frac{d_{i,2}^{\beta}}{d_{i,1}^{\beta}}$$

U_1, U_2 = Umsatzanteile der Angebotsstandorte 1 bzw. 2
A_1, A_2 = Attraktivität der Angebotsstandorte 1 bzw. 2
$d_{i,1}, d_{i,2}$ = Distanz vom Nachfrageort i zu den Angebotsstandorten 1 bzw. 2
α, β = Exponenten zur Gewichtung

Der Umsatzanteil eines Angebotsstandorts ist also umso höher, je attraktiver er ist, und umso niedriger, je weiter er entfernt ist.

Probabilistisches Modell von Huff

Das Modell von HUFF (1964) ermöglicht es, mehr als zwei Konkurrenzstandorte gleichzeitig zu bewerten. Im Gegensatz zum deterministischen Modell von Reilly werden Wohnorte außerdem nicht mehr zur Gänze dem einen oder anderen Marktgebiet zugewiesen, sondern es werden die relativen Anteile aller Kunden- bzw. Kaufkraftströme eines jeden Orts bestimmt, die dem jeweiligen Angebotsort zuzuschlagen sind. Dazu bezieht das Modell die Attraktivität der verfügbaren Alternativen und die Entfernung zwischen Wohnstandort und potenziellem Ziel mit ein. Für diese beiden Bestimmungsgrößen existieren unterschiedliche Möglichkeiten der Interpretation und Operationalisierung (vgl. Abb. 30).

Abb. 30   Beispiele der inhaltlichen Interpretation und Operationalisierung der Bestimmungsgrößen des Huff-Modells

Bestimmungsgröße	Interpretation	Operationalisierung
	Geschäfts-/Verkaufsfläche	m²
Attraktivität eines Einkaufsorts	Auswahl	Anzahl der angebotenen Waren eines Betriebs, der insgesamt vorhandenen Betriebe, der unterschiedlichen Branchen und Betriebsformen
	Parkplätze	Anzahl, Verfügbarkeit
	Preis	Kosten [€] eines Standard-Warenkorbs
	Entfernung	[km]
Distanz	Reisezeit	[min]
	Aufwand	[Zeit, Geld, Stressfaktor]

Für die nachfolgende Formulierung werden folgende Voraussetzungen getroffen: Das gesamte Marktgebiet ist in n Gebietseinheiten unterteilt, in denen die potenziellen Nachfrager (z.B. Haushalte) wohnen. Ihnen stehen m Angebotsstandorte (Einzelbetriebe, Zentren) gegenüber. Als Eingangsgrößen werden als bekannt vorausgesetzt:

Abb. 31   Eingangsgrößen des Huff-Modells

K_i	Kaufkraft, die aus der i-ten Gebietseinheit den Angebotsstandorten insgesamt zufließt
Aj	Attraktivität des j-ten Angebotsstandorts, j = 1, ..., m
d_{ij}	Entfernung zwischen der i-ten Gebietseinheit und dem j-ten Angebotsstandort

Das Huff-Modell ermittelt nun den Anteil p_{ij} der Kaufkraft, die dem j-ten Angebotsstandort aus der Gebietseinheit i zufließt, mit folgendem Ansatz. Dabei ist der Distanz-Abfall der Einkaufsintensität zu einem Zentrum in Beziehung gesetzt zum Wettbewerb, der im Gesamtsystem herrscht.

$$p_{ij} = \frac{A_j^{\alpha} / d_{ij}^{\beta}}{\sum_{j=1}^{m} A_j^{\alpha} / d_{ij}^{\beta}}, i = 1,..., n$$

α, β = Exponenten zur Gewichtung

Der am Angebotsstandort j erzielte Umsatz U_j ergibt sich durch Summierung über alle Kaufkraftanteile der Gebietseinheiten (1, ..., n), die diesem Angebotsstandort zufließen:

$$U_j = \sum_{i=1}^{n} p_{ij} * K_i$$

Huff hat für den Südwesten der USA Gewichtungsexponenten für verschiedene Warengruppen in empirischen Studien ermittelt und kam zu relativ genauen Abschätzungen. Für andere raum-zeitliche Geltungsbereiche muss das Modell jedoch neu kalibriert werden. Sieht man einmal von dieser generellen Kritik am Gravitationsmodell ab, so werden die Ungenauigkeiten der Zuordnung von Nachfragern zu Einkaufsstätten in den Randbezirken des Marktgebietes besonders groß sein. KAGERMEIER (1991) hat beispielsweise das tatsächlich von ihm erfasste Konsumentenverhalten mit den Prognosen des Huff-Modells verglichen und kommt zu dem Ergebnis, dass die Reduktion des komplexen Prozesses des Käuferverhaltens auf wenige Merkmale der Angebotsseite das tatsächliche Konsumentenverhalten nicht ausreichend genau wiedergibt (vgl. auch Kapitel 5). Trotz aller Nachteile hat dieses Modell große Anwendung erfahren. Professionelle Programme wurden speziell für verschiedene Branchen, Betriebsformen und Anwender (Einzelhandel, Planung) entwickelt.

Sogenannte ökonometrische Modelle, die ebenfalls die Beziehungen zwischen dem Umsatz bzw. Marktanteil (als abhängige Variable) und den sie beeinflussenden unabhängigen Variablen in komplexer Form darzustellen versuchen, werden insbesondere seit den 1960er Jahren von der Gesellschaft für Konsumforschung (GfK) eingesetzt.

3.4.3 Mikroanalyse II: Bestimmung des Marktpotenzials

Ist das Einzugsgebiet abgegrenzt, lässt sich die dort ansässige Bevölkerung und damit das vorhandene Kundenpotenzial relativ einfach bestimmen. Durch Multiplikation mit der branchenspezifischen Kaufkraft kann das vorhandene Markt- bzw. Kaufkraftpotenzial errechnet werden (vgl. auch Kapitel 5). Aus dem Verkaufsflächenanteil des geplanten Einzelhandelsbetriebs an der gesamten Verkaufsfläche der Wettbewerber kann unter Berücksichtigung von Erfahrungswerten, welche Abschöpfungsquoten andere Betriebsformen erreichen, der potenzielle Umsatz bestimmt werden. Voraussetzung für die Anwendung dieses Verfahren ist, dass es sich um **Betriebe mit distanziell abnehmender Marktdurchdringung** handelt.

Unter **gestreuten Märkten** hingegen versteht man die räumlich unregelmäßig und in der Intensität distanziell nicht signifikant beeinflusste Standortverteilung der Nachfrager. Dies ist bei hochspezialisierten Anbietern mit inhomogen in der Bevölkerung vertretenen Kunden bestimmter Einkommens- und Altersgruppen, Ethnien, und aller Arten von Lifestyle-Gruppen der Fall. Der Abgrenzung des Einzugsgebiets kommt deswegen ein geringerer Stellenwert zu als bei Betrieben mit distanziell abnehmender Marktdurchdringung. Der Kern der Standortsuche liegt hier in der Definition der Zielgruppe. Ist ein Profil erstellt, so kann die Verortung der potenziellen Kunden beginnen. Hier kann man mikrogeographische Segmentierungen hinzuziehen, die auf frühe Ansätze der Stadt- und Sozialgeographie zurückgreifen. Gemäß dem „Neighbourhood-Effekt" wird unterstellt, dass sich Personen mit ähnlichem Konsum- und Lebensstil in unmittelbarer Nachbarschaft niederlassen. Zur Ermittlung der räumlichen Verbreitung der Zielgruppen werden von privaten Marktforschungsinstituten verschiedene, oft sehr heterogene Datenquellen miteinander verschnitten. Neben der amtlichen Statistik sind dies auch Gebäudetypenerhebungen, Bestelldaten von Versandhäusern oder eigens durchgeführte Konsumentenbefragungen. Die Ergebnisse werden bis auf Mikrozellen (bei Consodata: Straßenabschnitte mit mindestens fünf Haushalten) herunter gebrochen und erlauben so eine genaue Lokalisation der Zielgruppen.

Abb. 32   Beispiel einer mikrogeographischen Segmentierung: Der Status in der Stadt München – Mikrotyp-Gruppenwerte von Consodata

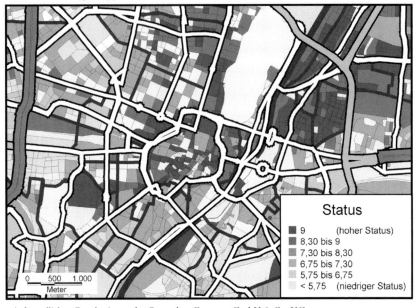

mit freundlicher Genehmigung der Consodata Germany GmbH & Co. KG

Das Hauptanwendungsgebiet der mikrogeographischen Segmentierungen liegt sicherlich in der zielgerichteten Ansprache potenzieller Kunden über Direktmailings. Darüber hinaus werden die Segmentierungen auch für Fragen der Standortwahl sowie zur Sortimentsoptimierung bei bestehenden Betrieben eingesetzt. So werden von Apothekern beispielsweise neben den verschreibungspflichtigen Medikamenten in zunehmendem Maße auch ergänzende Angebote in das Sortiment aufgenommen. Die Kenntnis der vorherrschenden Gesundheitstypen im bestehenden Einzugsbereich ermöglicht eine zielgerichtetere Neuausrichtung der Niederlassung (vgl. Kasten). Für einzelne Unternehmen können im Übrigen auch unternehmenseigene, räumlich lokalisierbare Kundendaten in die Erstellung der Zielgruppenanalyse einfließen.

Bei der Interpretation der Daten ist allerdings stets zu beachten, dass es aufgrund der Neighbourhood-Hypothese und der Rechenoperationen, die nötig sind, um die Daten so kleinräumig anbieten zu können, nur mehr um Wahrscheinlichkeiten und nicht um tatsächliche Verteilungen handelt. In der Mikrozelle x lebt also nur mit hoher Wahrscheinlichkeit der Konsumententyp y.

**Beispiel einer mikrogeographischen Segmentierung:
Der „MIKROTYP Gesundheit" von Consodata**

Gesunder Kraftprotz

fühlt sich fit, treibt viel Sport
vertraut auf Selbstheilungskräfte, geht selten zum Arzt
durchschnittliche Kaufhäufigkeit (klassische Präparate)

Unkritischer Wehleidiger

beklagt sich über schlechte Gesundheit und Ärzte
Krankheit ist lästig, daher regelmäßig Medikamente
sehr hohe Kaufhäufigkeit, spontan und ungezielt

Skeptischer Verweigerer

starkes Misstrauen gegenüber Medikamenten, aber auch gegenüber alternativen Heilmethoden
sehr geringe Kaufhäufigkeit, nimmt keine Medikamente

Informierter Körperbewusster

skeptisch gegenüber Schulmedizin, offen gegenüber alternativen Heilmethoden
hohe Kompetenzzuschreibung, hohes Interesse
sehr hohe Kaufhäufigkeit, bewusste Selbstmedikation

Eingeschränkter Kassenpatient

Vertrauen in Schulmedizin, vermeidet aber Arztbesuche
geringe Kompetenzzuschreibung, geringes Interesse
sehr geringe Kaufhäufigkeit, achtet stark auf Preis

Konservativer Arztgläubiger

völliges Vertrauen in Schulmedizin, geht sofort zum Arzt, wenn er krank ist
Selbstmedikation wird als gefährlich abgelehnt
geringe Kaufhäufigkeit, aber Hausapotheke mit Bewährtem

mit freundlicher Genehmigung der Consodata Germany GmbH & Co. KG

3.4.4   Mikroanalyse III: Bewertung des Standorts

Die mikrogeographische Bewertung des Standorts steht bei dem idealtypischen Trichtermodell am Ende des Standortfindungsprozesses. In der Realität ist aber oft zuerst ein Standort bekannt bzw. wird einem Einzelhandelsunternehmen ein konkreter Standort angeboten und die einzelnen Schritte werden parallel durchlaufen. Auch können bestimmte mikrogeographische Merkmale bereits zu Beginn zum sofortigen Ausschluss aus dem Standortbewertungsverfahren führen.

Der mikrogeographischen Bewertung liegen v.a. bei Mehrbetriebsunternehmen in der Regel Checklisten zu Grunde. Wichtige Themenkomplexe der Listen sind:

- der **Geschäftsraum** (Zustand und Attraktivität des Gebäudes, Grundriss und Größe des Geschäftsraums, Verteilung der Verkaufsfläche nach Etagen, Erweiterungsmöglichkeiten, Lagerräume, Schaufenster, Konditionen des Mietvertrags etc.);

- die **Geschäftslage** (Bewertung der Umfeldqualität, des Kopplungspotenzials, der Einsehbarkeit etc.);

- die **Erreichbarkeit** des Standorts inklusive der Parkmöglichkeiten, (verkehrliche Anbindung und Belastung der Straßen, Passantenfrequenz, Breite des Gehwegs, Lage zu Haltestellen des ÖPNV, Einsehbarkeit des Parkplatzes und Übersichtlichkeit der Ein- bzw. Ausfahrt etc.);

- die **Anlieferung** (Lage der Lagerräume, reibungslose Andienung, Anlieferzone, rückwärtige Erschließungsstraße etc.);

- die **zukünftige Entwicklung** (bauliche oder verkehrliche Maßnahmen im Umfeld);

Die Checklisten werden je Standortmerkmal nur mit Ja oder Nein beantwortet. Bei der anschließenden Gesamtbewertung werden die Antworten ausgezählt, wobei negative Bewertungen bestimmter Kriterien bereits zum Ausschluss des Standorts führen können. Weiter entwickelte Listen sehen oftmals ein Punktbewertungsverfahren vor. Den einzelnen Kriterien werden dabei je nach Bewertung Punkte zugewiesen (z.B. 1 = nicht zufriedenstellend bis 10 = sehr zufriedenstellend), die anschließend mit einem Gewichtungsfaktor multipliziert werden. Durch Addition der gewichteten Punktwerte erhält man eine Gesamtpunktzahl, die Auskunft über die Güte des Mikrostandorts gibt. Die Festlegung der Gewichtungsfaktoren erfolgt in der Regel subjektiv durch Experten.

Literaturhinweise zu Kapitel 3

Eine frühe Zusammenstellung wichtiger Prinzipien, die der Entstehung von Einzelhandelsagglomerationen aus Unternehmersicht zu Grunde liegen, gibt
NELSON, R. L. (1958): The Selection of Retail Locations. New York

Mit der Standortwahl von Betriebsformen beschäftigt sich ausführlich
KLEIN, K. (1995): Die Raumwirksamkeit des Betriebsformenwandels im Einzelhandel. Untersucht an Beispielen aus Darmstadt, Oldenburg und Regensburg. Regensburg. (= Beiträge zur Geographie Ostbayerns 26).

Eine gute, praxisnahe Übersicht über die Methoden der Standortwahl und des Controllings geben
BIENERT, M. (1996): Standortmanagement. Methoden und Konzepte für Handels- und Dienstleistungsunternehmen. Wiesbaden. (=Neue betriebswirtschaftliche Forschung 194).

GHOSH, A.; MC LAFFERTY, S. L. (1987): Location strategies for retail and service firms. Lexington, Mass.

Die fachlichen sowie methodischen Probleme, die mit der Abgrenzung von Einzugsgebieten verbunden sind, werden in einem Band der Schriftenreihe des AK Geographische Handelsforschung dargestellt.

HEINRITZ, G. (Hg.) (1999): Die Analyse von Standorten und Einzugsbereichen. Methodische Grundfragen der geographischen Handelsforschung. Passau. (=Geographische Handelsforschung 2).

Im gleichen Band stellt Clarke die Weiterentwicklung der Methoden der unternehmerischen Standortwahl hin zu GIS-gestützten Verfahren dar.

CLARKE , G. (1999): Methoden der Standortplanung im Wandel. In: HEINRITZ, G. (Hg.): Die Analyse von Standorten und Einzugsbereichen. Methodische Grundfragen der geographischen Handelsforschung. Passau. (=Geographische Handelsforschung 2), S. 9-13.

4 Einzelhandelsagglomerationen und Geschäftszentren

4.1 Grundlagen

Die Standortentscheidungen von Einzelhandelsbetrieben bestimmen die sich wandelnde räumliche Ordnung des Einzelhandels maßgeblich. Weil bei den Überlegungen zur Standortwahl auch die räumliche Nähe weiterer Betriebe, bestimmter Branchen oder Betriebsformen eine Rolle spielt, sind Einzelhandelsagglomerationen schon lange Gegenstand geographischer Forschung. An ihrem Anfang steht die Gliederung und funktionale Typisierung, für die BERRY (1963) wesentliche Grundlagen legte. Eine Untermenge seiner Typen bilden die nach ihrer inneren Struktur hierarchisch zu ordnenden Geschäftszentren. Hier liegt die Übertragung der von CHRISTALLER (1933) entwickelten Theorie nahe (vgl. z.B. WARNES/DANIELS 1979).

Neben dieser auf dem Angebot basierenden Untersuchungsrichtung entwickeln sich auch nachfrageorientierte Ansätze. SEDLACEK (1973) wendet seinen auf Interaktion basierenden Zentralitätsbegriff auf intraurbane Zentralorte an. BUGMANN (1980) und BOESCH (1980) rücken den Versorgungsaspekt in den Vordergrund ihrer Betrachtung. Der Wahrnehmungsaspekt und sein Einfluss auf den Besuch von Zentren wird von POTTER (1982) verfolgt. ZEHNER (1987) geht der Frage der Identifikation der Bevölkerung mit den nächstgelegenen Zentren nach.

Es ist nicht zu übersehen, dass der Begriff „Zentrum" im Kontext von Einzelhandel und Stadt im wissenschaftlichen Gebrauch zunehmend unscharf wird. Die von BORCHERDT (1982) und DIETSCHE (1984) verwendete Definition hebt auf physiognomische, strukturelle und funktionale Kennzeichen ab. Das physiognomische Kennzeichen der räumlichen Verdichtung wird in der neueren Literatur am ehesten fallengelassen. Für viele Autoren folgt aus der zunehmenden Versorgungsmobilität der Bevölkerung sowieso die Aushöhlung der Funktion von Zentren, wohnnahe Anbieter zur Befriedigung von Standardversorgungssituationen zu sein. Stattdessen werden die wohnnahen Einzelhandelsstandorte den verkehrsorientierten Standorten gegenübergestellt. TIETZ et al. (1991, S. 163ff) bezeichnen diese mit den Begriffen „primäres" und „sekundäres Handelsnetz". Der Anteil der Geschäftsfläche im sekundären Netz wird in den alten Bundesländern inzwischen auf 30 % geschätzt, für die neuen Bundesländer liegt die Schätzung sogar bei 56 % (GREIPL 2001). Diese beiden Standortnetze werden außerdem durch ein tertiäres und quartäres Netz ergänzt (TIETZ et al. 1991, S. 170ff). Das tertiäre Netz, das Tietz als „wohnungsorientiert" beschreibt, umfasst neben dem Versandhandel heute v.a. auch den E-commerce. Auch dem quartären Netz, dem

Tietz den Handel mit Energie und Automobilen zuweist, werden heute oft noch weitere Segmente zugeordnet wie der Handel an Tankstellen, Bahnhöfen und Flughäfen. Diese neue Gliederung des Einzelhandelsbestands berücksichtigt die agglomerative Komponente nur noch untergeordnet.

Foto 3   Einzelhandelsagglomeration auf der „Grünen Wiese" in Eching bei München

mit freundlicher Genehmigung der Gemeinde Eching

Als Ursache für die Entstehung von Zentren ist der Wunsch der Kunden verant-wortlich, ihren Besorgungsaufwand zu minimieren. Um das bei Gütern hoher Verbrauchshäufigkeit zu ermöglichen, wird ein wohnnaher Standort angestrebt. Mit geringer werdender Verbrauchshäufigkeit wächst das mit der Besorgung zur Verfügung stehende Zeitbudget der Kunden, die zur Erlangung von Kostenvor-teilen den Umfang der Kopplung steigern und deshalb die Transportkapazität er-höhen müssen. Dies setzt in der Regel die Benutzung eines Verkehrsmittels vor-aus. Folglich bilden sich Agglomerationen stets an gut erreichbaren Standorten wie ÖPNV-Knotenpunkten und Hauptverkehrsstraßen heraus.

Die Begründung von Geschäftsagglomerationen lässt sich aber auch aus Sicht der Anbieter führen. So stellt NELSON (1958) fest, dass zwei benachbarte Einzelhan-delsbetriebe, deren Angebot zur vertikalen und horizontalen Kopplung geeignet ist, einen gemeinsamen Umsatzzuwachs erzielen, welcher die möglichen Minde-

rungen der Einzelumsätze mehr als ausgleicht, die aufgrund von Konkurrenz-
effekten aus einer Überschneidung der Angebote entstehen können. Weiterhin
erwartet er als Agglomerationseffekt eine Erweiterung des gemeinsamen Einzugsgebietes und eine stärkere Marktdurchdringung.

Die bisher gegebenen Begründungen führen zu gewachsenen Agglomerationen.
Deren Nachteile liegen in der oft nur gering ausgeprägten Neigung, die Handhabung wichtiger Handlungsparameter (z.B. Ladenöffnungszeiten, Werbung) zu koordinieren. Hinzu kommen unterschiedliche Arbeitsbedingungen infolge von Unterschieden bei Bausubstanz, Flächenzuschnitt und verkehrlicher Erschließung.
Geplante Geschäftszentren dagegen bieten optimierte Rahmen- und Arbeitsbedingungen und damit auch optimierte Effekte der Agglomerationsvorteile. Sie
werden in Abschnitt 4.4 behandelt.

Mit der Abnahme der Bevölkerungsdichte von der Stadtmitte zum Rand werden
die Abstände zwischen Zentren gleichen Ausstattungsgrades größer. Nimmt man
gleichzeitig als Bedingung hinzu, dass die Einzugsbereiche aller untergeordneten
Zentren nicht über diejenigen des höchstrangigen Zentrums hinausragen dürfen,
dann befinden sich die Standorte innerhalb ihres Einzugsgebiets näher zur Stadtmitte als zum Stadtrand.

Wesentliche Modifikationen gehen von den jeweils angetroffenen situativen
Bedingungen, der Einzelhandelsentwicklung, der Nachfrage und der Planung aus.
Zu den **situativen Bedingungen** mit nachhaltiger Wirkung auf den Standort
und die räumliche Verteilung der Zentren gehören die Bausubstanz, die Ge-
schlossenheit der bebauten Fläche und die Stadtentwicklung in der Vergangenheit. Insbesondere zählen hierzu Eingemeindungen nach Bevölkerungsgröße und
Dauer der vorangegangenen Selbständigkeit sowie zeitlich und räumlich geschlossen entwickelte Erweiterungen. Eine ausschlaggebende Rolle für die Zentrenbildung und räumliche Verteilung kommt der Anlage des Straßennetzes, der Organisation linienhafter Massentransportmittel und dem Vorhandensein von Interak-
tionsbarrieren zu.

Die **Einzelhandelsentwicklung** wirkt über die steigenden Flächen- und Zu-
gangsanforderungen neuer Betriebsformen auf die räumliche Verteilung und Ausstattung der Zentren ein. So legt die Maßstabsvergrößerung der Betriebsformen
und die damit verbundene Vergrößerung der Einzugsgebiete eine abnehmende
Zentrendichte nahe. Die begleitende Zunahme des internen Kopplungspotenzials
sowie der wachsende Organisationsgrad haben außerdem Auswirkungen auf die
Betriebs- und Angebotsvielfalt. Von besonderer Bedeutung ist dabei die Bestrebung, in geplanten Zentren eine kontrollierbare Einzelhandelsumgebung zu
schaffen.

Auf der **Nachfrage**seite sind für die Ausbildung von Zentren neben der Bevölkerungsdichte die räumliche Verteilung der Nachfragegruppen, ihre sozio-ökonomi-

sche Segregation, die davon abhängige Kaufkraftverteilung und der Pkw-Besatz ausschlaggebend. Schließlich setzen **planerische Leitbilder** einen Rahmen, innerhalb dessen sich die raum-zeitliche Entwicklung und Ergänzung des Zentrenbestands vollzieht.

4.2   Räumliche Verteilung und Ausstattung von Zentren

Die Einzelhandelsentwicklung, insbesondere der Wandel der Betriebsformen, hat die Bildung bzw. Entwicklung von Zentren in den letzten Jahrzehnten stark geprägt. Um die Agglomerationsneigung der verschiedenen Betriebsformen zu verstehen, darf man nicht nur das jeweilige interne Kopplungspotenzial betrachten, sondern muss auch das jeweilige Leistungsprofil mit berücksichtigen.

Das Leistungsprofil fasst die Ausrichtung der Handlungsparameter im Rahmen des verfolgten Marketingprofils zusammen. Zwei gegensätzliche Ausprägungen verdienen besondere Beachtung: die Kostenorientierung und die Leistungsorientierung. Ein kostenorientiertes Leistungsprofil liegt dann vor, wenn überwiegend problemlos einzuordnende, selbsterklärende, standardisierte Waren angeboten werden. Dabei wird Kostenminimierung unter Wahrung von qualitativen Mindeststandards angestrebt. Leistungsorientierung umfasst eine stärkere Sortimentsausrichtung nach Zielgruppen. Bedienung und Beratung werden eingesetzt, wo es erforderlich erscheint, die eigene Leistung zu optimieren. Welche agglomerativen Effekte gehen nun von den jeweiligen Merkmalskombinationen aus?

Stark an Zentren gebunden sind leistungsorientierte Betriebe mit geringem internen Kopplungspotenzial, z.b. der klassische Lebensmittelladen mit unter 250 m² Verkaufsfläche, denn dessen Sortiment ist so beschränkt, dass es der Ergänzung weiterer Anbieter, z.b. des Nahrungsmittelhandwerks, bedarf. Auch liegt sein Preisniveau erheblich über dem kostenminimierender Betriebsformen, so dass der Konsument zur Deckung seines grundnutzenorientierten Bedarfs bevorzugt Anbieter aufsucht, die diese standardisierten Waren preisgünstig vertreiben. Veränderungen im Umfeld kann der kleine Lebensmittelladen nur durch geänderte Sortimentsausrichtung und weitere Dienstleistungsangebote auffangen, was sich wiederum negativ auf sein Preisgefüge auswirkt.

Auch der auf große Umschlagsgeschwindigkeit bedachte Discounter neigt in einem System bestehender Geschäftszentren bei radialem Straßennetz und linienhaft orientierten Massenverkehrsmitteln sowie geringer Individualmobilität prinzipiell zur Standortwahl in Zentren. In dem Maß, in dem sich die äußeren Bedingungen in Folge erschwerten Verkehrszugangs, steigender Standortkosten oder der Segregation der Bevölkerung aber verschlechtert haben, werden mehr und mehr verkehrsmäßig gut erschlossene Standorte in Einzellage oder in Einzelhandelsagglomerationen gewählt.

Bei Betriebsformen mit hohem internen Kopplungspotenzial ist das verfolgte Leistungsprofil ausschlaggebend für die Agglomerationsneigung. Tendiert die Betriebsform (z.b. der Verbrauchermarkt) stärker zur Kostenorientierung, dann gewinnt wiederum die Umschlagsgeschwindigkeit und damit das Vorhandensein eines großen Kundenpotenzials an Bedeutung. Die Abstände zwischen vergleichbaren Angebotsstandorten vergrößern sich. Um den damit verbundenen größeren Besorgungsaufwand zu kompensieren, wird der Kunde beim Einkaufsbesuch die gebotenen Kostenvorteile ausnutzen, was zu größeren Abgabemengen führt. Dies wiederum bedingt eine größere Transportkapazität, d.h. die Benutzung des Pkws. Also ist ein verkehrsorientierter Standort mit genügend Ergänzungsflächen unabdingbar, den herkömmliche Zentren nur mit erheblichen Einschränkungen bieten können. Die Neigung zur Zentrenbildung ist bei der Betriebsform Verbrauchermarkt in der Tat deutlich abgeschwächt. Sie tendiert eher dazu, ergänzende Spezialbetriebe (Nahrungsmittelhandwerk) als ShopInShop zu integrieren.

Anders stellt sich die Situation für einen leistungsorientierten Betrieb mit hohem internen Kopplungspotenzial dar. Da sein Angebot auf bestimmte Kundengruppen ausgerichtet ist, benötigt er einen Standort in einem Zentrum mit einem Maximum an „shared" und „suscipient business". Die im Basement untergebrachten Lebensmittelabteilungen gehobener Warenhäuser sind hierfür gute Beispiele.

Eine Unterscheidung der Zentren nach dem Leistungsprofil der auftretenden Betriebsformen erscheint also angemessen. Sie zerfallen damit in zwei Hauptklassen: Eine Gruppe bilden Zentren, deren wichtigste Betriebe leistungsoptimiert arbeiten (= lo-Zentren). Hierzu gehört die Ausrichtung des Sortiments auf Zielgruppen, das Vorhalten von Beratung und Dienstleistungen und eine Preisgestaltung, in die das höhere Leistungsangebot einfließt. Auf der anderen Seite finden sich Zentren, in denen Betriebe mit überwiegend kostenminimierender Zielsetzung dominieren (= km-Zentren). Das Sortiment ist nach Bedarfs- und Kostengesichtspunkten zusammengestellt, Andienung und Dienstleistungen sind deutlich reduziert, das Preisniveau ist vergleichsweise niedrig. Kostenminimierende Betriebsformen neigen über ihr gleiches Standortwahlverhalten zur Bildung von Einzelhandelsverdichtungen, in denen diese betriebswirtschaftliche Zielrichtung dominiert. Diese km-Zentren sind in der Regel jünger.

Vergleicht man die Standortbedingungen der beiden Typen, dann zeigen die Zentren mit überwiegend kostenminimierenden Betriebsformen Vorteile im Zugang und in wesentlichen Standortmerkmalen des Betriebsraums sowie der Wettbewerbsbedingungen. Damit ergeben sich für die weitere Entwicklung dieser Zentren und die Erschließung mobiler Kundenpotenziale im Ausgleich für fehlendes Passantenaufkommen bessere Voraussetzungen als für Zentren mit überwiegend leistungsoptimierenden Betriebsformen. Ein generalisiertes Profil von der Innenstadt zum Rand zeigt eine Tendenz zur stärkeren Leistungsorientierung im inneren und eine stärkere Hinwendung zur Kostenminimierung im äußeren Bereich.

Abb. 33   Kostenminimierende Betriebsformen

Food   ←──────────────→   **Non-food**

LM-Discounter   Discounter
Supermarkt (oberes Tertil)*   Fachmarkt
Verbrauchermarkt
SB-Warenhaus

* Bei LM-Betriebsformen nimmt mit wachsender Verkaufsfläche die Tendenz zur Kostenminimierung zu; der Einbezug des oberen Drittels der nach aufsteigender Verkaufsfläche geordneten Supermärkte gründet sich darauf, dass gleiche Betriebsformen unterschiedliche Verkaufsflächen realisieren können; weiterhin wird die BauNVO je Stadt unterschiedlich gehandhabt; als Folge nähern sich große Supermärkte in einer Stadt in ihrer Handhabung der Handlungsparameter den Verbrauchermärkten in einer anderen Stadt an.

Hinsichtlich der Ausstattung lässt sich feststellen, dass Zentren mit dominanten kostenminimierenden Betriebsformen, in denen anfangs v.a. Branchen wie Lebensmittel und an Randstandorten auch Heimwerkerbedarf und Möbel zu finden waren, zunehmend neue Angebotsschwerpunkte aufweisen. Hier erfolgt die Vergesellschaftung der Betriebe aber nicht primär unter dem Aspekt der Maximierung des äußeren Kopplungspotenzials, sondern aufgrund des großen eigenen inneren Kopplungspotenzials unter dem Gesichtspunkt der Ausnutzung gleicher vorteilhafter Standortbedingungen. Damit ergibt sich eine Veränderung der Regelmäßigkeit des Auftretens von Sortimenten, möglicherweise eine Abkehr von der hierarchischen Zentrenausstattung.

Zur räumlichen Verteilung und Ausstattung innerstädtischer Zentren hat auch LICHTENBERGER (1991) im Rahmen ihres Lehrbuchs zur Stadtgeographie detaillierte Aussagen veröffentlicht. Sie geht dabei von einem eigenen Ansatz der Angebotsdifferenzierung aus und sucht den Zugang zu wirtschaftlichen Bestimmungsgründen der räumlichen Ordnung v.a. über die "Bodenpreis-Theorie" von ALONSO (1968). Sie beschreibt insbesondere den Verdrängungseffekt von Einbetriebsunternehmen durch "anonyme Kapitalgesellschaften" (LICHTENBERGER 1991, S. 208). Als Rückzugsgebiete der Einbetriebsunternehmen werden ältere Stadträume und niederrangige Zentren angegeben. Eine zentrale Stellung in ihrer Argumentation nimmt die empirisch gewonnene Beziehung von Dezentralisierung des Einzelhandels und Stadtgröße ein. Danach geht mit wachsender Stadtgröße der in der City verbleibende Einzelhandelsanteil zurück, da die City infolge branchengleicher Agglomeration mit begleitender Flächenkonkurrenz "spezifische Geschäfte" an "untergeordnete Zentren" abgibt.

4.3   Die Entwicklung des Zentrensystems

Jede Großstadt in Deutschland hat ein mehrstufiges Zentrensystem ausgebildet, in dem traditionell das Zentrum in der Innenstadt über Stadtteilzentren und Quartierszentren dominiert. Wie lässt sich dessen Entwicklung erklären und welche zukünftige Entwicklung ist für dieses innerstädtische Zentrensystem anzunehmen?

Zur Beantwortung der ersten Frage können die Ergebnisse von POTTER (1982) herangezogen werden. Dieser hat für Großbritannien die Entwicklung des Systems innerstädtischer Geschäftszentren unter Heranziehung der steigenden Konsumentenmobilität und positiven Einkommensentwicklung sowie der veränderten Nachfrage infolge räumlich differenzierten Bevölkerungswachstums zu erklären versucht. Er gelangt zu vier Phasen der Entwicklung:

In der ersten Phase dominiert das zentrale Geschäftsviertel, wobei an den Ausfallstraßen und in den Satellitenstädten schon erste Ansätze von Einzelhandelsverdichtungen angelegt sind. Die zweite Stufe bringt durch die Eingemeindung der Satellitenstädte und des raschen Wachstums der Vororte eine Vergrößerung des Nachfragepotenzials, was zur Ausbildung von Bandstrukturen entlang der Ausfallstraßen sowie zum Entstehen bzw. zur weiteren Entwicklung von Geschäftsverdichtungen in den Satellitenstädten und Vororten beiträgt. In der dritten Phase vollzieht sich die Ausreifung dieses Systems durch Differenzierung der Einzelhandelsverdichtungen in Zentren, Bänder und spezialisierte Verdichtungen, während die vierte Phase durch die Ansiedlung v.a. großflächiger Einzelhandelseinrichtungen und Shopping Center an nicht-integrierten Standorten charakterisiert ist.

Die Frage nach der Zukunft des Zentrensystems wird vornehmlich für gewachsene Zentren unterhalb der Hierarchieebene City diskutiert. Dabei wird vorausgesetzt, dass deren Angebotskern bevorzugt von Branchen der Bedarfsstufe 1 gebildet wird. Weiterhin wird angenommen, dass neue Betriebsformen von Mehrbetriebsunternehmen platziert werden. Dies sichert eine rationale Standortwahl, d.h. der Standort stimmt mit dem verfolgten betriebswirtschaftlichen Ziel überein. Bei der Entwicklung der City wird vorausgesetzt, dass sie eine Phase zunehmender Standortkosten durchläuft. Die nachfolgenden Ausführungen zielen darauf ab, Aussagen über die Standorte neuer Geschäftsagglomerationen, die zukünftige Bedeutung der Agglomerationsvorteile und des inneren Angebotsaufbaus sowie die Konkurrenz mit bestehenden Zentren zu gewinnen.

Standorte von km-Betriebsformen

Kostenminimierende Betriebsformen treffen in gewachsenen Zentren auf Flächenknappheit, ungünstige Kostenstrukturen und Zugangsbehinderungen sowohl für ihre Kunden als auch für die betriebsinterne Logistik. Sie wählen daher ihren

Standort bevorzugt außerhalb der Zentren und zwar entweder verkehrsorientiert zwischen gewachsenen Zentren oder am Stadtrand. Handelt es sich um flächenmäßig große Betriebe (bei Lebensmitteln: ab Betriebsform Supermarkt), werden aufgrund ihres großen internen Kopplungspotenzials zur Ergänzung eines vollständigen Angebots auf Bedarfsstufe 1 nur noch wenige Branchen benötigt. Diese werden zum Teil als ShopInShop integriert. Discounter wählen zunehmend verkehrsorientierte Solitärlagen. Sie versuchen eine Erhöhung ihres betriebswirtschaftlich beschränkten internen Kopplungspotenzials entweder ebenfalls durch ShopInShop mit Betrieben des Nahrungsmittelhandwerks oder durch das zeitlich begrenzte (wöchentlich wechselnde) Angebot von problemloser Aktionsware aus Bereichen der Bedarfsstufen 2 und 3.

SB-Warenhäuser und Verbrauchermärkte tendieren zur Standortagglomeration mit ähnlich kostenorientierten Betriebsformen wie Fachmärkten und – tendenziell abnehmend – LM-Discountern. Primäres Ziel ist die Ausnutzung der Kostenvorteile der gemeinsamen Nutzung von Zusatzflächen. Nur beim LM-Discounter sowie dem Heimwerkermarkt steht die Kaufkopplung im Vordergrund, bei den anderen vertikalen Kopplungsmöglichkeiten überwiegt die Informationskopplung.

Substitution von lo- durch km-Zentren; Veränderung der Angebotsvielfalt

Wegen ihres hohen internen Kopplungspotenzials ersetzen bereits neue flächenstarke LM-Betriebsformen mit ihrer Ausstattung herkömmliche Zentren niederen Hierarchierangs. Insgesamt weisen Zentren mit einem Überwiegen neuer Betriebsformen (km-Zentren) weniger Betriebe und mehr Verkaufsfläche sowie eine größere Sortimentsvollständigkeit der Bedarfsstufe 1 und ein frühzeitiges Auftreten häufig nachgefragter Sortimentteile von Branchen der Bedarfsstufen 2 und 3 auf als herkömmliche Zentren gleichen Hierarchierangs (lo-Zentren). Neue Zentren beanspruchen aufgrund der überwiegend verfolgten betriebswirtschaftlichen Zielsetzung vergleichsweise mehr Kundenpotenzial. Damit dringen sie in den Einzugsbereich gewachsener Zentren ein.

Die überwiegend traditionellen Betriebsformen in den gewachsenen Zentren werden zu verstärkter Spezialisierung ihres Sortiments auf Kundensegmente gezwungen, da ihnen die umsatzträchtigsten Teile ihres Sortiments strittig gemacht werden. Sie benötigen dann mehr Kunden, die gerade Zentren unterhalb der Hierarchieebene City aber aufgrund ihrer meist ungünstigen Lage und ihrer geringen Werbeaufwendungen oft nicht erreichen. Soweit sie sich deshalb nicht mehr am Markt halten können, ist die Folge eine Verringerung des Geschäftsbestands und damit eine Verringerung des äußeren Kopplungspotenzials. Es sinkt die Attraktivität, was wiederum die Besuchshäufigkeit der verbliebenen Kunden negativ beeinflusst und damit auch die Information über das Angebot des Zentrums.

Die ungünstige Kostenentwicklung im höchstrangigen Zentrum kann dazu führen, dass in benachbarten, verkehrsgünstig gelegenen Zentren spezialisierte Betriebe aus Branchen der Bedarfsstufen 2 und 3 sowie des Sonderbedarfs in den Geschäftsräumen des abgegangenen Bestands einen Ersatzstandort finden. Jedoch tragen sie wegen ihrer Ausrichtung auf spezielle Kundensegmente außerhalb des Einzugsbereichs der übrigen Betriebe wenig zur Attraktivität des Zentrums bei.

Entwicklung des innerstädtischen Zentrensystems

Werden so die gewachsenen Zentren nach und nach durch neue Betriebsformen und Agglomerationen ersetzt, dann gilt für diesen Zustand:

- Die konservierende Wirkung von traditioneller Zentrenstruktur und Radialstraßennetz verblasst. Bestimmend für die Standortwahl sind die Erfordernisse der Betriebsform.

- Die vom Verbraucher nachgefragten Betriebsformen haben unterschiedliche Standortanforderungen. Damit muss die fehlende Nachbarschaft von Betrieben durch die Mobilität des Verbrauchers ersetzt werden (vgl. auch Abschnitt 5.3.2).

- Die Zahl der Zentren verringert sich. Zum einen benötigt man wegen der größeren Reichweite weniger Betriebe einer Branche, um den Bedarf abzudecken. Zum anderen nimmt die Zahl der Einzelhandelsverdichtungen ohne einen internen Aufbau des Angebots zu. Das vergrößerte interne Kopplungspotenzial in Verbindung mit der gestiegenen Mobilität der Bevölkerung erhöht den Anteil des „generated business" zu Lasten des „shared business".

- Wegen des zunehmend größeren Angebots der neuen flächenstarken Betriebsformen – insbesondere ihrer wachsenden Randsortimente – steigt die Angebotsdichte mit problemlos zu vertreibenden Sortimentsteilen aus allen Branchen an.

- Wegen des höheren Filialisierungsgrads nimmt die Standardisierung der Kernsortimente zu, ebenso steigt der Anteil an medialer Information über das Angebot.

Entstehende Lücken zwischen den Standorten des niedrigsten Hierarchierangs und den Wohnstandorten werden zum einen in hochverdichteten Wohngebieten von Convenience Shops gefüllt, zum anderen von Anbietern in Transiträumen, die an ihrem verkehrsorientierten Standort auch Einzelhandel betreiben oder weitere Dienstleistungen wie Bank- und Postdienste anbieten. Die langen Öffnungszeiten schlagen sich bei letzteren in höheren Preisen nieder. Das Einzelhandelssortiment ist auf ein Minimalangebot ausgerichtet, das auch von Konsumenten beim Hauptkauf vergessene Waren beinhaltet. Beispiele sind Tankstellen und Bahnhöfe (vgl. Abschnitt 5.4.2).

Verfügbarkeit neuer Standorte; Erfassung der Zentrenhierarchie

Wegen der Restriktionen des §11 (3) BauNVO wird in Zukunft der Wettbewerb der Unternehmen um Standorte die Zentrenstruktur bestimmen. Das bedeutet auch, dass ein Unternehmen nach Möglichkeit seine bereits besetzten Standorte beibehält. An unrentablen Standorten oder nach Fusionen werden ggf. andere Betriebsformen gewählt.

Für die Zukunft ist davon auszugehen, dass der Anteil jener Einzelhandelsagglomerationen wächst, an dem die Mehrzahl der ansässigen Betriebe nicht am inneren Angebotsaufbau beteiligt ist. Damit erfasst eine Klassifikation der Einzelhandelsagglomeration im Sinn der Zuordnung eines Hierarchieranges nur noch einen Teil ihrer Funktionsausübung und Attraktivität, die sie als Standortbereich für den Einzelbetrieb bereithält.

Es wird also bei der Zentrenanalyse notwendig sein, beim Einzelstandort anzusetzen. Seine Attraktivität bemisst sich zum einen aus der Eigenanziehung, dem „generated business". Zum anderen sind nach wie vor „shared" und „suscipient business" beteiligt. Dabei wirkt nicht mehr die Gesamtheit der Betriebe in der Agglomeration, sondern es sind nur jene zu berücksichtigen, die innerhalb einer bestimmten Entfernung angetroffen werden und einen nachweisbar positiven Einfluss auf den Geschäftserfolg ausüben. Dieser positive Einfluss kann aufgrund der bisherigen Ergebnisse in vier Komponenten zerlegt werden, die im Folgenden aufgeführt werden:

*   Nach wie vor bildet eine Komponente von „shared business" die Möglichkeit, in der Nachbarschaft eines Betriebes spontane oder gezielte Einkäufe zu erledigen. Dies wird über ein Dichtekriterium des Einzelhandelsbesatzes zu messen sein.

*   Weiterhin gilt immer noch als attraktivitätserhöhend, wenn das Angebot benachbarter Betriebe aufeinander abgestimmt ist. Dabei wird für Bedarfsstufe 1 die Komplementarität, für die Bedarfsstufen 2 und 3 die Ähnlichkeit der Sortimente ausschlaggebend sein. Die Attraktivität erhöht sich zudem, wenn von einer Branche unterschiedliche Betriebsformen in der Nachbarschaft auftreten.

*   In den Fällen, in denen eine Anzahl von Betrieben mit großem internen Kopplungspotenzial, aber nicht aufeinanderbezogenem Sortiment benachbart ist, ergibt sich die Bedeutung des „shared business" aus der Menge der angezogenen Kunden. Zwar werden nur in geringem Umfang Kaufkopplungen stattfinden, jedoch nachweislich ein höherer Prozentsatz von Informationskopplungen als Voraussetzung für die Realisierung von Mitnahmeeffekten bei späteren Besuchen. Diese Komponente des „shared business" wird über das Interaktionspotenzial in der Nachbarschaft des Einzelhandelsstandorts zu messen sein.

- Sowohl die dezentrale Standortwahl als auch die zunehmende Verdichtung des Einzelhandelsbesatzes an einem zentralen Standort bergen die Gefahr in sich, vom Konsumenten übersehen zu werden. „Shared business" bedeutet demnach auch, an der Bekanntheit eines Standortbereichs teilzuhaben. Damit drückt das Informationspotenzial eines Standorts auch eine Komponente seiner Attraktivität aus.

4.4 Geplante Geschäftszentren

Die Zahl und die Bandbreite der geplanten Geschäftszentren, die ihren Ursprung fast ausschließlich in den USA genommen haben, steigt in Deutschland seit den 1960er Jahren mit zunehmenden Tempo. Zu den geplanten Geschäftszentren zählen neben Shopping Centern (synonym: Einkaufszentren) auch UECs (Urban Entertainment Center), Fachmarktzentren und FOCs (Factory Outlet Center). In den USA kommen als weitere Formen Value Center, Power Center und Hybrid Center hinzu (vgl. HAHN 2002).

Der wesentliche Unterschied der geplanten Agglomerationen zu den traditionellen Zentren liegt in der bewussten und einheitlichen Planung und dem zentralen Management, das die Flächen an die einzelnen Geschäfte vermietet und sich dabei auch um einen abgestimmten Branchenmix kümmert. Außerdem werden einzelbetriebliche Entscheidungen zu Gunsten des Gesamterfolgs des Projekts in aller Regel in den Mietverträgen stark eingeschränkt. So werden beispielsweise die Öffnungszeiten, die Sortimentszusammenstellung, die Schaufenstergestaltung, die Mitgliedschaft im Werbeverein u.ä. vertraglich geregelt. Im Gegenzug profitiert der Einzelhändler vom Know-How der Einkaufszentrenentwickler: Standort, Branchenmix und Marketing sind – je nach Erfahrung des Entwicklers – meist sehr günstig.

Shopping Center

Der Begriff wird sowohl im alltäglichen Gebrauch als auch in der Wissenschaft keineswegs einheitlich verwendet. So werden über die hier gemeinten Shopping Center bzw. Einkaufszentren hinaus auch oft Innenstädte, Fachmarktzentren oder einzelne Betriebe wie z.B. SB-Warenhäuser als Einkaufszentren bezeichnet. Eine Definition für landesplanerische Zwecke wurde in einem Beschluss des Bundesverwaltungsgerichts zur Baunutzungsverordnung (§11 (3) BauNVO) festgelegt. Dort wird jede Form von Einzelhandelsagglomeration mit „einer engen räumlichen Konzentration" sowie einem „Mindestmaß an äußerlich in Erscheinung tretender gemeinsamer Organisation und Kooperation" (BverwG 1990) als Einkaufszentrum gewertet. In der Geographischen Handelsforschung unterscheidet man jedoch sehr wohl zwischen unterschiedlichen Agglomerationsformen, da sie aufgrund der unterschiedlichen Handlungsformen der dort vertretenen Einzelhandelsbetriebe bzw. deren unterschiedlichen Kombination auch unterschiedliche räumliche Auswirkungen zeigen. So erreicht beispielsweise ein FOC bei sehr großem Einzugsgebiet nur eine vergleichsweise geringe Kundenbindung (vgl. POPP 2002).

Nach Falk versteht man unter einem Shopping Center „eine bewusst geplante und errichtete ‚künstliche' Agglomeration von Einzelhandels- und sonstigen Dienstleistungsbetrieben, die auch einheitlich verwaltet bzw. gemanagt und betrieben wird" (FALK 1998, S. 16). Typischerweise verfügt ein Shopping Center über mindestens einen, zumeist jedoch über mehrere großflächige Magnetbetriebe. Diese sind meist an den Endpunkten einer – oft überdachten – Mall angeordnet. Die Mall selbst ist durch eine kleinteiligere Geschäftsstruktur gekennzeichnet (vgl. Abb. 34). Die Einzelhandelsnutzung wird dabei durch Dienstleistungs- und Gastronomieeinrichtungen ergänzt. In aller Regel verfügen Shopping Center außerdem über umfangreiche Parkmöglichkeiten. Als Mindestverkaufsfläche werden unterschiedliche Werte angegeben, wobei sie zwischen 8.000 m² und 15.000 m² schwanken (vgl. auch HEINEBERG 1980).

Die ersten Shopping Center in Deutschland entstanden in den 1960er Jahren auf der „Grünen Wiese", bald wurden jedoch auch innerstädtische Standorte besetzt. Inzwischen haben fast nur noch innerstädtische Shopping Center eine Chance auf Genehmigung, da dem Verkauf von zentrenrelevanten Sortimenten an nicht-integrierten Standorten zum Schutz des traditionellen Zentrensystems und allen voran der Innenstädte Einhalt geboten werden soll (vgl. Kapitel 6). Mit der Ansiedlung eines Shopping Centers in Innenstadtnähe verbinden die Städte die Hoffnung, die Innenstädte durch Ausweitung des Angebots zu stärken und ihre Position im Städtewettbewerb zu verbessern.

Je nach Definition schwanken auch die Angaben über die Anzahl der Shopping Center in Deutschland: 2000 gab es laut FALK (2000) 380 Shopping Center, wobei er eine relativ großzügige Definition zu Grunde legt. Die größte Verbreitung weltweit hat das Shopping Center in den USA gefunden. Insgesamt existieren dort rund 45.000 Center mit einer Gesamtfläche von 515 Mio. m². Das entspricht einer Fläche von 1,9 m² je Einwohner bzw. einem Anteil am Einzelhandelsumsatz von etwas über 50 % (ICSC 2001). Bei knapp zwei Dritteln dieser Shopping Center handelt es sich jedoch um Neighbourhood-Center mit einer Geschäftsfläche von maximal 9.300 m², die in den Suburbs als Nahversorgungszentren dienen. Aber auch die regionalen Shopping Center können immerhin noch einen Anteil von ca. 30 % des Umsatzes für sich verbuchen. Zum Vergleich: In Deutschland wird der Marktanteil der Shopping Center am gesamten Einzelhandelsumsatz auf knapp 5 % geschätzt (MARTIN/DECKER 1999, S. 20). Seit 1987 nimmt die Zahl der jährlichen Neueröffnungen in den USA nun aber ab, so dass dort eine Sättigung eingetreten zu sein scheint (vgl. FALK 1998 und HAHN 2002).

Abb. 34   Typischer Shopping Center-Grundriss (Erdgeschoss des Rotmain-Centers in Bayreuth)

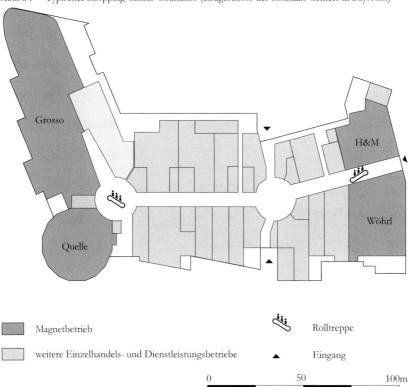

Typisch für den Aufbau eines Shopping Centers ist die Anordnung der Magnetbetriebe an den beiden Endpolen der geschlossenen Mall. Durch die hohe Besucherfrequenz dieser Betriebe und die Kopplungen zwischen ihnen wird auch für die kleineren Betriebe entlang der Mall eine ausreichend hohe Passantenfrequenz erzeugt. Die Haupteingänge bzw. Rolltreppen liegen dementsprechend bei den Magnetbetrieben.

Quelle: Lageplan des Rotmain-Centers; eigene Bearbeitung

In Deutschland werden neben den Auswirkungen der Shopping Center auf das traditionelle Zentrensystem auch die Folgen der Privatisierung von „Einkaufsstraßen" diskutiert. Da es sich bei den Centern um privaten Raum handelt, entscheidet der Besitzer per Hausordnung darüber, wer sich wie in seinen Räumen aufhalten darf. Unerwünschte Personen wie Obdachlose, herumhängende Jugendliche oder Straßenmusikanten werden vom Wachpersonal hinausgebeten. Das Essen mitgebrachter Speisen, das Sitzen auf dem Boden u.ä. ist außerdem nicht erwünscht und wird bereits durch die Gestaltung und Möblierung weitgehend unterbunden.

Urban Entertainment Center

Der Begriff Urban Entertainment Center (UEC) stammt ebenfalls aus den USA und beinhaltet im englischen Sprachgebrauch zwei unterschiedliche Entwicklungen. Er wird „erst seit Ende der 1980er Jahre gebraucht und steht sowohl für die in Innenstädten gelegenen BIDs (= Business Improvement Districts), in denen Einrichtungen der Entertainment-Industrie und des Erlebniseinkaufs konzentriert werden, als auch für Einkaufszentren in nicht-integrierten Lagen mit einem großen Unterhaltungsangebot..." (HAHN 2001, S. 21). In Deutschland wird abweichend davon stets ein geplanter Einkaufs- und Freizeitkomplex – unabhängig von seiner innerstädtischen Lage – verstanden.

Abb. 35   Das CentrO in Oberhausen

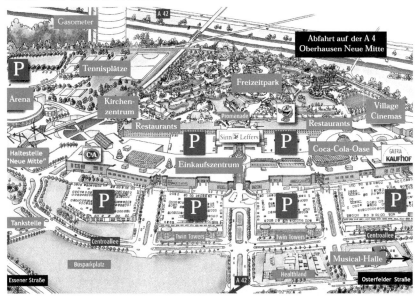

Quelle: Info-Flyer des CentrO 2002

In Nordamerika ist die Kombination von Einkaufen und Freizeit inzwischen relativ weit verbreitet, die größten und bekanntesten Beispiele sind die Mall of America (USA) oder auch die West Edmonton Mall (Kanada). Neben den Kunden aus dem angrenzenden Einzugsgebiet sind diese Malls auch zum Ziel für Touristen geworden. Die Mall of America wurde in den ersten sieben Monaten nach ihrer Eröffnung von 17 Millionen Menschen besucht, von denen 30-40 % als Touristen einzustufen waren (HATZFELD 1998), bei der West Edmonton Mall wird der Anteil der Touristen mit 46 % angegeben (RW Consultants 1987 zitiert nach HOPKINS 1991, S. 272).

In Deutschland hat in den 1990er Jahren eine Reihe von Einkaufszentren ihr Angebot mit Freizeiteinrichtungen wie Kinos, Bowlingbahnen o.ä. angereichert. Hier bereits von UEC zu sprechen, scheint jedoch bei weitem überzogen. Das Europäische Handelsinstitut EHI schlägt daher die Bezeichnung „Shopping Center mit Entertainment-Komponente" für Einkaufszentren mit mindestens vier Betrieben aus dem Freizeitbereich vor (zitiert nach HAHN 2002, S. 163). Für Deutschland charakterisiert Quack, der sich eingehend mit dem CentrO in Oberhausen befasst hat, dieses sowie auch das SI-Centrum in Stuttgart als eher unterhaltungsorientierte Form „ohne Zweifel" als UEC (QUACK 1999, S. 171).

Hauptproblem des Konzepts UEC ist die Ungleichzeitigkeit der Nutzungen. So ist auch im CentrO die Mall nach Ladenschluss geschlossen und steht nicht mehr zum Flanieren zur Verfügung, während das Kino und größtenteils auch die Gastronomie am Vormittag noch geschlossen haben. Dies gilt v.a. auch für Sonn- und Feiertage, an denen die UECs in den USA sehr gut besucht sind, so dass sich Synergieeffekte zwischen den verschiedenen Nutzungen ergeben, die in Deutschland durch das Ladenschlussgesetz nicht möglich sind. Die Nutzungsmischung des CentrO ist deswegen auch nicht wie in gewachsenen Zentren kleinteilig angelegt, sondern jede Nutzung bildet einen separaten, abriegelbaren Gebäudeblock.

Ähnlich den Einkaufszentren entstanden in den letzten Jahren auch eine Reihe von Fachmarktzentren, die im Kern eine Agglomeration von – wie der Name schon sagt – Fachmärkten darstellen. Auch hier sind Planung und Management in einer Hand, die sowohl Branchenmix als auch Marketingmaßnahmen koordiniert.

Factory Outlet Center

Fabrikverkauf an sich existiert in Deutschland schon lange, allerdings findet der Verkauf meist direkt am Standort der Fabrik statt. Neu ist nun die Bündelung von Geschäften, die (Marken-)Ware zweiter Wahl bzw. der letzten Saison zu stark herabgesetzten Preisen an den Verbraucher bringen wollen. Die räumliche Konzentration der Fabrikverkäufe erhöht deren Anziehungskraft nicht zuletzt auch deswegen um ein Vielfaches, weil beim Aufsuchen einer einzelnen Fabrikverkaufsstelle für den Kunden stets die Gefahr besteht, dass die von ihm gewünschte Ware (in der richtigen Farbe, Größe etc.) nicht zu finden ist.

Das Konzept der FOCs hat in den letzten Jahren zu höchst emotionalen und kontroversen Diskussionen geführt. Die Gemeinden sehen in ihnen einen möglichen Impulsgeber für die Wirtschaft und hoffen folglich auf steigende Steuereinnahmen und mehr Arbeitsplätze. Außerdem bietet das Konzept eine Chance zur Verwertung von Brachflächen. Raum- und Stadtplaner befürchten hingegen eine (weitere) Verödung der Innenstädte sowie negative Auswirkungen auf die Umwelt durch Versiegelung und erhöhtes Verkehrsaufkommen. Insbesondere die Einzelhändler der Innenstädte sehen sich mit Umsatzeinbußen und eventuellen Betriebsschließungen konfrontiert (KLEINE/OFFERMANNS 2000).

Bislang gibt es erst zwei FOCs in Deutschland (in Wustermark bei Berlin und in Zweibrücken), weitere sind aber geplant oder im Bau. Daneben gibt es eine Reihe von „gewachsenen" FOCs. So hat sich in Metzingen mit dem BOSS-Fabrikverkauf als Nukleus eine Agglomeration von auch nicht ortsansässigen Fabrikverkäufen entwickelt. In Parsdorf bei München haben sich Fabrik- und Lagerverkäufe in unmittelbarer Nähe zu einem Möbelhaus angesiedelt.

Umfragen zeigen, dass die Einzugsbereiche von FOCs sehr groß sind, die Marktdurchdringung gemessen als Kunden bzw. Umsatz pro Einwohner im Einzugsgebiet jedoch vergleichsweise gering ist. Dementsprechend suchen Investoren verkehrsorientierte Standorte, in aller Regel direkt an der Autobahn. Diese Anforderung lässt sich mit einer weiteren gut in Einklang bringen: Die Hersteller der Waren fordern oft einen Mindestabstand zwischen FOC und den Geschäften des regulären Einzelhandels, um letztere nicht zu gefährden. Als optimal gilt daher aus Investorensicht ein Standort zwischen zwei Verdichtungsräumen. In den USA hat sich ein zweiter Standorttyp entwickelt, der die Nähe von Touristenschwerpunkten sucht. Da das Einzelhandelsangebot in den Touristenzentren oft begrenzt ist, bestehen hier kaum Konflikte mit dem regulären Einzelhandel. Außerdem zählt Einkaufen zu den beliebtesten Beschäftigungen im Urlaub, was solche Standorte zusätzlich attraktiv macht.

Die Problematik der FOCs in Deutschland, über deren Wirkungen – nicht zuletzt aufgrund fehlender Referenzprojekte – mehr spekuliert wird als tatsächlich bekannt ist, liegt nicht nur in der Konkurrenz zum bestehenden Einzelhandel. Wirklich hochpreisige Markenware ist ja oft trotz Preisnachlass für durchschnittliche (Innenstadt-)Konsumenten immer noch (zu) teuer und daher kaum attraktiv. Außerdem führte die Unvollständigkeit des Angebots bei den Kunden oftmals zu Frust. Kommt es jedoch genau aus diesen Gründen wie in den USA zu einem schleichenden Wandel hin zu Value Retail Centern, bei denen die Fabrikverkaufsgeschäfte nur noch die Hälfte der Geschäfte oder weniger ausmachen, nähern sich FOCs „normalen" Einkaufszentren an. Durch die Angleichung der Sortimente an die Innenstadtsortimente und die dadurch verfolgte Erhöhung der Kundenbindung an das FOC steigt der Konkurrenzdruck auf die Innenstädte enorm. Planerisch kann einem derartigen Wandel nur eingeschränkt entgegengewirkt werden, da sich mögliche Nutzungseinschränkungen in Sondergebieten nur auf Sortimente und nicht auf Qualitäten oder Preise beziehen können.

Literaturhinweise zu Kapitel 4

Die weit verbreitete Systematik der primären, sekundären und tertiären Einzelhandelsnetze findet sich bei

TIETZ, B. et al. (1991): City-Studie. Marktbearbeitung und Management für die City; die Zukunft des Einzelhandels in der Stadt. Landsberg/L.

Einen Überblick über die angloamerikanische Forschung zu Shopping Centern bietet Kapitel 12 des folgenden Buches:

WRIGLEY, N.; LOWE, M. (2002): Reading Retail. A geographical perspective on retailing and consumption spaces. London.

Einen Überblick über die Entwicklung der Shopping Center in den USA sowie über verschiedene, verwandte Einzelhandelsagglomeratioen wie FOCs, Value Center, Hybrid Center, UECs etc. gibt

HAHN, B. (2002): 50 Jahre Shopping Center in den USA. Evolution und Marktanpassung. Passau. (=Geographische Handelsforschung 7).

Alle Phasen der Shopping Center-Entwicklung von der Planung über das Management bis hin zur Revitalisierung mit überwiegend betriebswirtschaftlichem Fokus beleuchtet

FALK, B. (1998): Das große Handbuch Shopping-Center. Einkaufspassagen, Factory-Outlet-Malls, Urban-Entertainment-Center. Landsberg/L.

Einen guten Überblick aus überwiegend architektonischer Sicht in die Welt der Passage und Shopping Center gibt

BRUNE, W. (1996): Die Stadtgalerie. Ein Beitrag zur Wiederbelebung der Innenstädte. Frankfurt/M., New York.

Zu FOCs in Deutschland bieten Kleine/Offermanns eine aktuelle Bestandsaufnahme, Heinritz/Rauh bewerten die Diskussion um mögliche Auswirkungen, die im Rahmen von Genehmigungsverfahren geführt werden.

KLEINE, K.; OFFERMANNS, T. (2000): In Deutschland geplante Factory Outlet Center. In: Raumforschung und Raumordnung 58 (1), S. 35-46.

HEINRITZ, G.; RAUH, J. (2000): Gutachterliche Stellungnahmen über Factory Outlet Center. Eine kritische Betrachtung. In: Raumforschung und Raumordnung 58 (1), S. 47-54.

5 Konsumentenverhalten – dem Verbraucher auf der Spur

In den vorangegangenen Kapiteln haben wir Sortimentsbildung, Betriebsformen oder Standortwahl aus der Perspektive der Betriebe dargestellt. Nun wechseln wir die Blickrichtung, um die Konsumenten mit ins Bild zu bekommen. Sie sind schließlich für die Umsätze verantwortlich, deren Höhe darüber entscheidet, ob nach Abzug der betrieblichen Kosten Gewinne gemacht oder Verluste eingefahren werden. Die direkte Abhängigkeit des Umsatzes vom Konsumentenverhalten und die prinzipiellen Möglichkeiten der Beeinflussung zeigt die betriebswirtschaftlich orientierte Abb. 36.

Abb. 36   Abhängigkeit des Umsatzes vom Konsumentenverhalten und daraus folgende Ansätze für die Marktbearbeitung (Marketing)

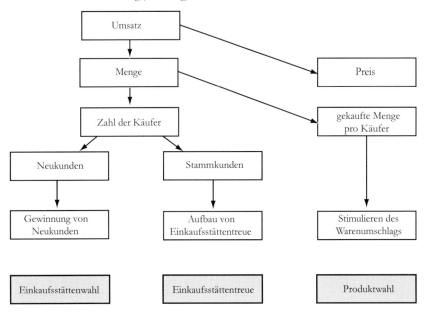

Quelle: SCHMITZ/KÖLZER 1996; eigene Bearbeitung

Den Ausgangspunkt unserer Betrachtung bilden im Folgenden theoretische Ansätze zur Erklärung des Kaufentscheidungsprozesses und deren Übertragung auf die Einkaufsstättenwahl, an die sich die Darstellung ausgewählter Einflussfaktoren auf das Konsumentenverhalten anschließt.

Abschnitt 5.2 behandelt dann Ansätze zur Bestimmung der Wahl der Einkaufsstätte bzw. des Einkaufsorts. Dabei reicht die Spannweite vom Konzept des rational entscheidenden homo oeconomicus über die Analyse des beobachtbaren Aktions- und Wahrnehmungsraumes der Konsumenten bis hin zu handlungsorientierten Ansätzen, die wesentlich von den Einstellungen der Konsumenten gegenüber Geschäftsstandorten beeinflusst sind. Je nach Branche und Betriebsform wird über Marktsegmentierung und Zielgruppenansprache Einfluss auf das Konsumentenverhalten zu nehmen versucht. Ausgewählte Möglichkeiten werden am Ende von Abschnitt 5.2 beispielhaft skizziert.

Auch die Stadt- und Regionalplanung hat ein besonderes Interesse an der Aufdeckung des Konsumentenverhaltens. Dies betrifft das Problemfeld der wohnnahen Versorgung ebenso wie die Entscheidung des Konsumenten für oder gegen die Innenstadt angesichts wachsender Einkaufskapazitäten am Stadtrand (vgl. Abschnitt 5.3).

Will man die zukünftige Entwicklung im Einzelhandel abschätzen, muss man entsprechend der zentralen These von JONES/SIMMONS (1990), dass der Einzelhandel unsere Gesellschaft widerspiegelt, der gesellschaftlichen Entwicklung und ihrem Einfluss auf das Konsumentenverhalten nachgehen. Dies geschieht ansatzweise in Abschnitt 5.4. Er behandelt die Verschiebungen in der Werthaltung der Gesellschaft sowie in den veränderten Rahmenbedingungen von Arbeit und Freizeit. Diese haben direkten Einfluss auf das Konsumentenverhalten in Hinblick auf den wachsenden Anteil des Erlebniskaufs. Dagegen gehen die Erwartungen des zunehmend mobilen und mit knappem Zeitbudget versehenen Kunden dahin, dass der Einzelhandel völlig neue Standorte wählt und neue Absatzkonzepte kreiert, so z.B. in Transiträumen.

5.1   Grundlagen

5.1.1   Kaufentscheidungsprozess und Einkaufsstättenwahl

Das Konsumentenverhalten lässt sich gedanklich trennen in die Produktwahl einerseits und in die Wahl einer geeigneten Einkaufsstätte andererseits. Theoretische Ansätze sehen beide Wahlen als mehrphasige Entscheidungsprozesse, die in Abb. 37 gegenübergestellt sind. Wir wollen so der Tatsache Rechnung tragen, dass einerseits in der dazu vorliegenden Literatur, die bisher von anderen Disziplinen (Wirtschaftswissenschaften, Psychologie, Soziologie etc.) dominiert wird, räumlich definierte Einflussgrößen auf das Konsumverhalten eine weitgehend untergeordnete bis vernachlässigte Rolle spielen, wir aber andererseits auch nicht der Gefahr der Überbewertung des Raumeinflusses erliegen wollen.

Der Entscheidungsprozess beginnt mit einem Einkaufsanlass, d.h. einem konkreten Bedarf an einem Produkt. Er spielt für die Wahl der Einkaufsstätte durchaus eine nicht zu unterschätzende Rolle. Für die Ausrichtung eines Festes benötigte

Nahrungsmittel erfordern das Aufsuchen anderer, möglicherweise zusätzlicher Geschäfte als die Deckung des täglichen Bedarfs. Der Kauf eines Kommunionkleides/Konfirmandenanzugs unterscheidet sich von jenem für Alltagskleidung. Nicht zuletzt beeinflusst auch der Zeitpunkt, an dem der Bedarf entsteht, die nachfolgende Kaufentscheidung und die Wahl der Einkaufsstätte. Immer häufiger treten in einem zunehmend mobilen Leben (Freizeit, Beruf) Bedarfe bei einer längeren Abwesenheit vom Wohnsitz auf. Damit ergibt sich ein völlig anderer Zeithorizont für den Ablauf aller nachfolgenden Entscheidungsstufen. Dies wird beispielhaft in Abschnitt 5.3.4 am Konsumentenverhalten in Transiträumen thematisiert.

Abb. 37 Prozess der Kaufentscheidung und der Einkaufsstättenwahl

Prozess der Kaufentscheidung nach Engel/Blackwell/Miniard	Prozess der Einkaufsstättenwahl nach Heinemann
Erkennen eines Bedürfnisses	Erkennen des Einkaufsanlasses
Informationssuche	Suche nach möglichen Einkaufsstätten aus:
	a) Einkaufsstätten, die im persönlichen **Kontaktfeld** liegen und auch subjektiv wahrgenommen werden oder in der Vergangenheit aufgesucht worden sind
	b) Einkaufsstätten, die über Anzeigen in das persönliche **Informationsfeld** gelangt sind
Alternativbewertung	Vergleichende Bewertung der möglichen Einkaufsstätten anhand der Anforderungen an den Handel
Kauf	Auswahl und Aufsuchen einer Einkaufsstätte
	Art und Anzahl der gekauften Produkte (Ausgaben)
Zufriedenheit	Nachträgliche Bewertung der Einkaufsstätte
	Bei Zufriedenheit: wiederholte Einkaufsstättenwahl (Einkaufsstättentreue)

Quellen: SCHMITZ/KÖLZER, 1996, S. 57; eigene Bearbeitung

Sofern es nicht um die Besorgung eines konkreten Produktes geht, sondern der Wunsch, Einkaufsstätten als Freizeit- und Erlebniskulisse zu benutzen, den Konsumenten leitet, sprechen wir von einem sekundären Anlass. Dabei kann durchaus ein (Spontan-) Kauf zustande kommen. Wichtiger erscheint jedoch der Informationsgewinn als Basis für spätere gezielte Käufe: Sortimente und ggf. neue Einkaufsstätten gelangen vom Informations- in das persönliche Kontaktfeld.

Auf das Kontakt- bzw. Informationsfeld greift der Konsument in der zweiten Phase des Entscheidungsprozesses zurück, welche der Informationssuche gewidmet ist. Bisherige Einkäufe (Kontaktfeld) werden dabei ebenso berücksichtigt wie Informationen über Produkte und Geschäfte, welche entweder aus dem persönlichen Aktionsraum (z.B. Vorbeifahren an Einkaufsstandorten auf dem Weg zur

Arbeits- oder Ausbildungsstätte) oder aus Gesprächen und medial übermittelten diffusen Nachrichten bzw. gezielt gesendeten Werbebotschaften stammen. Diese Phase ist von zentraler Bedeutung für das Ergebnis der späteren Produkt- bzw. Einkaufsstättenwahl; an ihr lässt sich die Wichtigkeit der Raumperspektive besonders gut ablesen, denn der Aktionsraum des Konsumenten ist begrenzt und lässt sich verorten. Auch die am meisten genutzten Informationsquellen der Lokal- und Regional-Zeitungen sowie der Werbebroschüren haben ein klar definiertes Verbreitungsgebiet. Nicht zu unterschätzen sind die überregional aufgespannten Informationsräume von Rundfunk und Fernsehen sowie des Internets, in welchen v.a. Markenwaren mit ihren Produkteigenschaften vorgestellt und damit auch vorverkauft werden. So überlagern E-commerce und Versandhandel den räumlich definierten Markt des stationären Handels, der aber bei den meisten Einkaufsanlässen noch eindeutig dominiert.

Für die Analyse des Kontakt- und Informationsfeldes von Konsumenten ist freilich nicht nur die Aufdeckung der mental maps wichtig. Wesentlich sind genauso die gespeicherten Kennzeichen der Geschäfte, etwa die wahrgenommenen Ausprägungen der Handlungsparameter, ggf. die Wiedererkennung der Gesamtkonzeption (Betriebsform) oder auch die Vorzüge und Nachteile des Geschäftsumfelds (z.B. Einkaufsatmosphäre, Kopplungspotenzial, Erreichbarkeit) und des übergeordneten Standortraums. Gerade das Aufdecken der produkt-, betriebsform- und standortabhängigen Filterung der gesammelten Information durch den Konsumenten ist wichtig für die Erfolgsmessung der bisherigen Maßnahmen zur Bewerbung eines Geschäfts- und Standortraums. Daraus können dann Handlungsanweisungen für zukünftige Marketingmaßnahmen abgeleitet werden.

An die Informationssuche schließt sich die vergleichende Bewertung der ins Auge gefassten Produkte bzw. der Einkaufsstätten an. Eine solche Bewertung setzt das Vorhandensein entsprechender Kriterien voraus. Sie ergeben sich aus den wesentlichen Anforderungen des Konsumenten an das Produkt bzw. die Einkaufsstätte. Diese wiederum sind beeinflusst durch eine Vielzahl von Faktoren, deren Erfassung meistens nicht direkt, sondern nur über entsprechend definierte Indikatoren möglich ist. In der Geographie hat als erster KAGERMEIER (1991ª) den Zusammenhang von Einstellung und Einkaufsstättenwahl unter Verwendung multiattributiver Einstellungsmodelle untersucht (vgl. Abschnitt 5.2).

Kaum Aufmerksamkeit innerhalb der Geographischen Handelsforschung hat die abschließende Phase der Evaluierung der getroffenen Entscheidung zur Produkt- und Einkaufsstättenwahl erfahren. Sie ist deshalb von Interesse, weil ihr Ergebnis über die Stabilität der geknüpften Beziehung zwischen Wohn- und Einkaufsstandort entscheidet. Auch wenn heute nachlassende Einkaufstättentreue und sich deshalb auflösende Einzugsgebiete nachgewiesen werden können: In vielen räumlichen Angebotskonstellationen – etwa im ländlichen Raum – beeinflusst der (noch) vorhandene "Raum-Zeit-Käfig" des Konsumenten sehr wohl die Einkaufsstättenwahl und erzwingt stabile räumliche Einkaufsorientierungen.

Welches sind nun die wichtigsten Einflussgrößen auf das Konsumentenverhalten? Die bisherige Diskussion legt eine Trennung nach direkt beobachtbaren und nur über Indikatoren erfassbare Einflussgrößen nahe. Diese getrennte Anordnung ist in Anlehnung an SCHMITZ/KÖLZER (1996) und unter Angabe von kausalen Beziehungen und Wechselwirkungen in der nachfolgenden Abb. 38 vorgenommen worden. Unter den dort als "beobachtbar" angeführten Einflussgrößen scheinen die Variablen, die die persönlichen Lebensumstände des Kunden charakterisieren, besonders plausibel zu sein, um das Verhalten einer durch sie charakterisierten Konsumentengruppe erklären zu können. Sie werden in den nächsten Abschnitten näher behandelt.

Abb. 38   Strukturmodell des Einkaufsverhaltens

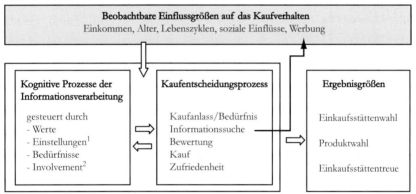

[1] Einstellung wird als erlernte und länger anhaltende Bereitschaft eines Individuums angesehen, auf bestimmte Umweltsignale und Informationen konsistent zu antworten.

[2] Mit Involvement wird die persönliche Intensität der Informationssuche und -aufnahme bezeichnet. Dabei charakterisiert low-involvement eine unbewusste Informationsaufnahme, etwa durch Hintergrund-Berieselung, high-involvement eine aktive Informationserarbeitung unter zielgerichteter Motivation.

Quelle: SCHMITZ/KÖLZER 1996, S. 62; eigene Bearbeitung

5.1.2   Einkommen und Ausgabeverhalten

Dem Einkommen wird ein wichtiger Einfluss auf das Konsumentenverhalten unterstellt. Dennoch erlaubt die Höhe des Einkommens nur bedingt Aussagen über seine Verwendung, selbst wenn man allen Individuen das gemeinsame Ziel unterstellt, am steigenden Lebensstandard teilhaben zu wollen. So besteht nach Abzug der unbedingt zum Lebensunterhalt (elementare Bedürfnisse nach Essen, Kleidung und Wohnen) notwendigen Aufwendungen eine große Spannweite, inwieweit das Einkommen ausgegeben oder gespart wird. Der Anteil der Ausgaben wiederum kann in den Einzelhandel oder aber in die Inanspruchnahme von Dienstleistungen fließen. Innerhalb des Einzelhandels ergibt sich ebenfalls eine große Bandbreite der Ausgabenstruktur: man denke nur an das polarisierte Kaufverhalten, bei dem der preisgünstige Erwerb von Waren des Grundnutzens durchaus mit dem Kauf hochpreisiger Artikel des Zusatznutzens verträglich ist.

Tab. 3   Kaufkraft 2002 je Einwohner und Jahr für ausgewählte Stadt- und Landkreise

Stadt-/ Landkreis	Bevölke-rung in Tsd.	Kaufkraft		Einzelhandelsrelevante Kaufkraft	
		je Einw. in €	Index	je Einw. in €	Index
Die zehn kaufkraftstärksten Stadt- und Landkreise					
Starnberg, LK	125	24.323	144,0	6.274	123,9
Hochtaunuskreis, LK	226	24.144	142,9	6.165	121,8
München, LK	295	22.825	135,1	5.900	116,5
Main-Taunus-Kreis, LK	220	22.425	132,8	5.865	115,8
München, SK	1.210	22.172	131,3	6.443	127,2
Düsseldorf, SK	569	21.840	129,3	6.293	124,3
Ebersberg, LK	119	20.721	122,7	5.552	109,7
Stormarn, LK	218	20.717	122,6	5.524	109,1
Fürstenfeldbruck, LK	193	20.572	121,8	5.526	109,1
Rhein.-Berg. Kreis, LK	275	20.559	121,7	5.573	110,1
Die zehn kaufkraftschwächsten Stadt- und Landkreise					
Demmin, LK	94	11.585	68,6	3.940	77,8
Ostvorpommern, LK	115	11.766	69,7	4.021	79,4
Uecker-Randow, LK	85	11.832	70,0	4.029	79,6
Rügen, LK	75	11.866	70,2	4.060	80,2
Mecklenburg-Strelitz, LK	88	12.104	71,7	4.044	79,9
Ostprignitz-Ruppin, LK	113	12.142	71,9	4.087	80,7
Mittl. Erzgebirgskreis, LK	94	12.200	72,2	4.180	82,6
Sömmerda, LK	81	12.243	72,5	4.142	81,8
Weimarer Land, LK	91	12.432	73,6	4.182	82,6
Wartburgkreis, LK	145	12.500	74,0	4.286	84,6
Deutschland	82.260	16.892	100,0	5.063	100,0

mit freundlicher Genehmigung der Consodata Germany GmbH & Co. KG; (1 DM = 0,51129 €)

Im Folgenden sollen einige Entwicklungen der Kaufkraft und des Ausgabeverhaltens aufgezeigt werden. Beginnen wir mit dem Einkommen, das in der BRD in den letzten Jahrzehnten erheblich gewachsen ist: Einem westdeutschen Durchschnittshaushalt standen 1998 monatlich gut 5.100 DM (2.608 €) netto zur Verfügung (inkl. Transferzahlungen des Staates sowie Vermögenseinkünfte), 1950 waren es nur 300 DM (153 €). Zugleich gibt es räumlich erhebliche Unterschiede. Sie nachzuweisen ist das Betätigungsfeld von großen Marktforschungsunternehmen z.b. der Consodata oder der Gesellschaft für Konsumforschung (GfK), die regelmäßig Kaufkraftdaten für die Einwohner in administrativen Gebietseinheiten (Gemeinde, Kreis) veröffentlichen. Nimmt man den von Consodata berechneten Kaufkraftindex, dann beträgt dieser für den kaufkraftstärksten Kreis (Starnberg) 144,0 während er im kaufkraftschwächsten Kreis (Demmin) nur 68,6 beträgt. Die entsprechenden Kaufkraftbeträge können der Tab. 3 links entnommen werden.

So erfreulich das Wachstum der Haushalts-Einkommen für den Einzelhandel war, so unerfreulich ist es für ihn, dass bei der Verwendung dieser Einkommen ein immer kleiner werdender Anteil für Einkäufe ausgegeben wird (1960 = 44 %; 2000 = 36,4 %). Neben der absoluten Kaufkraft wird von den Marktforschungsinstituten daher auch die einzelhandelsrelevante Kaufkraft berechnet, die denjenigen Anteil angibt, der letztendlich im Einzelhandel ausgegeben wird. Zusätzlich entfallen auf die einzelnen Warengruppen im Zeitverlauf unterschiedliche Anteile. Diese bestimmen sich zum einen nach der Komplementarität, welche zwischen den Warengruppen bestehen kann, zum anderen nach Konkurrenzbeziehungen zwischen ihnen. Neben dem Fall, dass Güter einander substituieren können, drückt Tab. 4 eine zweite mögliche Konkurrenzbeziehung aus.

Tab. 4   Anteil ausgewählter Warenbereiche am Einzelhandels-Gesamtumsatz in jeweiligen Preisen

Jahr	Nahrungs- und Genussmittel	Textilien, Bekleidung, Schuhe	Einrichtung, elektrotechnische Erzeugnisse
1960	37,0	24,9	13,2
1970	32,3	22,8	14,8
1980	30,7	19,8	14,7
1990	27,8	17,7	15,2
1999	27,2	14,1	14,9

Quelle: EHI 1996; HDE 2002

Mit steigendem Einkommen entwickelt sich die Elastizität der Nachfrage unterschiedlich und verschiebt somit den Anteil der Güter des Grundnutzens zugunsten jener des Zusatznutzens („Engelsches Gesetz"). Besonders deutlich wird dies dementsprechend bei den geringeren Nahrungs- und Genussmittelausgaben bei gleichzeitig steigendem Anteil der Bedarfsstufen 2 und 3. Deshalb unterscheidet sich auch das Ausgabeverhalten von Haushalten mit unterschiedlichem Einkommen erheblich wie folgende Tabelle zeigt:

Tab. 5   Vergleich der durchschnittlichen Ausgabenstruktur aller Haushalte mit jener besser verdienender Haushalte in Bayern (1993)

Branchengruppe	Ausgaben (Durchschnitt) [DM]	Anteil [%]	Haushalte mit Einkommen > 10.000 DM	Anteil [%]
Nahrungs-/Genussmittel	592	38,4	946	32,2
Papier-, Schreibwaren	42	2,7	66	2,2
Pharmazeut., Drogeriewaren, Parfüm	88	5,7	159	5,4
Blumen	20	1,3	36	1,2
Bedarfsstufe 1	**742**	**48,1**	**1207**	**41,1**
Bekleidung	234	15,2	503	17,1
Schuhe, Lederwaren	46	3,0	87	3,0
Textilien, Raumausstattung	33	2,1	62	2,1
Eisenwaren, Hausrat, Porzellan, Glas, Keramik	32	2,1	57	1,9
Spiel, Sport, Geschenke	38	2,5	101	3,4
Bücher, Schallplatten	30	1,9	61	2,1
Pflanzen, Samen, Zoo	24	1,5	52	1,8
Bedarfsstufe 2	**437**	**28,3**	**923**	**31,4**
Möbel, Teppiche	128	8,3	297	10,1
Uhren, Schmuck, Foto	35	2,2	90	3,1
Optik, Hörgeräte, Sanitätsbedarf	23	1,5	57	1,9
Sammlerbedarf, Antiquitäten	26	1,7	83	2,8
Unterhaltungselektronik, Haushaltsgeräte	92	6,0	175	6,0
Farben, Tapeten, Heimwerkerbedarf	61	3,9	103	3,5
Bedarfsstufe 3	**365**	**23,6**	**805**	**27,4**
Gesamt	1.544	100,0	2935	100,0

(Umrechnungskurs: 1 DM = 0,51129 €)

Quelle: BAYERISCHES LANDESAMT FÜR STATISTIK UND DATENVERARBEITUNG 1997; eigene Berechnungen

Die wichtigsten Unterschiede im Ausgabeverhalten zwischen den „durchschnittlichen" und „reichen" Einkommen sind:

- Wohlhabende Haushalte geben rund 22 % ihres monatlichen Nettoeinkommens in den hier berücksichtigen Branchengruppen aus, der Durchschnitt rund 30%. Die „relativen Mehrausgaben" der Reichen kommen charakteristischerweise nicht den „basic needs" – also der Deckung menschlicher Grundbedürfnisse wie Nahrung – zugute, sondern den „Luxusgütern".

- Ausgaben für Nahrungs- und Genussmittel betragen bei wohlhabenden Haushalten 32 % der Gesamtausgaben, im Durchschnitt aber 38 %.

- Nicht ganz so gravierend, aber immerhin auffallend ist die Differenz bei Kleidung und Schuhen (ca. 18 % im Durchschnitt bei 20 % bei den wohlhabenden Haushalten).

- Deutlich werden die Unterschiede, wenn man die Gesamtanteile der Bedarfsstufen 2 und 3 vergleicht.

Bei diesem Vergleich muss aber auch die absolute Wirkung dieses Verhaltens berücksichtigt werden: Dadurch, dass ein „reicher Haushalt" in allen Bedarfsstufen rund doppelt so viel ausgibt, bestimmt diese Konsumentengruppe mehr als es ihrem Anteil an der Bevölkerung entspricht, was produziert, beworben und gekauft wird.

Konsumenten mit einem Einkommen nahe dem Existenzminimum müssen ihre Wünsche zurückfahren und die Vielfalt der eingekauften Güter einschränken. Deshalb führen Discounter auch nur „Schnelldreher", an denen bei eingeschränkter Gewinnmarge nur über Großeinkauf, Verzicht auf Werbung, geringe Lagerhaltungskosten, geringe Kosten der Ladenausstattung und der Bedienung über die Schnelligkeit des Absatzes und die Menge verdient wird. Niedrige Einkommen schränken aber auch die Wahl der Einkaufsstätte ein: Ohne Auto ist man auf die nächste Einkaufsmöglichkeit angewiesen und die muss nicht immer die billigste sein.

5.1.3   Alter und Lebenszyklus

Es liegt nahe, einen Einfluss des Alters auf das Konsumentenverhalten anzunehmen, wenn man an jenes Bündel von Eigenschaften wie die physische Konstitution, die soziale und gesellschaftliche Einbindung und die psychisch bedingte Reaktion auf die Umwelt denkt, die bestimmten Altersstufen zugeordnet werden können. Dennoch sind auch hier die Befunde nicht eindeutig: In jeder Altersstufe finden sich große Unterschiede, angefangen bei der körperlichen Vitalität bis hin zu den Lebensstilen. Deshalb gewinnt die altersgestützte Vorhersage des Konsumverhaltens erst dann an Aussagekraft, wenn sie in Kenntnis weiterer Lebensumstände wie z.B. dem Grad der Beschäftigung, sozialer Bindungen oder der Haushaltszusammensetzung getroffen wird.

Eine der bekanntesten Verknüpfungen ist jene von Alter und sozialer Bindung, etwa im Rahmen des Familienlebenszyklus-Konzepts: Die Entwicklung von Familienstatus, Alter und Haushaltsgröße wird in Phasen eingeteilt, welche sich an einschneidenden Ereignissen wie dem Beginn der jugendlichen Single-Zeit, der Partnerschaft ohne, mit und wiederum ohne Kinder bzw. dem Ruhestand und Alters-Single-Dasein orientieren. Dabei wird jeder dieser Phasen eine jeweils andere Produkt- und Einkaufsstättenwahl sowie Ausgabenstruktur unterstellt, da sich Einkommen und familiäre Belastung verändern (vgl. auch Kasten).

Aus einer Anzeige für ein Ratgeberhandbuch zur Etablierung eines Kinderbekleidungsgeschäftes:

Ermitteln Sie die Geburtenzahlen in Ihrem Einzugsgebiet.

Was gibt eine Mutter für Ihr Kind an Bekleidung aus?

Der Marktanteil der Kinderbekleidungsgeschäfte liegt bei 21 %.

Wichtig ist die Nachbarschaft zu Spielwaren- und Schuhgeschäften mit Kinderschuhen, Kinderärzten und –gärten.

Der durchschnittliche Kaufbetrag liegt bei ca. 79 DM.

Der Großteil der Umsätze liegt bei Kinderbekleidungsgeschäften zwischen 250.000 und 350.000 DM.

Der Oktober ist der umsatzstärkste Monat.

Anmerkung:
Umrechnungskurs: 1 DM = 0,51129 €

Quelle:
Anzeigenflyer des Schierloh-Verlags Duisburg: „Erfolgreich ein Geschäft im Einzelhandel gründen und aufbauen. Ihr kompetenter Ratgeber für Existenzgründer und Jungunternehmer."

Mit der zunehmenden Vielfalt an Partnerschaftsmodellen muss der Begriff „Familie" jedoch neu definiert werden. So werden Familien aufgefasst „in einem weiteren Sinne als soziale Einheiten, in denen Menschen längerfristig in einem Haushalt zusammenleben, unabhängig von der Anzahl der Haushaltsmitglieder und ihrer verwandtschaftlichen oder rechtlichen Stellung zueinander" (KLEINING/ PRESTER 1999, S. 6). Gesucht wird also eine neue Klassifikation der Bevölkerung, die eine Vorhersage der Bedürfnisse, Einstellungen und damit auch des Konsumentenverhaltens erlaubt. Ein Beispiel für eine solche Klassifikation ist in der folgenden Abb. 39 dargestellt.

Abb. 39   Familien-Lebenswelten der GfK

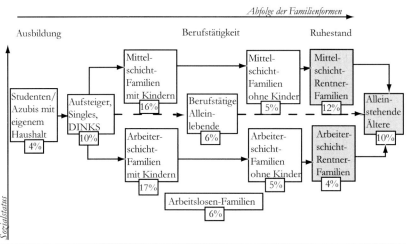

Quelle: KLEINING/PRESTER 1999, S. 9

Solche Klassifikationen sind nur aus umfangreichen Stichproben über multivariate Clusterverfahren zu gewinnen, worunter aber die Verortbarkeit der jeweiligen Kundensegmente leidet. Ein entsprechendes Bindeglied stellt die mikrogeographische Segmentierung der Wohnbevölkerung dar, welche in Abschnitt 5.4 besprochen werden soll. Im Folgenden werden in einer gewissen eindimensionalen Betrachtung einige Trends zur Altersstruktur und Haushaltszusammensetzung wiedergegeben, welche über kleinräumig vorhandene Daten lokal aufgedeckt und in ihrer Wirkung auf das Einzelhandelangebot untersucht werden können.

Der Anteil der älteren Menschen in Deutschland nimmt konstant zu, derjenigen der Kinder ab. Bis 2030 wird mit einem Anstieg der über 60-jährigen auf fast ein Drittel der Bevölkerung gerechnet. Dies hat auch für Einzelhändler eine Bedeutung, die bestimmte Altersgruppen bedienen, wie das z.B. bei Baby- und Kinderbekleidung, Spielzeug oder Möbel der Fall ist. Aber auch lokal kann die Überalterung zum Problem werden. So nimmt die Alterssegregation in den Großstädten zu. Die Einkaufsprofile der älteren Mitbürger für den täglichen Bedarf sind durch reduzierte Mengen, veränderte Kalorienzusammensetzung und diätetische sowie gesundheitsfördernde Artikel gekennzeichnet.

Mit den Verschiebungen in der Alters- sind auch solche in der Haushaltsstruktur verbunden. Das ist deshalb bedeutend, weil man immer noch davon ausgeht, dass die meisten Verbrauchsentscheidungen beim nicht-täglichen Bedarf von Haushalten (als Wohn- und Wirtschaftsgemeinschaften) getroffen werden. Innerhalb eines mehrköpfigen Haushaltes ist es sehr unwahrscheinlich, dass nur eine Person alle Konsumentscheidungen trifft. Umgekehrt betreffen nur bestimmte Kauf- und Verbrauchsentscheidungen (z.B. Wohnen, Verkehrsmittel) alle Mitglieder. Damit wird nicht nur die Anzahl der Haushalte in einem Marktgebiet interessant, sondern auch die Haushaltsstruktur. Diese hat sich nicht nur in der Größe, sondern auch in der Zusammensetzung in den letzten fünfzig Jahren grundlegend geändert.

Tab. 6   Deutschland: Haushaltsgrößen 1950 und 2000

Haushalte mit ... Personen	1950 (N = 22,0 Mio.)	2000 (N = 38,1 Mio.)	Veränderung in Prozentpunkten
1	19,4	36,1	+ 16,7
2	25,3	33,4	+ 8,1
3	23,0	14,6	- 8,4
4	16,2	11,5	- 4,7
5 und mehr	16,1	4,4	- 11,7
Insgesamt	100,0	100,0	

Quelle: HÜBNER 1989; Statistisches Bundesamt 2003[b]

5.2   Die Wahl der Einkaufsstätte

Entsprechend ihrer Fachperspektive interessieren sich Geographen besonders für die Wahl der Einkaufsstätte bzw. für die Einkaufsortorientierung und die Stabilität des räumlichen Verhaltens des Verbrauchers. Deren Bestimmung nach Richtung und Intensität wird im Rahmen von drei sehr unterschiedlichen Ansätzen versucht. Der zentralörtliche Ansatz ist forschungsgeschichtlich der älteste von ihnen. Er ist zunächst angebotsorientiert, d.h. er setzt die räumliche Verteilung und Attraktivität der Einzelhandelsstandorte in Bezug zum Wohnstandort des potenziellen Kunden.

Ein zweiter Zugang erfolgt nachfrageorientiert. Er geht von der Informationssuche aus, der im Entscheidungsprozess eine maßgebliche Rolle zugeschrieben wird. Die auf dem Weg zu Arbeit und Ausbildung, Freizeit und auch Einkauf wahrgenommenen Geschäftsstandorte werden bei der Wahl einer Einkaufsstätte in Betracht gezogen. Hinzu kommen noch jene im persönlichen Gespräch oder medial übermittelte Informationen, welche das Informationsfeld bilden. Die Ausprägungen beider Felder variieren mit den sozio-demographischen und ökonomischen Lebensumständen des Konsumenten, womit der Übergang zu der nachfrageorientierten Betrachtung markiert wird.

Schließlich wird in einem handlungs- und entscheidungsorientierten Ansatz die Bewertung der Information verlangt. Diese wiederum ist von Einstellungen des Konsumenten abhängig, welche die Wahrnehmung noch einmal subjektiv filtern und die Entscheidung beeinflussen. Damit ist der in der Konsumforschung diskutierte Begründungszusammenhang erreicht, zugleich aber auch keine exakte raumbezogene Vorhersage mehr möglich, was mit der Beobachtung sich weiter auflösender Einzugsbereiche und abnehmender Zentrentreue korrespondiert.

Im Folgenden sollen die genannten theoretischen Ansätze auf ihre Beiträge zur Erklärung der Einkaufsstättenwahl durchgesehen werden. Ein zusammenfassender tabellarischer Überblick findet sich am Ende dieses Kapitels (Abb. 40).

5.2.1 Zentralörtlicher und Interaktionsansatz

Aus der Perspektive des zentralörtlichen Ansatzes ist die Wahl der Einkaufsstätte weitgehend festgelegt durch die räumliche Versorgungssituation, in der sich der Konsument nach seiner Wohnstandortwahl befindet. Die Versorgungssituation ist charakterisiert durch die Lage und Attraktivität der Geschäfte sowie die Kosten der Distanzüberwindung, gemessen in Zeit oder finanziellem Aufwand. Auf den ersten Blick scheint hier die Angebotsseite die Einkaufsstättenwahl vollständig zu dominieren und der vom Konsumenten ausgehende Bedarf nicht berücksichtigt zu werden. Dennoch kommen über die Festlegung von Schwellenwerten für Umsatz ("threshold") und Reichweite ("range") von Branchen sowie die damit in Zusammenhang stehende Ausstattung von Angebotspunkten (Zentren) und deren hierarchische Verschachtelung immer wiederkehrende Bedarfssituationen der Konsumenten zum Tragen. Entsprechend der zugrunde liegenden Annahme eines vollkommen rationalen Entscheidungsverhaltens unterstellt man vollständige Information der Konsumenten. Die daraufhin getroffene Wahl der Einkaufsstätte wird im strengsten Fall der Ansätze von CHRISTALLER (1933) und LOESCH (1940) nach der „nearest-center-Hypothese" unterstellt. Hieraus haben sich aber gerade über die Entwicklung interaktionstheoretischer Ansätze eine Reihe von Abwandlungen ergeben, welche die starre Zuordnung von Konsument zu Angebotsstandort durch die Berechnung von Wahrscheinlichkeiten für eine Entscheidung in Abhängigkeit von der unterstellten Attraktivität der zu berücksichtigenden Alternative und der hemmenden Distanzüberwindung modifiziert.

Bedeutende Anwendungsfälle berücksichtigen für die Vorhersage der Einkaufsstättenwahl der Konsumenten innerhalb eines abgeschlossenen Systems von Angebotsstandorten u.a. deren wechselseitige Konkurrenzbeziehungen (Modell von

HUFF (1963)) oder die Erfüllung eines Optimierungskriteriums zum Gesamttransportaufwand oder Ausgabeverhalten wie z.b. das Entropie-Maximierungsmodell von WILSON (1970). Der Kauf selbst wird ursprünglich nur monofinal angesetzt. Jedoch geht implizit das interne bzw. externe Kopplungspotenzial eines möglichen Angebotsstandorts dann ein, wenn bei der Attraktivitätsbestimmung die Größe des Betriebs bzw. die Anzahl der dort anwesenden weiteren Betriebe berücksichtigt werden. So geht insbesondere LANGE (1972) beim Versuch einer Dynamisierung der zentralörtlichen Theorie (vgl. Abschnitt 2.3.4) explizit davon aus, dass auf einem Besorgungsgang mehrere Güter besorgt werden müssen.

Eine Evaluation der Zufriedenheit mit der getroffenen Einkaufsstättenwahl ist in den zentralörtlichen und Interaktionsansätzen nicht vorgesehen, sie ist bereits durch die Befolgung des Optimierungskriteriums vorweggenommen. Insofern unterstellt der Ansatz stabile räumliche Einkaufsorientierungen.

Umstritten an diesen Ansätzen ist die Operationalisierung der Attraktivität der Einkaufsstätten sowie die Ermittlung des Widerstandsparameters für die Distanzüberwindung. Als Indikator für die Attraktivität wird häufig die Verkaufsfläche gewählt, welche natürlich je nach Branche und Betriebsform sehr Unterschiedliches aussagt. Die Kalibrierung von Widerstandsparametern geschieht über Regressionsansätze.

Beispiele liefert KAGERMEIER (1991[a]) mit seinen Untersuchungen im Umland von Passau. In die von ihm berechneten Exponenten der Entfernungsfunktion geht natürlich die spezifische räumliche Verteilung der Angebots- und Nachfragestandorte des Untersuchungsraums ein, so dass eine Übertragbarkeit nicht gegeben ist, doch lässt sich generell eine Abhängigkeit des Widerstandsexponenten vom zentralörtlichen Rang des Wohnortes feststellen. So streuen die ermittelten Exponenten besonders bei mittelzentralen Orten mit einem vergleichsweise hohen Selbstversorgerwert für die Wohnbevölkerung nur gering. In Orten mit niedrigem oder keinem zentralörtlichen Rang zeigt sich hingegen eine deutlich höhere Spannweite der Exponenten.

5.2.2 Aktionsräumlicher Ansatz

Die zum Teil geringe Übereinstimmung zwischen Modellvorhersage und tatsächlicher Einkaufsorientierung hat man der fehlenden Berücksichtigung der jeweils individuellen Lebensumstände, insbesondere der sozio-demographischen Verhältnisse und der ökonomischen Rahmenbedingungen angelastet, denen in aktionsräumlichen Ansätzen ein entscheidender Einfluss auf die Einkaufsstättenwahl des Individuums unterstellt wird. Sie drehen daher die Betrachtungsperspektive weg von der Angebotsorientierung und rücken die Nachfrage in den Vordergrund. Die o.g. Lebensumstände bestimmen die Ausprägung des Bedarfsprofils. Dies gilt auch für die Informationssuche, welche vom Aktionsraum des Konsumenten und den darin befindlichen potenziellen Angebotsstandorten abhängig ist. In feinerer Differenzierung entwickelt man die Begriffe des Kontakt-, Interaktions- und Informationsfelds, welche sich durch den unterschiedlichen Grad des unmittelbaren Erlebens unterscheiden. Alle Felder sind als räumlich inhomogen anzusehen und prägen gleichzeitig die mental map des Individuums.

Das Interesse der aktionsräumlichen Forschung aber gilt nicht so sehr der mental map, sondern vielmehr den Handlungsspielräumen der Individuen bzw. den sie limitierenden Handlungsbegrenzungen. HÄGERSTRAND (1970) identifiziert drei in der Stärke ihres Einflusses hierarchisch geordnete "constraints". So berücksichtigen die physiologischen und technischen Reichweitenbegrenzungen ("capability constraints") die Verfügbarkeit von Individualverkehrsmitteln, welche sowohl den Aktionsraum als auch die Transportkapazität und damit die Bündelungsfähigkeit von Besorgungen begrenzen. Wirksam sind zum zweiten "Kopplungsbegrenzungen" ("coupling constraints"), die das zeiträumliche Zusammentreffen verschiedener Interaktionspartner möglich oder nicht möglich machen (z.b. Vereinbarkeit von Ladenöffnungszeiten mit Zeitplänen der Konsumenten). Schließlich sind auch sozial-normative Restriktionen ("authority constraints") zu berücksichtigen, welche mögliche Einkaufsstätten von der Wahl ausschließen (z.b. Fabrikverkauf an Werksangehörige).

Die Ansätze führen zur Formulierung von Bedingungen, die eine potenzielle Einkaufsstätte für die jeweiligen Aktionsgruppen erfüllen müsste, ohne jedoch eine genaue Zuordnung der Konsumenten zu den Angebotsstandorten vornehmen zu können. Dabei grenzen die Aussagen eher die Wahl von Betriebsformen ein, was allerdings indirekt die Vorhersage einer räumlichen Orientierung nach Standorttypen ermöglicht.

Die Überprüfung der Zufriedenheit nach dem getätigten Kauf wird auch hier nicht thematisiert, jedoch erlaubt die Betrachtung des Gesamtansatzes den Schluss, dass die Einkaufsstättenwahl und damit auch die Raumwirksamkeit der Einkaufsorientierung langfristig mit den Rahmenbedingungen wechselt. So führt der Übergang in eine neue Lebenssituation mit grundlegenden Änderungen von Soziodemographie und ökonomischen Verhältnissen zu einer Veränderung des Aktionsraums und damit der zentralen Entscheidungsstelle.

5.2.3   Sozial-psychologischer Einstellungsansatz

Verlegt die Betrachtung der Auswahl einer Einkaufsstätte ihren Standpunkt von den Sozialgruppen hin zum Individuum, dann steht gleichzeitig der Nutzen des Einkaufs im Vordergrund. Dieser bemisst sich nach subjektiven Kriterien, welche in allen Phasen des Entscheidungsprozesses ihren Niederschlag finden. Es beginnt mit dem Erkennen des Einkaufsanlasses, für deren Einordnung und Begründung ein breites Spektrum von Ansätzen aus der Psychologie, Soziologie und wirtschaftswissenschaftlich orientierten Marktforschung zur Verfügung steht. Bei der daran anschließenden Informationssuche wird die vorgefundene Versorgungssituation nicht aus dem objektiven Blickwinkel des Interaktionsansatzes, sondern aus dem subjektiven des Individuums bewertet, welcher mit seinen Einstellungen und Erwartungen gefärbt ist. Danach kann der im Preisniveau teurere Lebensmittelladen in Gehentfernung mit individueller Bedienung, kleinen Mengen und Bringservice aus der Sicht eines Rentnerehepaares einem preisgünstigen SB-Warenhaus in größerer Entfernung deutlich überlegen sein. Dieses wiederum wird von der benachbart wohnenden alleinerziehenden Mutter präferiert, weil es neben der großen Auswahl, den Preisvorteilen und der für eine Vorratshaltung geeigneten Abgabe großer Mengen sowohl internes als auch mit dem benachbarten LM-Discounter externes Kopplungspotenzial bietet. Es genügt also nicht mehr, das Vorhandensein einer Einkaufsstätte im Kontakt- und Informationsfeld nachzuweisen, diese muss vielmehr auch in der Bewertungsphase den jeweils unterschiedlichen Erwartungen gerecht werden.

Erwartungen und die den Grad der Erfüllung durch einen potenziellen Einkaufsstandort messende Bewertung werden von den dahinter stehenden Einstellungen (Definition vgl. Abb. 38) des Individuums gesteuert. Die Schwierigkeit dieses Ansatzes liegt in der Operationalisierung, da für Einstellungsmessungen nur Indikatoren für bestimmte Bewertungsdimensionen herangezogen werden können. Da sie in der Regel nicht vorab bekannt sind, muss ihre Auswahl in einem try and error-Verfahren getroffen werden. Beispielsweise sind bei Untersuchungen zur Versorgungszufriedenheit der Bevölkerung mit Waren des täglichen Bedarfs folgende Beurteilungskriterien isoliert worden:

- Zufahrtsmöglichkeiten (Erreichbarkeit),

- Parkmöglichkeiten,

- Preisniveau,

- Auswahlmöglichkeit,

- Qualität der Waren,

- Verkaufspersonal und

- Einkaufsatmosphäre (vgl. KAGERMEIER 1991a, S. 68).

Der sich an die Einkaufsstättenwahl anschließende Kauf führt nicht nur zur Befriedigung des festgestellten Bedürfnisses, sondern vermittelt darüber hinaus von der Auswahl des Geschäfts bis hin zur erstandenen Ware auch einen Beitrag zur Lebensqualität. Insofern ist die nachfolgende Bewertungsphase von höchster Wichtigkeit: Die Zufriedenheit bestimmt in weit höherem Maße als bei den vorausgegangenen Ansätzen die Stabilität der Einkaufsorientierung. Für ihre Operationalisierung gibt es eine Reihe von Ansätzen, u.a. die multiattributiven Einstellungsmodelle, die für die ausgewählten Kriterien jeweils die abstrakte Erwartung an den Einkaufsstandort mit der Bewertung der tatsächlich vorgefundenen Ausprägung kombinieren und daraus einen Gesamtzufriedenheitswert konstruieren.

Kundenbefragungen zur Wichtigkeit von Kriterien für die Wahl der Einkaufsstätten haben ergeben, dass bei der Besorgung des Grundbedarfs insbesondere eine hohe Qualität des Angebots erwartet wird, deutlich vor den gleichrangigen Kriterien Erreichbarkeit und Preiswürdigkeit. Erst danach folgen Auswahl und Bedienung.

Beim Einkauf von Bekleidung wertet die Mehrheit der Befragten hingegen eine ungestörte Information als wichtig, gefolgt von Auswahl, Bedienung und Preiswürdigkeit. Wie sehr eine solche Bewertung zeitabhängig ist, zeigt der Stellenwert der Beratung. So setzt sich im Wechselspiel von Betriebsformentwicklung und wachsender Informiertheit des Verbrauchers ein Trend in der nachwachsenden Generation nach Teilselbstbedienung als Angebotsform durch, was mit dem Wunsch nach eigenem Durchmustern des Angebots ohne direkten oder indirekten Kaufzwang einhergeht.

Zu diskutieren ist, ob eine solche Aggregation der Bewertungs- und Einschätzungsurteile auf Makroebene und über alle Konsumententypen statthaft ist. Hierauf soll in Abschnitt 5.3 noch einmal eingegangen werden. Außerdem variieren die Erwartungen an eine Einkaufsstätte auch mit der Betriebsform bzw. dem Kaufanlass. So erwartet man beispielsweise in einem Spezialgeschäft sehr wohl guten Service, während bei Discountern geringe Serviceleistungen aufgrund anderer Vorteile von den Kunden ganz selbstverständlich akzeptiert und nicht negativ bewertet werden.

5.2.4   Vergleichende Bewertung der Ansätze

KAGERMEIER (1991[a]) hat für seinen Untersuchungsraum die Einkaufsorientierung mit allen hier diskutierten Ansätzen durchgeführt und versucht, ihren jeweiligen Erklärungswert zu bestimmen. Generell gilt, dass nur die Interaktionstheorie die Einkaufsstättenwahl auch konkret voraussagt, die beiden übrigen Ansätze liefern höchstens hinreichende bzw. notwendige Bedingungen für die Wahl bzw. ex post-Erklärungsmöglichkeiten. Die Ergebnisse zeigen, dass der aktionsräumliche Ansatz über alle untersuchten Versorgungsfälle hinweg vergleichsweise hohe Erklärungswerte erzielt. Immerhin erreicht der Interaktionsansatz etwa ein Drittel an Erklärungsbeitrag, während die Einstellungsunterschiede zur Differenzierung der Einkaufsorientierungen v.a. beim Möbelkauf eine größere Rolle spielen.

In der folgenden Abb. 40 werden die wesentlichen Unterschiede der oben besprochenen Ansätze nochmals im Überblick gegenübergestellt.

Abb. 40   Prozess der Einkaufsstättenwahl aus Sicht fachspezifischer Ansätze

Prozess der Ein-kaufsstättenwahl	Fachspezifische Parameter	Zentralörtliche und Interaktions-Ansätze	Aktionsräumliche Ansätze	Sozial-psychologische Einstellungsansätze
		Grundannahmen		
		Räumliche Versorgungssituation (Verteilung und Attraktivität der Angebotsstandorte) ausschlaggebend für die Einkaufsstättenwahl	*Lebenssituation, Soziodemographie und ökonomische Verhältnisse des Konsumenten prägen die Einkaufsstättenwahl*	*Lebenssituation, Soziodemographie und ökonomische Verhältnisse des Konsumenten sowie die Marketingmaßnahmen des Einzelhandels prägen die Einkaufsstättenwahl*
Bedarf	Angebot und Nachfrage	Implizit berücksichtigt: Gruppierung der angebotenen Güter nach Bedarfsklassen (threshold-values); Niederschlag in Zentrenverteilung und -ausstattung	Bedarfsdeckung (sich versorgen) als Grundaseinsfunktion unterstellt	Psychologische, soziologische, anthropologische Ansätze wie z.b. die Bedürfnishierarchie nach Maslow (MASLOW 1970)
Informationssuche	Information	Annahme: vollständige Information der Konsumenten	Information abhängig vom Kontakt-, Interaktions- und Informationsfeld: raum-zeitliche Inkonsistenz	Selektivität der Informationssuche durch Filterung der Umweltreize
Bewertung der Alternativen	Orientierung im Raum/ raumwirksames Verhalten	Ökonomisch-rationales Kriterium der Aufwandsminimierung: nearest center-Orientierung bis hin zur Entropie-Maximierung des Gesamtsystems	Mental map, raum-zeitliche constraints und utility-Aspekte als wesentliche Grundlagen und Kriterien der Informationsverarbeitung	Einstellungen und Images von Besorgungssituationen sowie alternativen Einkaufsstätten bilden die Bewertungskriterien; kaum raumbezogene Bewertungskriterien
Kauf	Zeitliche Abfolge der Besorgungen	Zunächst nur monofinale Besorgungen; implizit aber bereits Kopplungspotenzial als Attraktivitätsfaktor	Internes und externes Kopplungspotenzial wird bereits ausgenutzt	
Zufriedenheit	Stabilität des raumwirksamen Verhaltens	Stabile räumliche Orientierungen	Einkaufsorientierung wechselt langfristig mit den Eingangsparametern (Lebenssituation, Soziodemographie, ökonom. Verhältnisse)	Kurzfristiger Wechsel der Einkaufsorientierung möglich, allerdings abhängig von Fristigkeit der jeweils anstehenden Bedarfsdeckung

5.2.5 Informationsangebot und Konsumentenverhalten

Da der zur Einkaufsstättenwahl führende Entscheidungsprozess mit der Informationssammlung beginnt, wollen wir die Frage nach dem zur Verfügung stehenden Informationsangebot und seinem Einfluss auf die Einkaufsorientierung in einem eigenen Abschnitt behandeln. Die Bandbreite des Informationsangebots zeigt Abb. 41.

Abb. 41   Das Informationsangebot: Arten, Aufnahme und persönliche Betroffenheit

Informationsquelle	Weitergabe	Speicherung	Involvement
Geschäftsangebot	Persönlicher Besuch	Kontaktfeld	Hoch
Schaufenster	Persönliche Anschauung	Kontaktfeld	Mittel
Geschäftsgebäude	Passieren	Interaktions-/ Informationsfeld	Niedrig
Direktmailing/Katalog-versand	Lesen	Informations-/ Interaktionsfeld	Mittel
Werbung in Printmedien	Lesen	Informationsfeld	Niedrig
Werbung in Rundfunk/ Fernsehen	Hören/Sehen	Informationsfeld	Niedrig
Gespräch	Face-to-face	Kontaktfeld	Hoch
Homepage	Aktive mediale Suche	Interaktionsfeld	Mittel

Die Informationsquellen werden von den Konsumenten dabei keineswegs ganz ausgeschöpft. Ob eine Information wahrgenommen wird, hängt u.a. von der Häufigkeit der Nachricht und der persönlichen Betroffenheit ab. Eine wahrgenommene Information passiert vor der endgültigen Speicherung verschiedene interne Filter, wobei am Ende ein sehr subjektives Abbild der objektiven Gegebenheiten entsteht. Es kann als gesichert gelten, dass von stationären Einrichtungen des Handels nicht nur Informationen über die jeweils angebotenen Produkte, sondern auch die (ungefähre) räumliche Lage des Geschäftes und die Erreichbarkeit gespeichert werden. Die mental map des Konsumenten ist besonders gut ausgeprägt, wenn es um Waren geht, die häufig benötigt werden (z.b. Lebensmittel, Drogerieartikel, Zeitschriften) und weniger gut für nicht so häufig (z.b. Bekleidung, Schuhe) bis selten (Elektrogeräte, Werkzeug, Möbel) nachgefragte Waren.

Da die Suche nach einer geeigneten Einkaufsstätte mit dem Bild des Geschäfts und nicht mit der Realität beginnt, versuchen die Einzelhändler, dieses Bild nach besten Kräften zu ihren Gunsten zu manipulieren. Erstes Ziel ist, in das Informations- und Interaktionsfeld des potenziellen Kunden zu gelangen. Daher setzen neu gegründete Betriebe Aktionen an, um die Aufmerksamkeit auf sich zu lenken (z.b. Niedrigpreise, Preisausschreiben etc).

Die preiswerteste Art der Werbung geschieht über das Schaufenster, kostenaufwändiger sind die Formen der medialen Kommunikation, insbesondere Anzeigen und Beilagen in den Printmedien, Werbespots im Hörfunk und Fernsehen und neuerdings Web-Seiten im Internet. Die Auswertung von Zeitungswerbung zeigt, dass auch hier wiederum die Convenience-Goods (also Bedarfsstufe 1) weniger beworben werden als die shopping goods (Bedarfsstufen 2 und 3). Dies hängt damit zusammen, dass den Kunden das Sortiment und die Preise eines Lebensmittelladens sehr genau bekannt sind. Aldi und andere Discounter werben z.b. nur noch intensiv mit ihren Zusatzangeboten. Reiht man die Branchengruppen nach ihrem Werbeaufwand (gemessen in Promille des Umsatzes), dann führt die Möbelbranche vor Schuhe/Lederwaren, Heimwerker, Elektro und Bekleidung. Hingegen betreiben Nahrungs- und Genussmittelbetriebe einen unterdurchschnittlichen Aufwand.

Über die Branche hinaus erstreckt sich die Differenzierung der Werbeintensität auch auf Betriebsformen und Standorte. Betriebsformen, die vornehmlich auf „suscipient business" angewiesen sind, können wegen ihres hohen Anteils an Laufkundschaft nicht auf Anzeigenwerbung setzen. Dagegen nimmt bei den LM-Generalisten mit abnehmender Wohnortorientierung der Standortwahl bei gleichzeitig zunehmender Größe der Verkaufsfläche die Beteiligung an der Anzeigenwerbung zu, was auch für den Verbrauchermarkt und das SB-Warenhaus zutrifft. Ähnlich wie beim LM-Discounter soll durch das Ansprechen eines großen Kundenpotenzials und das Herausstellen der Preiswürdigkeit der Warenumschlag konstant hoch gehalten werden. Gegenläufig gestaltet sich die Schaufensternutzung, die als kostengünstigste Form verstärkt von wohnortorientierten, meist kapitalschwachen Betrieben genutzt wird.

Dagegen setzen bei der traditionellen Betriebsformenreihe „Spezialgeschäft, Fachgeschäft, Fachkaufhaus" mit zunehmender Vollständigkeit des Sortiments alle Betriebe sowohl auf Schaufenster als auch auf Anzeigen. Fachmarkt und Discounter haben aufgrund ihrer Zusammenstellung und ihrer Standortwahl ebenfalls ein ausgedehntes Einzugsgebiet nötig, das sie eher über Anzeigen und Beilagenwerbung in Tageszeitungen als über die Schaufensterwerbung ansprechen, weil sie so ein größeres Kundenpotenzial erreichen. Zudem kann eine Anzeige im Gegensatz zum Schaufenster mehrere Standorte bewerben. Dies wird sowohl von Mehrbetriebsunternehmen als auch von Standort- und Werbegemeinschaften ausgenutzt.

Auf Grund der Differenzierung der Betriebsformen nach Standorten und weil die von ihnen verkörperten Betriebskonzepte in den Anzeigen angesprochen werden, erfolgt damit gleichsam der Aufbau eines Einkaufsimages für den jeweiligen übergeordneten Standortraum. So betonen Geschäfte der leistungsoptimierenden Zentren im Allgemeinen und insbesondere die der Innenstadt die Sortimentsspezialisierung, das Bedienungsangebot und den erlebnisorientierten Einkauf. Dagegen stellen km-Zentren, unter ihnen auch die geplanten und außerhalb der Innenstadt gelegenen Geschäftszentren, in ihrer Werbung die Präsenz (Öffnungszeiten), den Preis und die kundenfreundlich geplante Einkaufsumgebung heraus. Es wird sich in Abschnitt 5.3 zeigen, dass das so gebildete Standortimage erhebliche Auswirkungen auf die Einstellungen der Konsumenten hat.

Trotz des oft hohen finanziellen Aufwandes für Werbung in den Medien ist festzuhalten, dass der Stellenwert der medialen Information als Informationsquelle deutlich geringer ist als jener des Geschäftsbesuchs. Der Kundenerfahrung mit dem Angebot der Standortbereiche und die daraufhin vorgenommene Bewertung kommt große Bedeutung zu. Sie wird immer dann die Einzelinformation über einen Betrieb ergänzen, wenn aufgrund des Einkaufsanlasses ein Informationsdefizit gespürt wird, das über Informationskopplung in der Standortumgebung des bereits bekannten Betriebs ausgeglichen werden kann.

Tab. 7   Käufe nach Warengattungen und vorausgegangenes Informationsverhalten in Oldenburg

Warengattung	N	Informationsquote [%]				
		Gesamt	Geschäfts-besuch	Zeitung, Wer-beblätter	Katalog u.ä.	Private Kommu-nikation
Bekleidung	154	39	34	1	1	3
Spiel/Sport/Geschenk	61	34	23	5	2	5
Nahrungsmittel	588	27	15	12	1	1

Anmerkung: Zeilensummen der Anteile der Informationsquellen können wegen Mehrfachnennung die Informationsquote „Gesamt" überschreiten
Quelle: KLEIN 1995, S. 227

5.3   Konsumentenverhalten in ausgewählten Angebotsräumen

In den vorherigen Abschnitten sind die allgemeinen Grundlagen des Konsumentenverhaltens diskutiert und Ansätze zur Lösung der fachspezifischen Fragestellung zur Wahl der Einkaufsstätte auf ihre Anwendbarkeit hin untersucht worden. Es bleibt offen, welche Einflüsse die soziodemographischen und ökonomischen Verhältnisse der Konsumenten sowie die Merkmale Distanz, Aktionsraum und Einstellung im Kontext eines Angebotsraums auf den Konsumenten und seine Einkaufsorientierung ausüben. Es kann aber festgehalten werden, dass hierfür kein umfassender Ansatz zur Erklärung des Konsumentenverhaltens existiert.

Die Wahl der nachfolgend behandelten Beispiele erfolgt in Hinblick auf Kapitel 6, in dem die Beziehung von Einzelhandel und Planung näher untersucht wird.

Grundsätzlich gilt zwar die freie Wahl der Einkaufsstätte, unter dem Ziel einer nachhaltigen Entwicklung scheinen allerdings bestimmte Verhaltensmuster erstrebenswert. Hierzu zählen u.a. unter dem Aspekt der Minimierung des Einkaufsverkehrs die wohnnahe (Grund-)Versorgung, die Erhaltung und Stärkung der Innenstadt als eines der Haupteinkaufszentren und im übergeordneten Rahmen die Beibehaltung einer zentralörtlichen Angebotsstufung, welche auch als eine Voraussetzung für die gleichwertige Lebensqualität im Raum gilt.

Das Einkaufsverhalten weicht jedoch zunehmend von den planerischen Idealvorstellungen ab. Hier müssen v.a. zwei Aspekte des Konsumentenverhaltens angesprochen werden: die **Mehrfachorientierung** und das **Kopplungsverhalten**.

5.3.1 Grundlagen

Im Rahmen der empirischen Überprüfung der Einzugsbereichsabgrenzung in zentralörtlichen Systemen fiel bereits in frühen Untersuchungen eine von der Theorie abweichende Einkaufsstättenwahl auf. So zeigte sich, dass in manchen Orten die Bewohner für die Besorgung ein und desselben Gutes jeweils unterschiedliche Einkaufsorte aufsuchen. Ebenso war es möglich, dass ein Gut bei entsprechendem Einkaufsanlass, der eine andere Qualität oder Spezialisierung verlangte, abweichend von der bisherigen Einkaufsorientierung in einem anderen, ggf. höherzentralen Ort besorgt wurde. Erklärungsansätze für diese offenkundige **Mehrfachorientierung** wurden zum einen aus der Theorie bezogen. Sie sagt aus, dass Kunden mit geringen Entfernungsunterschieden zu zentralen Orten gleicher Hierarchiestufe den ihnen geeigneteren auswählen. Zum anderen traten in der Realität Ausstattungsunterschiede zwischen konkurrierenden zentralen Orten auf, welche ebenfalls zu unterschiedlichen Orientierungen führen mussten.

Im weiteren Verlauf gelingen aber auch rein nachfrageorientierte Erklärungen. Zunächst stellte GANSER (1969) die Mehrfachorientierung in den Kontext von Einkommensentwicklung und daraus resultierenden Verhaltensänderungen. So würde v.a. die Zunahme des Pkw-Besitzes zur Vergrößerung der Versorgungsdistanzen führen. Andere Autoren weisen gruppen- (KLÖPPER 1953) und güterspezifische Polyorientierung (ITTERMANN 1975) nach. Erstere bezeichnet die Abhängigkeit der Einkaufsstättenwahl für ein und dasselbe Gut von der Zugehörigkeit zu einer Sozialgruppe. Letztere umschreibt den Sachverhalt, dass besonders in Verdichtungsräumen von einem Konsumenten innerhalb einer Bedarfsstufe mehrere Zentren alternativ aufgesucht werden. Dies betrifft sowohl den Kauf selten nachgefragter, hochwertiger Güter als auch die gegenüber dem täglichen Einkauf gänzlich andere Wahl von Einkaufsort und Betriebsform, wenn Grundbedarf im Großeinkauf gedeckt werden soll. Insgesamt misst Ittermann jedoch v.a. im oberzentralen Bereich der güterspezifischen Polyorientierung größere Bedeutung zu, wenngleich er auch die Existenz von Kombinationen bejaht.

GEISCHER (1998) bestätigt in einer neueren Arbeit die branchen- und sozialgruppenspezifische Mehrfachorientierung v.a. im ländlichen Raum. Sie stellt fest, dass besonders „Kleidung, Unterhaltungselektronik und fast alle anderen Produkte des periodischen und episodischen Bedarfs" (GEISCHER 1998, S. 138) von Fall zu Fall an verschiedenen Standorten auch unterschiedlichen zentralen Ranges gekauft werden. Sie führt dies sowohl auf die gestiegene Mobilität als auch auf die Konkurrenz der Angebotsorte sowie innerhalb der Stadt auf die Konkurrenz von Innenstadt und „Grüner Wiese" zurück. Interessante Folgen dieser Variationsbreite der Einkaufsorientierung sind neben der Auflösung der Funktionszuweisungen im Rahmen des Zentrale-Orte-Konzeptes auch die vertikale Funktionsausweitung jeweils niederrangiger Zentren auf Kosten der höherrangigen.

Die Mehrfachorientierung zwischen Innenstadt und Gewerbegebieten versucht LORD (1986) in seinem Zwei-Ebenen-Modell zu erklären.

Abb. 42   Zwei-Ebenen-Erklärungsmodell der Mehrfachorientierung

a. Individualebene:

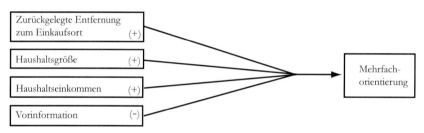

b. Ebene der Standortbereiche

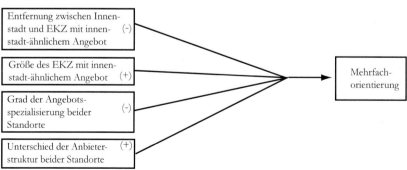

(+)/(-) positive/negative Wirkung auf die Mehrfachorientierung

Quelle: nach KLEIN 1995, S. 546; Teil b. unter Verwendung von LORD 1986, S. 42

Für die Individualebene wird vorausgesagt, dass die Mehrfachorientierung mit wachsender Entfernung vom Wohnstandort zu den räumlich getrennten Einkaufsstandortbereichen zunimmt. Mit zunehmender Entfernung zur Stadt nimmt nämlich die Besuchshäufigkeit und mit ihr auch die aktuelle Kenntnis der Angebotslage ab. Dagegen wirkt ein Mehr an Vorinformation negativ auf die Bereitschaft zur Mehrfachorientierung.

Auch mit zunehmender Haushaltsgröße und höherem Einkommen erhöht sich die Wahrscheinlichkeit der Mehrfachorientierung, da auch hier ein umfangreicheres Besorgungsprofil und ggf. eine höhere Mobilität unterstellt werden kann. Gerade beim Erwerb von wenig standardisierten Waren mit hohem Einkaufswert nimmt die Bereitschaft zur Mehrfachorientierung zu.

Berücksichtigt man sowohl die seither eingetretenen Veränderungen des Angebots als auch der Nachfrage, kann die Mehrfachorientierung auch auf die Polarisation des Nachfrageverhaltens zwischen der Besorgung von Gütern des Grundnutzens und der Besorgung von mehr oder weniger der Steigerung der Lebensqualität dienenden Gütern mit Zusatznutzen zurückgeführt werden. Die Polarisation drückt sich sowohl im Informationsstand, Preisbewusstsein und in der Einkaufsstättenwahl als auch im Rationalisierungsgrad der Kaufentscheidung aus. Da die Betriebsformen auf diese Polarisation mit ihrem Angebot und ihrer Standortwahl reagieren, wird der Konsument je nach Beschaffungsanlass gezwungen, mehr als ein Geschäft und häufig auch jeweils andere Standorträume aufzusuchen.

Neben diesen eher rationalen Erklärungsansätzen der Mehrfachorientierung wird auch die Suche nach Abwechslung als Ursache diskutiert. In der Betriebswirtschaftslehre ist dieses Verhalten bei der Produktwahl vielfach nachgewiesen und wird unter dem Stichwort „variety seeking" geführt. So wird z.b. eine neue Orangensaftmarke trotz hoher Zufriedenheit der Kunden mit der Stammmarke und ohne erkennbaren äußeren Anlass „einfach zur Abwechslung" gekauft (vgl. z.B. GIERL 1993).

Eine rasch zunehmende Form der Mehrfachorientierung stellt außerdem der zunehmende Einkaufsausflugsverkehr dar (JOCHIMS/MONHEIM 1996, S. 729), d.h. die Kombination von Tagesausflug und Einkaufen. Umfrageergebnisse des Forschungsinstituts für den Handel haben in diesem Zusammenhang ergeben, dass rund 75 % aller Städtetouristen auch Geld im Einzelhandel ausgeben. Dabei ist ein großer Anteil der Käufe den „Spontankäufen" zuzurechnen, denn bei ihrer Ankunft hatten nur 25 % der Städtetouristen vor, etwas zu kaufen (FFH-INSTITUT 2001, S. 5).

Neben der Mehrfachorientierung verdient das **Kopplungsverhalten** eine nähere Betrachtung. Das Koppeln resultiert aus dem Wunsch der Konsumenten, ihren Besorgungsaufwand zu minimieren. Dies geschieht bei Anbietern mit geringem internen Kopplungspotenzial durch die Minimierung der Distanz zu Betrieben mit kompatiblem Angebot. Kompatibilität heißt im Bereich der täglichen Lebensführung v.a., dass alle Güter zur Bewältigung einer Standardversorgungssituation auf einer Einkaufsfahrt gekauft werden können. In Versorgungssituationen mit fehlendem Marktüberblick (comparison shopping) muss Kompatibilität mit Informations- und Auswahlalternative gleichgesetzt werden. Hieraus resultiert eine bereits von Lange vorausgesagte Bevorzugung ranghöherer Zentren, da sie dem Konsumenten ein besonders hohes Kopplungspotenzial bieten (vgl. Abschnitt 2.3.4).

Geht man davon aus, dass Einkaufen nicht nur rational als Akt der Versorgung, sondern auch als Freizeitbeschäftigung ausgeübt wird, dann kann Kompatibilität in einer dritten Form interpretiert werden als Vorhandensein von Einrichtungen, die den Erlebniswert des Einkaufsbesuchs erhöhen. So werden Einkäufe beispielsweise zunehmend mit Gastronomiebesuchen gekoppelt. Bei einer Befragung in bayerischen Mittelstädten hat beispielsweise jeder fünfte bis dritte Innenstadtbesucher angegeben, neben dem Einkaufen auch einen gastronomischen Zwischenstopp gemacht oder geplant zu haben (POPP 2002).

Die Maßstabsvergrößerung im Einzelhandel hat dazu geführt, dass Betriebe mit hohem internen Kopplungspotenzial entstanden sind, welche je nach Branche und verfolgtem Geschäftskonzept versuchen, die aufgeführten Kompatibilitätsarten selbst anzubieten oder durch ShopInShop-Betriebe zu integrieren bzw. ausgewählte Nachbarschaft mit geeigneten Anbietern zu suchen.

Alle diese Ansätze laufen auf die Entstehung von Agglomerationen und Zentren hinaus, die in Kapitel 4 näher beleuchtet wurde.

5.3.2 Wohnnahe Versorgung

Die bisherigen Ergebnisse zu den Veränderungen im Handel zeigen für Branchen und Betriebsformen der Bedarfsstufe 1 einerseits eine zunehmende Niveauangleichung der Einzelhandelsausstattung. Die Ursache hierfür liegt in der Nachverdichtung durch neue und die Aufgabe überkommener Betriebsformen. Andererseits erhöht sich die Versorgungsentfernung für bestimmte Angebotsformen und es kommt zur Selektion bis hin zur Ausdünnung in wirtschaftlich nicht mehr tragfähigen Siedlungsräumen.

Allerdings unterscheidet sich die objektive Angebotserfassung von der subjektiven Bewertung durch die Konsumenten (SCHNEIDER 1989; KLEIN 1995). Dies hängt zum einen mit dem bereits erwähnten Informationsdefizit der Bewohner insbesondere bei Geschäften in der Nähe der Wohnung zusammen. Zum anderen erfährt der Konsument die Angebotssituation als Beschaffungslage, an die er je nach seinen Rahmenbedingungen (z.b. Möglichkeiten der Vorratshaltung, Verfügbarkeit von Verkehrsmitteln, physische Konstitution der Haushaltsmitglieder) unterschiedliche Ansprüche stellt. Untersuchungsergebnisse aus Gemeinden unterschiedlicher Größenordnung und zentralörtlichen Rangs zeigen, dass aber immerhin ein Anteil von 12-15 % der Bevölkerung mit der Versorgungssituation nicht zufrieden ist.

Defizite können sowohl in der räumlichen Anordnung von Versorgungseinrichtungen als auch in der Entfernung und Zugänglichkeit (Parkmöglichkeiten), in Angebotsmerkmalen (Qualität, Auswahl, Preis, Bedienung) sowie dem Nicht-Vorhandensein von Alternativen und Betriebsformen gesehen werden. Auch hier ergibt sich ein Auseinanderklaffen von Wunsch und Wirklichkeit. So möchte die Hälfte der Befragten ihren Grundbedarf **in Wohnnähe** und möglichst in **einem** Geschäft einkaufen. Jedoch sucht nur etwa ein Viertel auch das nächst gelegene Geschäft auf. Außerdem werden gerade Angebote des spezialisierten Lebensmittelhandels (Bäcker, Metzger, Obst, Gemüse) wahrgenommen, wobei zu einem nicht unerheblichen Teil die nächstgelegene Versorgungsalternative nicht genutzt wird. Die Gründe für die Nichtnutzung wohnnaher Einkaufsmöglichkeiten liegen vorrangig im fehlenden Kopplungspotenzial, zu geringem Angebot und der Preisgestaltung. Damit ist die Verfügbarkeit von Verkehrsmitteln und deren tatsächliche Benutzung angesprochen. Mit steigender Motorisierung wird auch für die Besorgung der Waren und Güter der täglichen Haushaltsführung der Pkw zum dominierenden Verkehrsmittel mit einem Anteil von 50 % in geschlossenen Ortschaften und fast 100 % in solchen Ortsteilen ohne eigene Versorgungseinrichtungen. In größeren Städten sinkt dieser Anteil auf 33 % (z.b. Landshut) und je nach Relief und Eignung können Fußgänger einerseits und Fahrrad-/ÖPNV-Benutzer andererseits ebenfalls je ein Drittel erreichen. Mit einem solchen Verkehrsverhalten gewinnt die Verfügbarkeit von Parkplätzen als Auswahlgrund für die Einkaufsstätte eine überragende Bedeutung. Dabei bleibt der durchschnittliche Zeitaufwand für die Anfahrt in der Regel unter 10 Minuten. Er differenziert sich nach Betriebsformen, was am Beispiel von Landshut (vgl. Abb. 43) gezeigt werden kann. So nutzt etwa die Hälfte der Befragten Angebote des Lebensmittelhandwerks und der Supermärkte im eigenen Stadtteil und ein Drittel in der Gesamtstadt. Betrachtet man jedoch den Besuch eines LM-Discounters, so finden nur 18 % ein ihnen geeignet erscheinendes Geschäft im eigenen Stadtteil. Dieses Verhalten schlägt sich auch in dem schon oft diskutierten Zusammenhang von Einkaufshäufigkeit und Besorgungsprofil nieder: LM-Großeinkäufe in Discountern und SB-Warenhäusern haben eine deutlich geringere Frequenz bei hohen Einkaufsbeträgen. Wenn dennoch im Schnitt 70 % der Bevölkerung angibt, täglich oder mehrmals in der Woche einzukaufen, dann wird deutlich, wie wichtig nach wie vor die wohnnahe Versorgung ist und welche Bedeutung der Einkaufsverkehr erlangt hat.

Abb. 43   Landshut – Einkaufsorientierung bei der Grundversorgung 1995

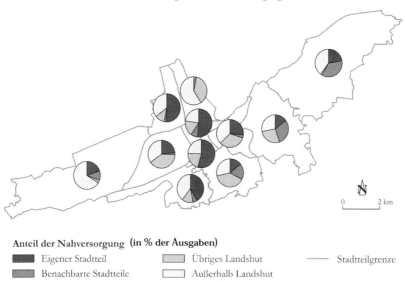

Anteil der Nahversorgung (in % der Ausgaben)

▉ Eigener Stadtteil   ▨ Übriges Landshut   —— Stadtteilgrenze

▨ Benachbarte Stadtteile   ☐ Außerhalb Landshut

Quelle: KLEIN 1996, stark vereinfacht

5.3.3   Der Konsument zwischen Innenstadt und Stadtrand

Der Gegensatz von leistungsoptimierenden und kostenminimierenden Betriebsformen schlägt sich über die vorgenommene Standortwahl auch in einer Polarisation der räumlichen Ordnung nieder. In Verbindung von Kapitel 4 und 8 (Einzelhandel in der Innenstadt) soll hier das Spannungsverhältnis zwischen Innenstadt und Stadtrand knapp umrissen werden. So behauptet TIETZ (1989) eine
Funktionsteilung zwischen Stadtkern und nicht-integrierten Standorten bzw. dem
von ihm mit letzterem gleichgesetzten Shopping Center: Während die Innenstadt
eine polyfunktionale Ausrichtung mit höchster Qualität der angebotenen Waren
aufweise, beginne der Rand als „low-cost"- Standort, anspruchslos und mit entsprechendem Image, um sich dann der mittleren und gehobenen Qualität zu
nähern. Hieraus folgert Tietz, dass beide Standorte wegen ihres gegensätzlichen
Leistungsprofils im urbanen Wettbewerbsraum komplementäre Funktionen einnehmen und somit Mehrfachorientierung hervorrufen wie Lord (siehe Abschnitt
5.3.1) sie beschrieben hat.

Zahlreiche empirische Untersuchungen belegen jedenfalls, dass mit zunehmender
Distanz zwischen Innenstadt und Rand der Kundenaustausch zwischen beiden
abnimmt. Bemerkenswert erscheint, dass sich den Standortbereichen kein jeweils

spezifisches Kundenprofil zuordnen lässt. Es gibt zwar Unterschiede, aber diese erweisen sich als statistisch meist nicht signifikant. Es kann also in der Tat von Mehrfachorientierung ausgegangen werden.

Unterschiede zwischen der Innenstadt und dem Stadtrand lassen sich beim Kopplungsverhalten innerhalb der beiden Standortbereiche beobachten. So weisen BROMLEY/THOMAS (1989) nach, dass in vielen von ihr untersuchten Agglomerationen am Stadtrand die dortigen Geschäfte von den Kunden nur unterdurchschnittlich für Kopplungskäufe in Anspruch genommen werden. Als wichtige Verflechtung hat sich lediglich die Nähe von SB-Warenhaus und Baumarkt erwiesen. Dagegen können in der Innenstadt intensive Kopplungsverflechtungen beobachtet werden (vgl. Abb. 44). Dabei kommt dem Warenhaus trotz nachlassender gesamtwirtschaftlicher Bedeutung noch eine überragende Rolle zu. Es ist der einzige verbliebene großflächige Generalist und bietet somit die Chance eines Marktüberblicks in vielen Innenstadtbranchen. Hinzu kommt sein ausgeprägter Textilkern, der zusammen mit den meist von Externen geführten hochpreisigen Lebensmittelabteilungen als Frequenzbringer wirkt.

Neben dem Warenhaus sind v.a. die Branchengruppen Bekleidung und Nahrungs-/Genussmittel in zentrale Kopplungsbeziehungen eingebunden. Sie erweisen sich als willkommene Frequenzbringer für jene Branchengruppen, welche stärker im Zentrum der Innenstadt konzentriert sind. Dabei treten Kopplungsbeziehungen im comparison shopping-Bereich (Bekleidung und Schuhe jeweils mit sich selbst) oder im Bereich der komplementären Kopplung (Nahrungs- und Genussmittel, zum Teil mit Drogerien und Schreibwaren/Zeitschriften) auf. Zusätzlich wird einigen der aufgeführten Branchen eine besonders hohe Affinität zu Erlebnis und Freizeitgestaltung unterstellt (z.B. Bücher, Haushaltswaren/Geschenkartikel, Spiel/Sport, Parfümerie).

Abschließend soll das Verhältnis von Innenstadt und Stadtrand aus der Sicht der jeweiligen Stammkunden am Beispiel von Landshut betrachtet werden (KLEIN 1996). Es zeigt sich, dass die vielbeschworene Erlebnisqualität der Innenstadt kein Selbstläufer ist. So hat das historische Stadtbild in Landshut kaum Auswirkungen auf die Kaufbereitschaft. Man nimmt dieses Erlebnis gern mit, aber es ist keine hinreichende Bedingung für einen Einkaufsbesuch. Entsprechende Befragungen ergaben, dass insbesondere die Bevölkerung aus dem Einzugsgebiet die Innenstadt sehr viel rationaler sieht als die Einheimischen. Außerdem zeigt sich zum Nachteil der Innenstadt immer wieder, dass Besucher der Einkaufslagen am Stadtrand die Innenstadt in ihren Einkaufsleistungen schlechter bewerten als Innenstadtbesucher selbst.

Für beide Standortbereiche nimmt die Zufriedenheit der Haushalte mit wachsender Distanz des Wohnorts von Landshut zu. Anders als die Landshuter bewerten die auswärtigen Kunden durchgängig das Gewerbegebiet besser als die Innenstadt. Damit zeigt sich eine latente Bereitschaft zur Abwanderung von der Innenstadt zu Randstandorten, wenn dort ein entsprechendes Angebot vorgehalten wird und sich die Rahmenbedingungen in der Innenstadt nicht entscheidend verbessern.

Abb. 44   Kopplungsbeziehungen in der Innenstadt

Darmstadt

Oldenburg

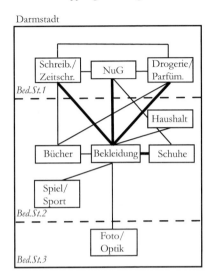

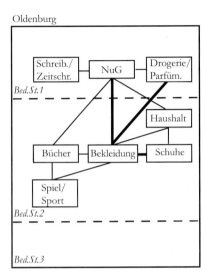

Regensburg

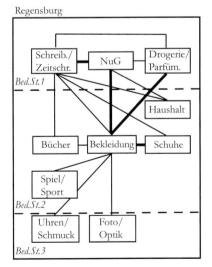

Kopplungsanteil:

—— 10% - 25%

▬▬ > 25%

Quelle: KLEIN 1995, S. 370

5.3.4   Konsumentenverhalten in Transiträumen

Mit den Transiträumen wollen wir abschließend einen jüngeren Angebotsraum und die Akzeptanz bei den Kunden diskutieren (vgl. auch DAVIES G. 1995).

Foto 4   Das Einkaufszentrum „Promenaden" im Leipziger Hauptbahnhof

Das Einkaufszentrum befindet sich direkt im Bahnhofsgebäude. Auf der obersten Ebene schließt hinter den Arkaden die Bahnhofshalle mit den An- und Abfahrtsbahnsteigen an, während der Einzelhandel v.a. die unteren Ebenen belegt.

Aufnahme Volker Bode 2001

Ausgangspunkt für den Einzelhandel in Transiträumen ist die Zunahme der Mobilität mit extremem Wachstum des Personenverkehrs, die Veränderung des Modal Splits zugunsten von Automobil und Flugzeug sowie des Fernreiseverkehrs der Bahn und der damit verbundene Bedeutungsgewinn für Transiträume wie Flughäfen, (Haupt-)Bahnhöfe und Tankstellen als häufig frequentierte Aufenthaltsräume. Von den Flächeneignern wird ein Auf- und Ausbau des Einzelhandels forciert. Dieser steht vor dem Problem, aus den Passanten mit primärem Aufenthaltszweck der Verkehrsteilnahme, der Beschäftigung im Transitraum selbst oder des Freizeitbesuchs Kunden zu machen. Ob ihm dies gelingt, hängt u.a. von den in Abb. 45 dargestellten Einflussfaktoren ab.

Abb. 45   Einflussgrößen auf das Einkaufsverhalten in Transiträumen

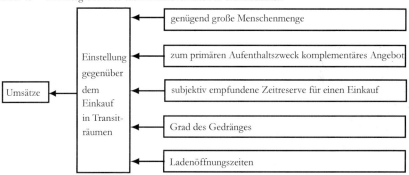

Quelle: ACHEN/KLEIN 2002, S. 20; verändert nach DAVIES G. 1995

Dabei ist eine genügend große Menschenmenge nicht nur vom rein quantitativen Potenzial möglicher Einkäufer wichtig für die Umsätze, sondern sie nimmt im qualitativen Sinne Einfluss auf die Kaufbereitschaft: Nur vereinzelt auftretende Passagiere in ansonsten menschenleeren Gängen und Fluren versetzen ebenso wenig in Kaufstimmung wie Gedränge, in dem der individuelle Bewegungsraum verloren geht. Auch das Angebot wird nur dann als solches wahrgenommen, wenn es sich sowohl von der Thematik als auch von seinem Erklärungsbedarf, der benötigten Zeit für eine Entscheidung und von seiner Transportierbarkeit möglichst gut mit dem vorrangigen Aufenthaltsgrund verträgt. Dabei steht sicher das klassische CTN (confectinery, tobacco, newspaper)-Sortiment im Mittelpunkt. Aber auch Artikel, welche den Reisebedarf abdecken, sind sinnvolle Ergänzungen dieses Angebots. Hinzu kommen – je nach Hierarchie des Transitraums im Verkehrsnetz und Kaufkraft des Publikums – auch Bekleidung, Schuhe, Uhren, Schmuck, Parfums und ausgewählte U-Elektronik. Die für den Einkauf verfügbare Zeit ist ein wichtiger Einflussfaktor auf die Kaufbereitschaft. Dabei verhindert gerade beim Flugreisenden das sog. Gate-lock-Problem, also die mentale Blockade aller anderen Aktivitäten bis der Abflugsteig erreicht ist, eine unbeschwerte

Öffnung gegenüber dem Einzelhandelsangebot. Daraus resultiert ein wichtiger Standortfaktor für den airside-Einzelhandel, da Stressfaktoren wie Einbuchung oder das Passieren der Pass- und Personenkontrolle weggefallen sind.

Während jeder der kurz vorgestellten Faktoren schon direkten Einfluss auf die Kaufbereitschaft nimmt, muss zusätzlich beachtet werden, dass die allgemeine Einstellung des Passanten gegenüber dem dortigen Einzelhandel als Filter wirkt: Oft wird er im Transitraum als deplaziert, zu teuer und ggf. zu exklusiv empfunden.

Untersuchungen am Flughafen München zeigen, dass die Kaufbereitschaft mit der zur Verfügung stehenden Zeit sowie dem Grad der Orientierung über Standort und Art des Einzelhandelsangebots, der den Anwesenden unterstellt werden kann, eindeutig ansteigt. Als wesentliche Gründe für einen Nicht-Kauf werden „kein Bedarf" (49 %) und „keine Zeit" (36 %) angegeben. Dagegen spielt die oft als überzogen unterstellte Preisgestaltung mit 3,9 % als Grund für eine Kaufenthaltung eine eher untergeordnete Rolle.

Tab. 8   Zusammenhang zwischen Hauptzweck des Aufenthalts und Kauf am landside-Standort
im MAC (München Airport Center)

Befragte nach Hauptzweck	Anzahl der Befragten	Anteil Käufer
Passagier	101	17,8 %
Besucher	86	53,6 %
Arbeitsstelle am Flughafen	128	60,2 %
Gesamt	315	39,7 %

Quelle: ACHEN/KLEIN 2002, S. 23

Beschränkt man sich bei der Durchleuchtung der Einstellung zum Einkauf am Flughafen im Folgenden auf die Passagiere, dann ergeben sich folgende Typen:

Typ Verweigerer (39 %)

Von der Grundeinstellung ist er eher ein Rationalist, welcher Preise vergleicht und feststellt, dass er außerhalb des Flughafens „besser bedient" ist. Er würde, wenn überhaupt, lediglich Artikel aus dem Bereich CTN besorgen. Charakteristische Merkmale sind: Er ist älter, reist sowohl privat als auch geschäftlich und übt überwiegend Kaufzurückhaltung, weil kein konkreter Bedarf besteht.

Typ Optimierer (31 %)

Für den Optimierer gehören Flughafenbesuch und Einkauf zusammen, wobei er sich allerdings die „reise- und standort-affinen" Angebote herauspickt: Er kauft gezielt ein, vorrangig CTN, nimmt aber auch die Angebote von Duty Free bzw. dem Nachfolger Travel Value wahr. Kunden dieses Typs sind in fortgeschrittenem Alter, eher männlich, fliegen eher aus privatem Anlass und weisen nur eine unterdurchschnittliche Kaufquote auf.

Typ Enthusiast (30 %)

Der Enthusiast spürt (noch) die Faszination Flughafen, zu der unbedingt auch Einkaufen gehört. Dies muss bequem möglich sein, er nimmt sich auch Zeit zum Bummeln. Dabei werden oft Impulskäufe getätigt, welche nicht auf CTN und Duty Free beschränkt bleiben. Zu dieser Gruppe zählen jüngere Passagiere, eher männlich, sowohl privat als auch geschäftlich viel unterwegs mit einer überdurchschnittlichen Kaufquote. Falls kein Kauf zustande kam, dann war Zeitmangel der vorrangige Hinderungsgrund.

Damit hat das Vermarktungskonzept der Flughafenbetreiber die Konsumtrends (den smart shopper, den Bequemlichkeitskäufers und den Erlebniskäufer), die im Folgenden besprochen werden, aufgegriffen.

5.4 Neuere Entwicklungen im Konsumentenverhalten

Bei der vorausgegangenen Diskussion des Konsumentenverhaltens ist implizit der Stellenwert des Konsums in der Bevölkerung als gleich hoch angesehen worden: Die bereits diskutierten Ansätze zur Erklärung der Dynamik im Handel hatten die Annahme eines kontinuierlich steigenden Lebensstandards zum Ausgangspunkt. Neuere Entwicklungen im Einkaufsverhalten scheinen aber nahe zu legen, dass dieser zentrale Stellenwert des Konsums in vielfältiger Weise zu modifizieren ist. Wichtige Einflussgrößen sind hierbei

- die Veränderung wesentlicher Rahmenbedingungen des Einzelnen mit direktem Einfluss auf das Einkaufsverhalten wie etwa der Wandel seiner Arbeitswelt und damit in Verbindung stehend das verfügbare Einkommen sowie

- der Wertewandel in der Gesellschaft, der dem Konsum neben der materiellen Bedeutung zunehmend einen immateriellen Erlebniswert beimisst.

Seit 1945 können parallel zur wirtschaftlichen Entwicklung in Deutschland unterschiedliche Phasen im Konsumentenverhalten festgestellt werden. Stand in fordistischen Zeiten die Teilnahme am (Massen-)Konsum im Vordergrund, wird der Konsum im Postfordismus mit Lifestyle und Erlebnis in Verbindung gebracht. Dies gilt jedoch nicht für alle Bereiche. Vielmehr kam es zu einer Polarisierung des Konsumentenverhaltens, das von Sparen und Verschwenden gleichzeitig gekennzeichnet ist. Während die Konsumenten bei Waren, die für sie nur Grundnutzen besitzen, eine Niedrigpreisorientierung aufweisen, ist die Ausgabenbereitschaft bei Waren mit Zusatznutzen hoch.

Es kann davon ausgegangen werden, dass das polarisierte Einkaufsverhalten insbesondere bei Konsumenten zu beobachten ist, die am Einkommenszuwachs partizipieren konnten, während Einkommensschwache weiterhin kaum Spielräume bei ihren Entscheidungen haben (KIRBY 1986). Deren Anteil steigt, da sich spätestens seit der Ölkrise der siebziger Jahre des vergangenen Jahrhunderts von Konjunkturzyklus zu Konjunkturzyklus die Sockelarbeitslosigkeit erhöht. Auf der anderen Seite argumentiert Pieper, dass gerade einkommensschwache Haushalte „ein stark polarisiertes Konsumverhalten aufweisen, da aufgrund der Knappheit der Mittel verstärkte Anstrengungen unternommen werden, die finanziellen Engpässe zu verschleiern ..." (PIEPER 2002, S. 16).

Bei der Mehrheit der Bevölkerung bleibt auf jeden Fall der Wunsch nach Teilhabe am Konsum auf qualitativ hohem Niveau bestehen. Dies hat einerseits zur Entwicklung des „smart shopper" (s.u.) geführt. Andererseits wächst aber auch der Anteil jener, welche auf das Existenzminimum zurückgeworfen werden und auch aufgrund ihrer Immobilität auf Einkaufsstandorte in der Nachbarschaft beschränkt sind ("Zwei-Drittel-Gesellschaft").

Eng mit der zunehmend globalisierten Wirtschaft verflochten ist auch die Veränderung der Arbeitswelt. Sie geht einher mit der Auflösung der wochengebundenen Arbeitszeit und einer Zunahme der Mobilität. Damit gerät der Raum-Zeit-Käfig, in den der periodische Einkauf eingebettet war, aus den Fugen. Daraus folgen ebenfalls zwei neue Trends: Zum einen entwickelt sich der **Bequemlichkeitskauf**, welcher an zeitlich unbegrenzt verfügbaren Verkaufsstellen wie z.B. Tankstellen stattfindet. Zum anderen leitet dieser Typus von Nachfrage eine neue Entwicklung der Standortwahl im Einzelhandel ein: Unter dem Slogan „bringing stores to shoppers" wartet der Handel nicht mehr nur auf den Kunden, sondern versucht auch Standorte zu besetzen, an denen sich der potenzielle Kunde zwar häufig, aber meist mit anderen als Einkaufsabsichten aufhält, etwa in **Transiträumen** an Verkehrsknotenpunkten (vgl. Abschnitt 5.3.4).

Letztlich wird im Zuge der gesellschaftlichen Entwicklung heute dem Lebensglück ein höherer Stellenwert beigemessen, dessen Steigerung durch intensives Erleben zu erreichen versucht wird. Damit steht der Erlebniskauf für ein Verhalten, das dem Konsum größeres Gewicht gibt. Verschiedene Ansätze sollen näher ausgeführt werden, um den Erlebniskauf zu definieren und zu begründen.

5.4.1   Smart Shopper

Im allgemeinen Sprachgebrauch gilt der "smart shopper" als Kundentyp, der jeden Preis in Frage stellt und deshalb gern handelt. Dies ist, wie zu zeigen sein wird, eine gehörig verkürzte Charakteristik der Einstellungen und Motive dieser Konsumentengruppe. Ihre Entstehungszeit kann um die Mitte der 1990er Jahre angesetzt werden. Die damalige Konsumwelt wird am besten durch die zwei übergeordneten Aspekte der Multioptionalität und der Preisaggressivität beschrieben. Dabei umschreibt die Multioptionalität eine wachsende Angebotsvielfalt. Die Vielzahl der so erzeugten und gleichzeitig nebeneinander existierenden Stilrichtungen kommt dem ausgeprägten Individualismus der Verbraucher entgegen.

In gedrücktem Konsumklima wächst die Bedeutung kostenminimierender Betriebsformen, insbesondere der Discounter, außerdem werden weitere preisaggressive Vertriebskanäle eröffnet. Sonderpreise werden zur Regel („Dauertiefstpreise"). Da die Verbraucher aber neben dem Preis auch der Qualität einen hohen Stellenwert bei ihrer Kaufentscheidung beimessen, versucht der Handel durch Eigenmarken einen Kompromiss zwischen einem günstigen Angebot und einer akzeptablen Qualität zu finden. Dass ihm dies gelingt, zeigen die Tests der Stiftung Warentest, die sowohl bei Gütern des Grund- als auch des Zusatznutzens den „no-name-Produkten" und Handelsmarken manchmal überlegene, oft aber mindestens gleiche oder nur unwesentlich schlechtere Qualität gegenüber den Herstellermarken bescheinigen.

Vergleicht man die Wandlung der Einstellung gegenüber dem (ideellen) Warenwert im Zeitverlauf, dann verbinden sich darin beim smart shopper die erfolgreiche Suche nach der gewünschten Qualität zum akzeptablen Preis mit der dafür aufgewendeten Zeit und dem erlebten Stress (Wartezeit, Produktauswahl).

Abb. 46   Veränderung der Einstellung gegenüber dem (ideellen) Warenwert im Zeitverlauf

$$Wert = \frac{Quantität}{Preis}$$

(Mengenorientierung)

$$Wert = \frac{Qualität}{Preis}$$

(Qualitätsorientierung)

$$Wert = \frac{Qualität}{Preis} \times \frac{Zeit}{Stress}$$

(komplexe Kaufentscheidung)

1950/60   1970/80   1990 +

Quelle: GREY Strategic Planning 1995; eigene Bearbeitung

Damit unterscheidet sich der "smart shopper" vom Schnäppchenjäger. Smart shopper wollen nicht nur den kleinen Preis, sondern sie suchen ständig die Balance zwischen Preis und Leistung und fordern sie ggf. auch aktiv durch Handeln während des Kaufes ein. Oder sie warten ein für sie günstiges Angebot ab. Billig einkaufen und dabei Geld sparen ist für sie nicht ein Wert an sich, sondern sie wollen durch ihr gezieltes Einkaufen, ihre Cleverness und ihre kritische Einstellung den Marktpartner zu einem von ihnen gewünschten Marktverhalten veranlassen und dabei Geld sparen.

Betrachtet man das mengenmäßige Auftreten dieser Konsumentenhaltung, dann erweist sich der smart shopper noch als Minderheit (vgl. Tab. 9), wenngleich er aufgrund der Jugend seiner Vertreter in der Zukunft bestimmend sein könnte.

Die Einkaufsstättenwahl der smart shopper zeigt zwei Facetten, je nachdem, ob Güter des Grund- oder Zusatznutzens besorgt werden. Bei Gütern des Grundnutzens werden eindeutig Discounter bevorzugt. Güter des Zusatznutzens werden in solchen Betriebsformen nachgefragt, welche einerseits schon kostenminimierend angelegt sind, andererseits aber auch ein Angebot mit Komponenten im mittleren und höheren Preissegment und entsprechende Qualität bieten. Dabei sollte günstigenfalls ein gewisser Spielraum für Preisverhandlungen gegeben sein, oder Hersteller und/oder Händler haben Qualität zu deutlich günstigeren Preisen im Angebot. Es ist sicher kein Zufall, dass ein großer FOC-Betreiber sich „Value Retail" nennt, denn die typischen Werbe- und Marketingaussagen beziehen sich explizit auf diese „Value for Money"-Strategie und die Cleverness des Einkaufs („Ich bin doch nicht blöd"-Werbung). Insgesamt fallen Vertriebsformen wie Fabrikverkauf/FOC, Fachmärkte (Media Markt, Pro Markt) oder Internet/E-commerce in diesen Bereich.

Tab. 9   Grundtypen in der deutschen Konsumbevölkerung

Merkmale	Schnäppchenjäger	smart shopper	Qualitätskäufer
Anteil in der Konsumbevölkerung	35 %	29 %	36 %
Einstellung gegenüber der Zukunft	verunsichert, da rezessionsbetroffen	skeptisch	optimistisch
Konsumorientierung	preisorientiert	preis-leistungsorientiert	qualitätsorientiert
Einstellung gegenüber Marken	Akzeptanz von Handelsmarken	Entscheidung von Fall zu Fall für Handels- oder Herstellermarken	Vertrauen in Herstellermarken
Alter (Schwerpunkt)	> 40 Jahre	20 – 39 Jahre	20 – 39 Jahre
Einkommen	< 4000 DM	< 4000 DM	> 4000 DM

Umrechnungskurs: 1 € = 1,95583 DM

Quelle: Market Horizons Smart Shopper Studie o.J., zitiert nach Grey Strategic Planning 1995

Raumwirksam ist das Einkaufsverhalten der smart shopper durch die Stärkung von Discountern und Fachmärkten, also von tendenziell kostenminimierenden, verkehrsorientierten Randstandorten. Hinzu kommt eine rapide abnehmende Kundentreue.

5.4.2   Bequemlichkeitskauf

Sowohl zeitlich parallel als auch teilweise in den Grundeinstellungen der Konsumenten mit dem smart shopping verwandt entwickelt sich der Trend zum Bequemlichkeitskauf (synonym: convenience). Die zugehörige Konsumwelt ist dabei wesentlich vom gesellschaftlichen Wandel und der veränderten Arbeitswelt beeinflusst worden. Die Arbeitswelt zeichnet sich durch eine zunehmende Flexibilisierung aus. Ein wesentlicher Aspekt ist auch der Rückgang geregelter Arbeitsverhältnisse mit unbefristeter Dauer, die Substitution eines Arbeitsverhältnisses durch mehrere kleinere, parallel geführte Einkommensquellen und steigende Anforderungen an die Mobilität des Arbeitnehmers bzgl. des Einsatzortes bis hin zum Verzicht auf ortsgebundene Mitarbeit. Das hat Folgen für den Versorgungseinkauf. Die Zeiten außer Haus und damit auch der Außer-Haus-Verzehr nehmen zu. Andererseits wächst auch die Freizeit, wobei die höheren Leistungsanforderungen des Erwerbslebens dazu führen, dass der dadurch erzeugte Druck auch in der Freizeit bestehen bleibt. Der subjektive Eindruck der Zeitknappheit steigt und wird durch die zur Haushaltsführung notwendigen Besorgungen noch verstärkt. Die Folge: Bedarfseinkauf wird als lästige zeitaufwändige Pflicht angesehen und demzufolge jeder dabei zu erzielende Zeitgewinn als Freizeitgewinn geschätzt.

Neben den bereits diskutierten demographischen Verschiebungen und Veränderungen der Wertemuster in der Gesellschaft sollen einige wenige Aspekte der neuen Wertehaltung skizziert werden, welche das Konsumentenverhalten beeinflussen. Hierzu zählt das „Cocooning", was als gewolltes Einspinnen in der eigenen Wohnung („zu Hause ist es am schönsten") übersetzt werden kann. Damit einher geht aber nicht etwa die Aufwertung traditioneller Haushaltätigkeiten wie Kochen und Backen. Vielmehr ist eine Hinwendung zu Fertiggerichten oder food-on-the-move–Angeboten zu beobachten, zumal Essen als soziale Tätigkeit einen Bedeutungsverlust erleidet. Andererseits wächst die innere Einsamkeit, die Bedeutung äußerer Kontakte nimmt zu. So wird die kurze Kaufkommunikation zum relevanten Aspekt bei der Einkaufsstättenwahl.

Ein dritter Gesichtspunkt ergibt sich aus den veränderten sozialen Normen. Für die steigende Zahl von Singlehaushalten nimmt der Wert der Bevorratungskäufe im herkömmlichen Sinne ab. Dies wird noch verstärkt durch ein arbeitsbedingt unstetes Leben, was die Planbarkeit der Haushaltsführung einengt. Damit stehen neben den strategisch organisierten Monatseinkäufen die an Bedeutung zunehmenden Spontankäufe, welche die aktuellen Bedürfnisse bedienen.

AUER/KOIDL (1997) haben die Schlüsselwörter in-time, instant und individuell für das Verständnis des Convenience-Kaufverhaltens gewählt. Danach steht **intime** für alle Bedürfnisse, die aus der bereits geschilderten Zeitknappheit entstehen. Dies drückt auch die Suche nach Einkaufsstätten aus, welche durch ein kombiniertes Einkaufs-Gastronomie-Dienstleistungsangebot Zeit sparen helfen.

Instant weist darauf hin, dass langfristige Ziele und Vorgehensweisen zur Steigerung der Lebensqualität und -freude als unerreichbar angesehen und durch kurzfristige, intensive Lustmomente substituiert werden. Dies gilt für die Sozialbeziehungen durch den Aufbau vorübergehender sozialer Netzwerke, die auf gemeinsamen Interessen gründen, genauso wie für den Konsum von Waren: Sofortnutzen und Sofortverzehr genießen einen wachsenden Stellenwert.

Individuell als Schlüsselwort ist bereits in der Beschreibung des smart shoppers aufgetreten. Im Zusammenhang mit dem Bequemlichkeitskauf liegt der Schwerpunkt auf dem Wunsch des Einzelnen nach Selbstbestimmung. Damit gibt es keine planbaren Konsumwellen mehr, „mainstream-Konsum" wird durch den „lifeline-Konsum" ersetzt. Die Ausdifferenzierung der Wünsche des Einzelnen findet ihre Entsprechung in individuellen Lebensstilen, welche schwer Zielgruppen zugeordnet werden können.

Fokussiert man diese Rahmenbedingungen und Wertvorstellungen auf das Konsumverhalten, dann erhalten die Bequemlichkeit des Einkaufs und die Verfügbarkeit einer Einkaufsstätte einen hohen Stellenwert. Bei reduzierter Planungsbereitschaft spielt die Befriedigung des Impulses eine große Rolle. Dies geschieht aus Anbietersicht am besten durch Komplettlösungen, also einer Kombination von Einkauf, Dienstleistung und Gastronomie, welche zudem den Vorteil der Zeitersparnis bietet. Hierbei unterstützt die klare Strukturierung des Angebotes die Orientierung im Laden, die freundliche Bedienung hilft über ein kurzes Kaufgespräch aus der Anonymität, das Rund-um-die-Uhr-Angebot erleichtert die Integration in den eigenen Zeitplan. Ähnlich wie beim smart shopper hat die Marktforschung versucht, den Wert des Einkaufs zu quantifizieren. Dabei sollte der Leser über die kaum zu realisierende Operationalisierung der Einflussgrößen hinwegsehen und vielmehr die funktionale Verknüpfung beachten, in der sie zueinander stehen (NIELSEN, TECHNOMIC, zitiert nach AUER/KOIDL 1997).

$$W = \frac{Q}{P} * Z^2 * S$$

Q = Qualität

P = Preis

Z = Zeitersparnis

S = Stressvermeidung

W = Wert des Einkaufs

Tab. 10 zeigt die Neigung zur Convenience-Orientierung bei verschiedenen sozialen Gruppen. Dabei scheinen Jüngere eher dieser Konsumhaltung verhaftet zu sein, da ihnen auch die größte Zeitnot unterstellt werden kann. Die Convenience-Orientierung sinkt mit dem Ansteigen der Haushaltsgröße. Es lässt sich keine Abhängigkeit vom Haushaltseinkommen feststellen.

Angaben über die Anteile der Convenience-Käufer in der Gesamtbevölkerung und ihre räumliche Verteilung sind schwer erhältlich, aber zweifellos sind sie in Städten und Verdichtungsräumen stärker vertreten als in ländlichen Räumen (vgl. ROSENHAMMER 1995). Die zugehörige Einkaufsstättenwahl stimmt mit derjenigen des „smart shoppers" insoweit überein, als zwischen Beschaffen und Erleben differenziert wird, d.h. es wird gemäß der momentanen Bedürfnisse die optimale Einkaufsstätte ausgewählt. Dabei besteht die Bereitschaft zum "Zapping": Als kritischer Verbraucher ist man gegenüber den Systemen der Wirtschaft und des Einzelhandels misstrauisch und hegt keine Loyalität zu Marken und Einkaufsstätten. Unter dem Bequemlichkeitsaspekt kommt dem Standort der Einkaufsstätte eine wichtige Rolle zu, denn durch verkürzte Anfahrts- und Aufenthaltszeiten kann der Kunde Zeit sparen und Freizeit gewinnen. Tatsächlich ist die Verweilzeit im Shop sehr kurz.

Tab. 10 Convenience-Orientierung nach Haushaltstypen

	Kauf-Orientierung (Angaben in % der jeweiligen Merkmalsgruppe)		
	häuslich orientiert*	teils/ teils	Convenience- orientiert
Junge Singles	10,3	26,0	63,7
Singles mittleren Alters	19,7	31,4	48,9
Junge Paare ohne Kinder	23,2	42,2	34,6
Paare mittleren Alters	38,8	34,9	26,3
HH mit Kindern	30,2	37,6	32,2
Mehrpersonen-HH mit Kindern	49,5	32,0	18,5
Alleinstehende Ältere	34,8	29,8	35,4

* „häuslich orientiert" kann mit einer stärkeren Neigung zum Plankauf gleichgesetzt werden
Quelle: AUER/KOIDL 1997, S. 90

Bei der Bewertung der Raumrelevanz dieses Verhaltens muss auf die Angebotsformen eingegangen werden. Es handelt sich dabei um bottom-up-Entwicklungen sowohl des Handels als auch handelsfremder Unternehmen. Die bekanntesten Formen sind der Kiosk und der Tankstellenshop.

Aber auch Verkaufseinrichtungen in Transiträumen zählen hierzu (vgl. Abschnitt 5.3.4) und bei weiter Fassung dieses Handelskonzepts auch Bäckereien und die Convenience-Zonen im Bereich der Kassen von Einzelhandelsbetrieben der verschiedensten Branchen.

Charakteristisch für die reinen Convenience-Shops sind die strategische Standortwahl an frequentierten Routen potenzieller Kunden sowie die individuelle Gestaltung des Angebots, welche auf das Standortumfeld Bezug nimmt. Dabei berücksichtigt der Betreiber von Beginn an sowohl den Handel als auch die Dienstleistung. Die Fläche bleibt gering, wobei heute ein Mindestwert von 40 m² anzusetzen ist.

Das Sortiment wird sehr oft ausgehend vom klassischen "CTN-Kern" (= confectionery, tobacco, newspaper) des Kiosks in Richtung Lebensmittel erweitert. Dabei werden Markenprodukte angeboten, welche über ihren Bekanntheitsgrad den zielgerichteten Einkauf erleichtern. Das eher flache Angebot spricht die vorher beschriebenen potenziellen Nachfrager durch verbrauchergerechte Portionierung und Instant-Produkte mit Sofortnutzen an, die übersichtliche Shopanordnung erlaubt ein schnelles Erschließen des Sortiments und ein rasches Abwickeln des Einkaufs. In seiner professionellen Weiterentwicklung wird eine hohe Umschlaggeschwindigkeit angestrebt, womit eine laufende Kontrolle und Auslistung der Ladenhüter notwendig wird.

Foto 5   Die Tankstelle als neuer Nachbarschaftsladen

Aufnahme Claus-Christian Wiegandt 2001

Die Dienstleistung beschränkt sich im einfachsten Fall auf das Vorhalten erweiterter Öffnungszeiten, wie sie v.a. im Zusammenhang mit der Abgabe von Reisebedarf durch das geltende Ladenschlussgesetz zulässig sind. Es können aber auch Bankautomaten, Postdienstleistungen, Toto/Lotto-Annahme, Reisebüro und weitere, dem Standort entsprechende Angebote (z.B. Kfz-Pflege) hinzukommen. Der deutliche Übergang zur Gastronomie beinhaltet auf der Warenseite v.a. das Angebot für den Direktverzehr bis hin zu Backshops und Einrichtungen der Schnellgastronomie, womit auch eine Frischepositionierung erreicht werden soll. Das übergeordnete Ziel ist der Mehrwert für den Konsumenten durch Zeitsparen und die Möglichkeit des One-Stop-Shoppings.

Die Bewertung durch die Planung ist ambivalent. Einerseits ergänzen diese neuen Einzelhandelsangebote jene Lücken, welche durch die Maßstabsvergrößerung des LM-Einzelhandels und das darauffolgende Sterben der traditionellen Kleinstläden in der Nahversorgung entstanden sind (vgl. auch die Voraussage von KIRBY, Abschnitt 2.3.3, und das Modell von AGERGARD, Abschnitt 2.3.4). Andererseits besetzen diese Shops verkehrsorientierte Standorte oder befinden sich in Transiträumen und stärken damit wiederum das sekundäre Handelsnetz. Außerdem werden die gesetzlichen Vorgaben des Ladenschlussgesetzes permanent umgangen, sowohl hinsichtlich der Öffnungszeiten als auch der Angebotsstruktur und Abgabeverordnung. Insbesondere die Tankstellenshops fallen nicht unter die planerische Begutachtung, sondern eher in den Überschneidungsbereich der Aufgabenfelder von Sozialministerium (Arbeitszeitregelung) und Wirtschaftsministerium. Dabei werden völlig andere Maßstäbe als jene der Sicherstellung einer wohnnahen Versorgung angelegt.

5.4.3 Erlebniskauf

Die bisher behandelten Ansätze gehen von einem gleichbleibenden oder sogar abnehmenden Stellenwert des Konsums in der Gesellschaft aus. In Opposition zu dieser Entwicklung hat in den letzten Jahrzehnten jedoch in Teilbereichen auch der Konsum an Bedeutung gewonnen. Laut SCHULZE (1992) haben viele Waren an Gebrauchsbedeutung (bzw. Grundnutzen) verloren und an Erlebnisbedeutung (bzw. Zusatznutzen) gewonnen.

Eine Reihe von Autoren (u.a. FREHN 1998; GERHARD 1998; QUACK 2001) heben hervor, dass mit wachsender Freizeit Einkaufen auch ein Teil der Freizeitgestaltung geworden ist. Nachfrageorientierte Begründungsansätze sehen in diesem Phänomen ein wesentliches Merkmal der postfordistischen Gesellschaft (GERHARD 1998). Hierzu trägt die veränderte Sicht von Arbeit und Freizeit bei. Die Arbeitsethik hat ihren Stellenwert als wichtigste gesellschaftliche Grundlage verloren, Freizeit wird nicht mehr nur als Restzeit gesehen, die der Erholung von und Regeneration für die Arbeit dient. Vielmehr führt der Verzicht auf langfristige Steigerung der Lebensqualität zugunsten einer kurzfristigen Erhöhung der Lebensfreude zur ständigen Suche nach Erlebnis. In Verbindung mit dem Handel sprechen Schmitz/Kölzer von Erlebnisorientierung als „Freude, sogar Sucht nach neuen Dingen und Umgebungen, entrückt werden wollen, Flucht aus der Alltäglichkeit, Wunsch nach kleinen Phantasien und Träumen, einbezogen werden wollen, auch mal im Mittelpunkt stehen wollen, Hungrigkeit nach mehr oder minder starken sensitiven Reizen, ‚high-touch-Orientierung', Dominanz von Emotionalitäten, Ungewöhnliches wird bevorzugt, entdecken wollen" (SCHMITZ/KÖLZER 1996, S. 154ff).

„Unter einem Erlebniswert versteht man den subjektiv erlebten, durch das Produkt, die Dienstleistung, das Verkaufsgespräch oder die Einkaufsstätte vermittelten Beitrag zur Lebensqualität der Konsumenten. Es handelt sich dabei um sinnliche Erlebnisse, die in der Gefühls- und Erfahrungswelt der Konsumenten verankert sind und einen realen Beitrag zur Lebensqualität der Konsumenten leisten" (WEINBERG 1992, S. 3, zitiert nach MÜLLER-HAGEDORN 1998, S. 201).

Ein so charakterisiertes Erlebnis kann weder vom Kunden noch vom Handel geplant werden. Letzterer kann nur versuchen, über die emotionale Aufladung der angebotenen Waren, über das Ambiente und die Ladengestaltung, emotionale Werbung oder bedingungslose Freundlichkeit der Bedienung Empfindungen im Kunden zu wecken, die von ihm subjektiv als Erlebnis wahrgenommen werden. Damit handelt es sich beim Erlebniskauf um einen emotionalen Prozess beim Kunden, der schwierig zu erfassen ist. So bleiben auch die in der Literatur angebotenen Definitionen in der Abgrenzung zum Einkauf als Versorgungstätigkeit eher verschwommen.

Gerhard hebt in ihrer Definition zum einen den Spontancharakter der Kaufentscheidung hervor („Wünsche werden erst während des Einkaufsbesuchs produziert"). Zum anderen unterstellt sie bestimmten Branchen (Souvenirs, Geschenke, Kleidung) einen „höheren Freizeitwert" und damit auch die Eigenschaft, „eher das Gefühl von Freizeit zu vermitteln" (GERHARD 1998, S. 30f). SCHMITZ/ KÖLZER (1996) erweitern die Warenbereiche um Spielwaren, Musik/elektronische Medien und Einrichtungsbedarf und ordnen ergänzend bestimmten Betriebsformen wie Fach- und Spezialgeschäften sowie den Standortaggregaten wie „Shopping-Malls, Basaren und Märkten" ebenfalls eine höhere Erlebnisorientierung zu. Dabei wird auf die erlebnissteigernde Integration von Gastronomie- und Kinobesuch ausdrücklich hingewiesen. Alle Autoren betonen, dass die permanente Suche nach Lebenserfüllung eine Erlebnisspirale in Gang setzt, bei der immer neue Konsummöglichkeiten mit immer neuen Erlebnisfacetten gesucht werden.

QUACK (2001) dagegen entwickelt einen angebotsorientierten Erklärungsansatz für das Auftreten erlebnisorientierter Freizeit- und Konsumangebote. Er verdeutlicht ihn anhand des CentrO Oberhausen, einem Urban Entertainment Center (UEC) mit umfangreichen Gastronomie- und Freizeiteinrichtungen neben dem Einzelhandel, und führt dessen Auftreten auf den verschärften Wettbewerb und den daraus resultierenden Profilierungsdruck der Anbieter zurück. Insbesondere die leistungsorientierten Händler nutzten solche Standorte, um ihr Angebot in einer erlebnisorientierten, thematisierten Atmosphäre emotional aufzuladen, damit den Absatz zu fördern und auch höhere Preise zu erzielen. Der Autor sieht die Verbreitung und den Erfolg von UECs als „fast schon zwingende Entwicklung" (QUACK 2001, S. 150) und lehnt es ab, hierin eine Abkehr vom Fordismus zu erkennen, da die Betreiber der UECs den emotionalen Überbau lediglich zur Kundengewinnung benutzen, um den Warenabsatz auf der bisherigen Höhe zu halten, bestenfalls zu steigern.

Unter den raumwirksamen Folgen erlebnisorientierten Konsumentenverhaltens finden sich sowohl Auswirkungen auf die Aufgabenwelt des Handels und seines Umfelds als auch auf den administrativen Rahmen und die Umwelt. Zu den Einflüssen auf die Aufgabenwelt des Handels zählt insbesondere der aus der Erwartungshaltung des Kunden resultierende Druck nach immer neuen Erlebniselementen. Das gilt zum Teil für Einzellagen, z.b. für Möbelhäuser („Die Möbel-Erlebnis-Welt"), aber angesichts enger werdender finanzieller Spielräume können einzelne Händler dem Druck v.a. in Standortgemeinschaften begegnen. Besonders geeignet erweisen sich hierbei die Shopping-Malls, welche über ihr Centermanagement flexible, multifunktionelle Angebotsstrukturen aufbauen können. Künstliche Themenbereiche können als Kulisse gewechselt, eine konstant hohe Aufenthaltsqualität, insbesondere Aufenthaltssicherheit kann garantiert und ein umfassendes Serviceangebot vorgehalten werden. Erheblich langsamer reagiert – sofern überhaupt vorhanden – das Citymanagement der Standortgemeinschaft in einer gewachsenen Innenstadt. Sollte ihm Erfolg beschieden sein, so fürchtet FREHN (1998) in der Folge eine Konzentration auf wenige zentrale Erlebnisorte finanzstarker Großstädte, die zu Lasten der kleineren Zentren und innerstädtischen Nebenzentren gehen würde.

Für die Erlebniseinkäufer weist Frehn eine steigende Entfernungstoleranz bei nachlassender Standorttreue und abnehmender Bedeutung traditioneller Einkaufsorientierungen nach. Das führt zu einer unverhältnismäßig hohen Verkehrsbelastung v.a. bei nicht-integrierten Einkaufszentren. Dagegen stellt er für die erlebnisorientierten Innenstadtbesucher eine überdurchschnittliche Benutzung von Verkehrsmitteln des Umweltverbunds fest. Dies kann aus dem Freizeitcharakter des Besuchs, der höheren Dispositionsfreiheit bei der Aufenthaltsdauer und auch dem fehlenden oder geringeren Zwang zum Transport der Ware erklärt werden.

Aus den raumwirksamen Folgen dieses Konsumentenverhaltens werden eher gegensätzliche Schlussfolgerungen gezogen. So sieht QUACK (2001) die bisherigen Planungsansätze als überholt an und untauglich, um die – ihm als sicher geltende – Entwicklung der UECs adäquat bewerten und konsumentengerecht steuern zu können. Deshalb fordert er eine Abkehr von dem bisher verfolgten versorgungsorientierten Planungsansatz und von der nach seiner Meinung überholten Fürsorgefunktion des Staates. Vielmehr müsse die Planung eine moderierende Funktion in einer dynamischen Gesellschaft übernehmen. Das bisherige Zentrale-Orte-Konzept sei ungeeignet, die neuen Entwicklungen zu integrieren. Hierzu sei eine Neuinterpretation des Bedeutungsüberschusses durch Erweiterung um freizeit- und erlebnisorientierte Elemente erforderlich.

Frehn hingegen verteidigt den bisher verfolgten Planungsansatz zur räumlichen Ordnung und Steuerung der Standortentwicklung des Handels. Er fordert, „die starken ökonomischen Kräfte auf der Angebotsseite und die gesellschaftlichen Veränderungen auf der Nachfrageseite [..] in verträgliche Bahnen" (FREHN 1998, S. 28) zu lenken. Hierzu schlägt er ein integriertes Konzept vor, um die Innenstädte in Funktion und Qualität zu stärken, die „Überzentralität" und „Übermobilität" von Mittel- und Oberzentren zugunsten der Klein- und Nebenzentren abzubauen und stadt- und verkehrsplanerische Handlungsansätze für die Innenstädte zu erstellen (FREHN 1998, S. 26).

5.4.4   Fazit

Als Fazit dieses Kapitels kann festgehalten wreden, dass sich die in Auswahl vorgestellten neuen Verhaltensweisen einer geschlossenen Erklärung entziehen. Ihre
wissenschaftliche Diskussion greift dabei nicht auf das ursprüngliche Modell des
Konsumentenverhaltens zurück. Nach wie vor kaum thematisiert wurde außerdem der Zusammenhang zwischen dem Konsumentenverhalten und der Ange-
botspolitik von Herstellern und Handel.

Bekannt ist aus Untersuchungen jedoch, dass das jeweils beschriebene Verhalten
nur auf bestimmte Segmente der Bevölkerung zutrifft. Die jeweiligen Anteile können sowohl von der jeweils herrschenden Wirtschaftskonjunktur als auch von der
Zugehörigkeit zu unterschiedlichen Konsumgesellschaften abhängig gemacht
werden. Gleichzeitig können die Verhaltenstypen aber nicht einzelnen Personen
zugeordnet werden. Vielmehr legen die Konsumenten je nach Einkaufszusam-
menhang verschiedene Verhaltensweisen an den Tag („Hybrides Kundenverhalten").

Literaturhinweise zu Kapitel 5

Einen Überblick über das Konsumentenverhalten, seine Einflussfaktoren und neueste Trends aus betriebswirtschaftlicher Sicht geben die beiden folgenden Autoren:

SCHMITZ, C.; KÖLZER, B. (1996): Einkaufsverhalten im Handel. Ansätze zu einer kundenorientierten Handelmarketing. München.

KROEBER-RIEHL, W.; WEINBERG, P. (1999): Konsumentenverhalten. München.

Verschiedene Erklärungsansätze zur Deutung von Einkaufsorientierungen vergleicht

KAGERMEIER, A. (1991): Versorgungsorientierung und Einkaufsattraktivität. Empirische Untersuchung zum Konsumentenverhalten im Umland von Passau. Passau. (=Passauer Schriften zur Geographie 9).

Empirische Studien zum Erlebniseinkauf haben beispielsweise folgende Autoren verfasst:

FREHN, M. (1998): Wenn der Einkauf zum Erlebnis wird. Die verkehrlichen und raumstrukturellen Auswirkungen des Erlebniseinkaufs in Shopping-Malls und Innenstädten. Wuppertal. (=Wuppertal Papers 80/98).

GERHARD, U. (1998): Erlebnis-Shopping oder Versorgungskauf? Eine Untersuchung über den Zusammenhang von Freizeit und Einzelhandel am Beispiel der Stadt Edmonton, Kanada. Marburg. (=Marburger Geographische Schriften 133).

Weitere aktuelle Themen wie den Einkauf in Transiträumen und den Einkaufsausflugsverkehr haben die folgenden Autoren empirisch untersucht.

ACHEN, M.; KLEIN, K. (2002): Retail Trade in Transit Areas: Introduction to a new field of Research. In: Die Erde 133 (1), S. 19-36.

JOCHIMS, C.; MONHEIM, R. (1996): Einkaufsausflugsverkehr in Stadtzentren – ein zukunftsträchtiges Marktsegment. In: Der Städtetag 49 (11), S. 729-737.

Der Passantenzählung und -befragung und somit den am häufigsten angewendeten Methoden in der Geographischen Handelsforschung widmet sich ausführlich

MONHEIM, R. (1999): Methodische Gesichtspunkte der Zählung und Befragung von Innenstadtbesuchern. In: HEINRITZ, G. (Hg.): Die Analyse von Standorten und Einzugsbereichen. Methodische Grundfragen der geographischen Handelsforschung. Passau. (=Geographische Handelsforschung 2), S. 65-131.

6 Akteure im Hintergrund: Politik und Planung

6.1 Die Aufgaben von Politik und Planung

Um die räumliche Ordnung im Einzelhandel und ihr Zustandekommen zu beschreiben und zu erklären, haben wir uns in den vorangehenden Kapiteln mit den Einzelhandelsunternehmen und den Konsumenten beschäftigt. Lässt sich damit die beobachtbare räumliche Ordnung hinreichend erfassen?

Zunächst einmal spricht vieles dafür. So ist mit dem Einzelhandel der Nachfrager nach Grundstücken ausführlich dargestellt. Flächenbedarf und Verkehrszugang in Abhängigkeit von der jeweils verfolgten unternehmerischen Zielsetzung wurden diskutiert, und mit der Betrachtung des Einkaufsverhaltens ist auch die Nachfrage nach bestimmten Betriebsformen und Standorten und damit der wirtschaftliche Erfolg berücksichtigt. Unterstellt man auf dem Bodenmarkt das freie Spiel der wirtschaftlichen Kräfte, dann würde dies bedeuten: Die beobachtete Verteilung spiegelt die optimale Lokalisierung der verschiedenen Unternehmenskonzepte wider, weil diejenige Nutzung für ein Grundstück gewählt wird, welche den höchsten Ertrag erwirtschaften kann und dementsprechend auch den höchsten Preis bietet, um die Eigentums- oder Nutzungsrechte zu erhalten.

Allerdings würde eine solche Betrachtung die Raumwirksamkeit und gesellschaftliche Bedeutung der Einzelhandelsnutzung unberücksichtigt lassen. Wie wir bereits in Kapitel 2 (Abb. 10) gesehen haben, kommen daher Politik und Planung ins Spiel. Dies ist insbesondere aus folgenden Gründen notwendig:

- Der Einzelhandel ist für die Versorgung des Einzelnen und somit auch für das Funktionieren eines Gemeinwesens unabdingbar. Versucht man weiterhin, den Beschaffungsaufwand für bestimmte Güter so festzulegen, dass nur eine zumutbare individuelle Mobilität erforderlich ist (Stichwort: wohnnahe Versorgung), dann kann auch die räumliche Ordnung des Einzelhandels nicht nur als Ergebnis der Standortentscheidung von Einzelbetriebswirtschaften hingenommen werden.

- Gerade weil der Einzelhandel zu den wirtschaftlich ertragreichsten Arten der Bodennutzung zählt, hat die Standortwahl auch Einfluss auf das Preisgefüge im Markt, der sich durch ein knappes Angebot auszeichnet. Dies kann die Verdrängung gesellschaftlich erwünschter Nutzungen zur Folge haben.

- Mit der Entscheidung für eine bestimmte Branche und Betriebsform legt der Einzelhändler implizit auch den von ihm zu erbringenden finanziellen Aufwand für die Gestaltung des Baukörpers fest. So werden z.B. LM-Discounter und Fachmärkte aus Kostengründen einfachste Bauweisen, nach Möglichkeit sogar mit einer genormten Raumaufteilung und Außenfassade bevorzugen. Damit stellt sich die Frage nach der städtebaulichen Integration.

- Darüber hinaus bedeutet die Entscheidung für eine Branche, Betriebsform und einen Standort auch die Festlegung eines potenziellen Einzugsgebiets. Dies macht den Standort zum Zielpunkt von Interaktionen. Diese sind mit Verkehr verbunden, was die Bereitstellung von Flächen für den ruhenden Verkehr und die Belastung des Verkehrsnetzes durch den fließenden Verkehr nach sich zieht. Durch den Kunden- und Lieferverkehr ergeben sich für die Anlieger Umweltbelastungen durch Lärm und Abgase.

Systematisiert man also die Auswirkungen der Entscheidung eines Grundstückseigentümers für eine Einzelhandelsnutzung, dann berühren sie auf verschiedenen Maßstabsebenen die bauliche und sonstige Nutzung des Bodens, die räumliche Entwicklung der Flächennutzung und übergeordnete Aspekte der Daseinsvorsorge und der Umweltqualität sowie die Art der Gestaltung der unmittelbaren Objektwelt. Diese systemhaft vernetzten Auswirkungen auf den verschiedenen Maßstabsebenen werden vom Marktmechanismus nicht geregelt. Vielmehr zeigt sich, dass er trotz seines Ergebnisses einer rational begründbaren, wirtschaftlich optimalen räumlichen Nutzungsverteilung „einerseits sozial blind, andererseits für langfristige Dispositionen unempfindlich ist" (ALBERS 1988, S. 15). Weil darüber hinaus die Marktwirtschaft nicht verhindert, dass durch die Entscheidung für eine Nutzung eine nicht mehr von allen akzeptierte räumliche Ordnung entsteht (Ausdünnung des Einzelhandelsnetzes, Belastung der Umwelt durch Verkehr und Versiegelung etc.), sind Politik und Planung gefordert, Einfluss zu nehmen.

In Anlehnung an Albers wird Planung als „Bemühen um eine den menschlichen Bedürfnissen entsprechende Ordnung des räumlichen Zusammenlebens" verstanden (ALBERS 1988, S. 4). Wesentlich im zu behandelnden Kontext ist, dass sie dazu Kenntnisse benötigt, wie der zu planende Sachverhalt – hier: die räumliche Ordnung des Einzelhandels – mit den übrigen, für die Ordnung des räumlichen Zusammenlebens wichtigen Sachverhalten zusammenhängt. Darauf aufbauend erarbeitet sie einen Entwurf, wie Flächennutzung und Verkehrswege angeordnet und Baukörper gestaltet werden sollen, wobei politisch vorgegebene Grundsätze, z.b. des sparsamen Umgangs mit knappen Ressourcen oder der Wirtschaftlichkeit, beachtet werden müssen. Für den Einzelhandel bedeutet dies, dass Planung das Recht auf individuelle Nutzung des Bodens einschränken kann. Um Willkür zu vermeiden, muss sie sich hierbei auf gesetzliche Grundlagen beziehen können.

Bevor auf die Einflussnahme der Planung im einzelnen eingegangen wird, soll der zentrale Begriff der Ordnung kurz angesprochen werden. Dabei ist nicht wertend an eine absolut oder relativ beste räumliche Ordnung gedacht. Vielmehr wird eine wissensbasiert gesteuerte Raumentwicklung im Rahmen des jeweils gültigen Zielsystems angestrebt. Da jede Entwicklung nur über Veränderung zu erreichen ist, kann eine geordnete Entwicklung so verstanden werden, dass Konflikte, welche durch unterschiedliche individuelle Ansprüche an den Raum entstehen, auf der Basis vorausschauender Abwägungen gelöst werden. Die Planung analysiert daher zunächst die Ausgangssituation, legt dann Entwicklungsziele fest und steckt durch Ausarbeitung von Planungsalternativen den verfügbaren Handlungsspielraum ab. Die nachfolgenden Ausführungen geben die Verhältnisse in Deutschland wieder. KULKE (1992ᵇ) verweist darauf, dass die Notwendigkeit der Einflussnahme auf die räumliche Ordnung und die Standortgestaltung des Einzelhandels in anderen Ländern zum Teil nicht oder doch nur eingeschränkt gesehen wird. Hierzu verweist er insbesondere auf die USA. Aber auch die unterschiedliche Entwicklung des Einzelhandels in den unterschiedlichen politischen Systemen der ehemaligen DDR und der BRD führten uns die Wirkungen von Politik und Planung deutlich vor Augen.

Außerdem beschränken wir uns auf den Bereich der politischen Einflussmöglichkeiten, die durch die Planungsbehörden umgesetzt werden. Andere politische Regelungen wie das Arbeits-, Wettbewerbs- oder Kartellrecht oder auch die Regelung zum Dosenpfand bleiben bewusst außer Acht, auch wenn sie ebenfalls räumliche Auswirkungen mit sich bringen können. So scheint es z.b. wahrscheinlich, dass von der Liberalisierung des Rabattgesetzes v.a. die filialisierten Unternehmen, die sich intensiv der medialen Werbung bedienen, profitieren werden und damit insbesondere die hoch filialisierten nicht-integrierten Lagen. Auch bei den Ladenöffnungszeiten liegt es nahe, dass primär filialisierte Betriebe und damit v.a. die nicht-integrierten Lagen profitieren werden, da eine Ausweitung der Öffnungszeiten v.a. bei kleineren, eigentümergeführten Geschäften, bei denen der Inhaber selbst hinter der Theke steht, kaum möglich ist. Andererseits eröffnet die Liberalisierung der Ladenöffnungszeiten gerade auch für selbständige Einzelhändler die Möglichkeit, zeitliche Nischen beispielsweise im Nahversorgungsbereich zu nutzen.

6.2   Die Planungsebenen und ihre Einflussmöglichkeiten

Kommunale Ebene

In der Hierarchie der Planungsebenen vom Bund über Land, Region und Kommune verfügt letztere über die größten Einflussmöglichkeiten, denn bei Fragen der Einzelhandelsansiedlung liegt die Planungshoheit bei den Gemeinden. Die politischen Gremien (Gemeinde- bzw. Stadtrat) haben als gewählte Vertreter die Aufgabe, den Willen der Bevölkerung adäquat in politischen Zielen abzubilden. Die Politik gibt also den Anstoß bzw. die Zielrichtung für die Planung vor. Die Umsetzung erfolgt dann über die Planungsabteilung der Gemeinde- bzw. Stadtverwaltung, u.U. unter Hinzuziehung privater Planungsbüros. Aber auch wenn die Kommunen Träger der Planungshoheit sind, können sie sich nur innerhalb des von Bund und Ländern gesetzten Rahmens bewegen. Die Grundlage für die Ansiedlung von Einzelhandelsbetrieben bildet dabei das Baugesetzbuch (BauGB); die Baunutzungsverordnung (BauNVO) ergänzt dieses in Bezug auf Art und Maß der baulichen Nutzung, die Bauweise sowie die überbaubaren Grundstücksflächen.

Im Folgenden sollen die Einflussmöglichkeiten nach dem Grad ihrer Wirksamkeit auf den Einzelhandel besprochen werden. Dabei wird nach rahmensetzenden, direkt einzelhandelsbezogenen und indirekt auf den Einzelhandel wirkenden Planungsvorstellungen bzw. Maßnahmen unterschieden.

Abb. 47   Übersicht der rahmensetzenden und direkt bzw. indirekt auf den Einzelhandel wirkenden Planungsvorstellungen bzw. Maßnahmen

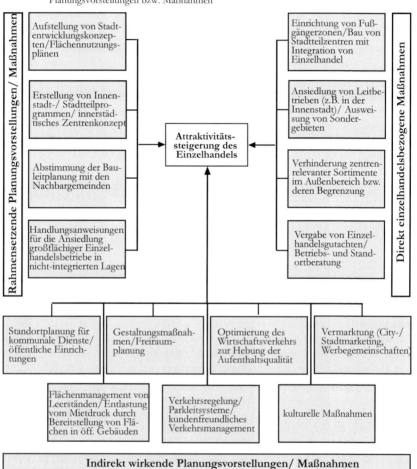

Quelle: nach HATZFELD 1987, S. 68f

Die rahmensetzenden Planungsvorstellungen/Maßnahmen bilden die Grundlage für die Herstellung der angestrebten räumlichen Ordnung. Sie dienen den potenziellen privaten und öffentlichen Investoren zur Orientierung und der Verwaltung als Basis für ihre Koordinierungsaufgaben. Für den Einzelhandelsinvestor gibt die gemeindliche Flächennutzungsplanung einen solchen Orientierungsrahmen ab.

Abb. 48   Mögliche Einzelhandelsnutzung in den Gebietstypen des Flächennutzungsplans nach der BauNVO

Kürzel	Bezeichnung	Zulässigkeit von Einzelhandelsbetrieben
KE	Kerngebiet	... dient vorwiegend der Unterbringung von Handelsbetrieben sowie den zentralen Einrichtungen der Wirtschaft, der Verwaltung und der Kultur. In Teilgebieten kann außerdem Wohnnutzung zugelassen bzw. ein bestimmter Anteil an Wohnungen festgeschrieben werden.
WR	Reines Wohngebiet	... dient dem Wohnen; ausnahmsweise können Läden und nicht störende Handwerksbetriebe, die zur Deckung des täglichen Bedarfs für die Bewohner des Gebiets dienen, zugelassen werden.
WA	Allgemeines Wohngebiet	... dient vorwiegend dem Wohnen; Läden zur Versorgung des Gebiets sind jedoch generell zulässig sowie auch eine Reihe weiterer Funktionen (z.B. Schank- und Speisewirtschaften, soziale und kulturelle Einrichtungen).
MI	Mischgebiete	... dienen dem Wohnen und der Unterbringung von Gewerbebetrieben, die das Wohnen nicht wesentlich stören; Einzelhandel ist zulässig.
GE	Gewerbegebiet	... dient vorwiegend der Unterbringung von nicht erheblich belästigenden (produzierenden) Gewerbebetrieben. Es hat sich aber eingebürgert, dass angesichts geringerer Nachfrage aus diesem Sektor und einer angespannten Arbeitsmarktlage zunehmend auch Einzelhandelsbetriebe angesiedelt werden.
SO	Sondergebiet	Sondergebiete können für diverse Nutzungen ausgeschrieben werden, u.a. für Einkaufszentren und anderen großflächigen Einzelhandel => §11 (3). Das SO erlaubt außerdem weitere Einschränkungen der Handelsnutzung, z.B. hinsichtlich der Verkaufsfläche und/oder der angebotenen Sortimente.

Quelle: BauNVO 1993

Während kleine Einzelhandelsbetriebe der Bedarfsstufe 1 in ihrer Standortwahl also kaum beschränkt sind (vgl. Abb. 48), ist großflächiger Einzelhandel in aller Regel nur in Kern- und Sondergebieten zulässig. Grundlage für die Beurteilung der Großflächigkeit ist die sogenannte Vermutungsregel des §11 (3) BauNVO, die besagt, dass bei Betrieben ab 1.200 m² Geschossfläche von nicht unerheblichen Auswirkungen ausgegangen werden kann. In entsprechenden Verordnungen wird dieser Grenzwert mit einer Verkaufsfläche von 700 bzw. 800 m² Verkaufsfläche gleichgesetzt. Mit dieser Regelung will der Gesetzgeber u.a. ausschließen, dass von dem ansiedlungswilligen Betrieb eine Schädigung der Umwelt ausgeht, das Orts- und Landschaftsbild sowie der Naturhaushalt beeinträchtigt oder die vorhandene Verkehrsinfrastruktur überlastet wird. Darüber hinaus soll auch einem

Eingriff in das Versorgungsgefüge des übergeordneten Verflechtungsbereichs vorgebeugt werden. Der Gesetzgeber vermutet also etwa für den Fall einer Ansiedlung eines SB-Warenhauses, das eine Durchschnittsgröße von 7.000 m² Verkaufsfläche hat, dass hierbei die bestehende wohnnahe Versorgung, die von kleineren LM-Läden und dem Nahrungsmittelhandwerk getragen wird, irreversibel geschädigt werden könnte. Bei derartigen Bauanträgen ist daher immer Anlass für eine landesplanerische Überprüfung durch die übergeordnete Behörde gegeben. In der Regel werden große Teile der Innenstädte bzw. in größeren Städten auch Stadtteilzentren in den Flächennutzungsplänen (FNP) als Kerngebiete ausgewiesen. Dies ermöglicht neben der Ansiedlung aller Betriebsformen und -größen auch eine hohe Nutzungsmischung. Sollen großflächige Betriebe außerhalb der Kerngebiete angesiedelt werden, ist die Ausweisung als Sondergebiet notwendig. Dabei hat die Gemeinde die Verpflichtung, bei der Ausweisung eines Sondergebietes für den Einzelhandel städtebauliche Gesichtspunkte und die Aussagen in den für sie gültigen Raumordnungs- und Landesentwicklungsplänen zu berücksichtigen. Darüber hinaus ist sie nach § 2 (2) BauGB gehalten, ihre Bauleitplanung mit den Nachbargemeinden abzustimmen. Zur weiteren Steuerung der Einzelhandelsentwicklung kann hier eine Sortimentsbeschränkung vorgenommen werden, d.h. die Nutzung kann auf ein oder mehrere Sortimente beschränkt bzw. ein oder mehrere Sortimente können ausgeschlossen werden. Als planerisches Leitbild hat sich in den letzten Jahren in diesem Zusammenhang die Einteilung in zentren- bzw. innenstadtrelevante und nicht zentren- bzw. nicht innenstadtrelevante Sortimente durchgesetzt. Ziel dieser Differenzierung ist es, einer weiteren Schwächung der Innenstädte durch eine Arbeitsteilung zwischen integrierten und nicht-integrierten Standorten entgegenzuwirken. Als zentrenrelevant werden dabei nach HATZFELD (1995, S. 67f) Sortimente eingestuft, die

- zur Belebung der Innenstadt beitragen, weil sie viel Publikum anziehen (Kundenfrequenz),
- häufig in Verbindung mit anderen Innenstadtangeboten besucht werden (Kopplungsaffinität),
- aufgrund ihrer relativ geringen spezifischen Flächenansprüche städtebaulich integrierbar sind (Integrationsmöglichkeit) und
- Waren anbieten, die leicht transportierbar sind (Handlichkeit).

Als typisch zentrenrelevant gelten beispielsweise Bekleidung, Schuhe und Lederwaren, Uhren und Schmuck, Foto und Optik oder Bücher. Als typisch nicht-zentrenrelevant werden hingegen Möbel, Bau- und Heimwerkerbedarf, Bodenbeläge, Kfz sowie Boote angesehen. So sinnvoll und v.a. eindeutig dies auf den ersten Blick erscheinen mag, so einfach ist es in der Realität jedoch nicht. So gibt es eine Reihe von strittigen Sortimenten wie z.b. Elektrowaren, Haushaltsartikel, Sportartikel, Nahrungs- und Genussmittel (v.a. Getränke) oder Beleuchtung, bei denen eine Zuordnung zu einer der Gruppen aus diversen Gründen nicht leicht fällt. Eine allgemeingültige Regel gibt es dabei nicht, hier muss die individuelle Ist-Situation der Stadt Berücksichtigung finden. Wichtige Parameter hierbei sind die Stadtgröße, die bauliche Struktur des Stadtzentrums und die ihr zugrunde liegende Grundbesitzverteilung sowie die aktuelle Situation des Einzelhandels in der Stadt, insbesondere die räumliche Verteilung. So haben Waren der Bedarfsstufe 1 für Ortsmitten kleinerer Gemeinden eine sehr viel höhere Bedeutung für die Vitalität des Einzelhandelsstandorts als in Großstädten (vgl. HEINRITZ/SCHRÖDER 2000). Um so problematischer ist es, wenn z.b. in Bayern und Nordrhein-Westfalen landesweit gültige Listen als Grundlage für die Planung beschlossen werden.

Eine wichtige Einflussmöglichkeit kommt der Sortimentsdifferenzierung auch bei der Beschränkung sogenannter Neben- oder Randsortimente zu. Denn Baumärkte, Gartencenter, SB-Warenhäuser, Möbelhäuser und ähnliche Betriebe, die in aller Regel an nicht-integrierten Standorten angesiedelt sind und deren Hauptsortiment auch nicht zentrenrelevant ist, führen oftmals auch zentrenrelevante Sortimente in einem Ausmaß, dass eine Gefährdung der Funktionsfähigkeit der Innenstadt nicht mehr ausgeschlossen werden kann.

Sind von einer Gemeinde Nutzungsbeschränkungen vorgesehen, so werden diese in den textlichen Erläuterungen des Bebauungsplans festgehalten, in denen die Planung auf der Grundlage des Flächennutzungsplans konkretisiert wird.

Als oberstes Gebot der Planung gilt trotz dieser Beschränkungsmöglichkeiten, dass durch sie keine Wettbewerbsverzerrungen bewirkt werden dürfen. Jedem Einzelhandelsbetrieb muss unabhängig vom vorhandenen Bestand prinzipiell die gleiche Chance eingeräumt werden, sich ansiedeln und seine Geschäftskonzeption realisieren zu können. So können neue Betriebsformen auch nicht per se ausgeschlossen werden (vgl. Diskussion um die Verhinderung von FOCs).

Mit der Ausweisung von Sondergebieten und der Bereitstellung von geeigneten Flächen für die Ansiedlung neuer Betriebe sind wir nun eigentlich schon zu den direkt einzelhandelsbezogenen Planungsvorstellungen bzw. Maßnahmen übergegangen. Zu diesen Maßnahmen gehört z.B. auch die Vergabe eines Einzelhandelsgutachtens, um die für die kommunale Planung erforderlichen, der Gemeinde häufig aber nicht vorliegenden Daten zu erheben, zu analysieren und entsprechende Vorschläge zu unterbreiten. Diese Gutachten sind oft Grundlage für die kommunale Wirtschaftsförderung, um ansiedlungswillige Einzelhandelsbetriebe zu beraten und gezielt nach fehlenden Angebotsträgern und neuen innerstädtischen Leitbetrieben zu suchen und diese auch zur Ansiedlung zu bewegen.

Indirekt wirkende (ergänzende) Planungsvorstellungen und Maßnahmen werden ergänzend zur Attraktivitätssteigerung von Standortbereichen entwickelt bzw. eingesetzt. Hierzu zählen vielfach gestalterische Verbesserungen der Einkaufsbereiche, wie sie besonders im Rahmen der Städtebauförderung möglich sind. Dabei ist z.b. an die Einrichtung einer Fußgängerzone oder die Verbesserung der Verkehrs- und Parksituation zu denken. Aber auch die Planung der Standorte kommunaler Dienste und Einrichtungen mit Magnetwirkungen wie z.b. Außenstellen der Verwaltung, Stadtbücherei und (vor ihrer Privatisierung) der Post gehört in dieses Maßnahmenpaket.

Zu den indirekt wirkenden Maßnahmen zählt außerdem die Förderung der Kundenbindung an den Einkaufsstandort. Letzteres kann z.b. über die Initiierung von Werbegemeinschaften unter kommunaler Beteiligung und ein gezieltes Marketing im Einzugsgebiet erreicht werden.

Trotz all dieser planerischen Möglichkeiten der Kommunen kann die Ansiedlung eines erwünschten Betriebs aber nicht erzwungen werden. Das ist u.a. für jene Gemeinden im ländlichen Raum ein Problem, in denen es keinen Einzelhandelsbetrieb mehr gibt. Über die oben angesprochenen gestalterischen Maßnahmen allein lässt sich dieser Mangel nicht beheben. Eine Lösung kann hingegen darin bestehen, Einzelhandelsflächen durch die Gemeinde bereitzustellen, die dann an eigens konstituierte Initiativen oder Vereine für die Einrichtung eines Dorfgemeinschaftsladens kostengünstig vermietet werden können.

Übergeordnete Planungsebenen

Wechselt man auf überörtliche Planungsebenen wie Planungsregionen und Länder, so werden dort in der Regel nur Planungsvorstellungen entwickelt, welche die Rahmenbedingungen für den Einzelhandel festlegen. Als einzige wichtige direkte Maßnahme ist das von der Regionalplanung vorzunehmende Begutachtungsverfahren für Ansiedlungsbegehren großflächiger Einzelhandelsbetriebe zu nennen, welches im Ergebnis auch Ansiedlungen verhindern oder nur unter Flächen- und Sortimentsbeschränkungen zulassen kann.

Grundlage der planerischen Einflussnahme sind neben der Raumordnungsgesetzgebung des Bundes auch die Raumordnungsprogramme und ergänzende Verordnungen. Sie geben von ihrem Ansatz her noch sehr stark eine räumliche Ordnung des Einzelhandels vor, welche dem zentralörtlichen Modell Christallerscher Prägung nahe kommt. Das bedeutet, es gibt eine eindeutige Einstufung der Kommunen in die Hierarcheränge Oberzentrum, Mittelzentrum und Unterzentrum. Wietere Abstufungen können von nachfolgenden Planungshierarchien vorgenommen werden. Die räumliche Auswahl und Einstufung beachtet dabei den Grundsatz, dass in allen Landesteilen die zentralen Einrichtungen entsprechend dem Bedarf in zumutbarer Entfernung angeboten werden. Weiterhin gilt, dass höherrangige zentrale Orte zugleich auch die Versorgungsaufgaben niederrangiger zentraler Orte übernehmen. Eine Festlegung der Einzelhandelsausstattung je Hierarcherang erfolgt vielfach durch Umschreibung der Versorgungsreichweite für den jeweils höchstrangigen Teil des Angebots. Danach soll ein Oberzentrum Einrichtungen für den spezialisierten höheren Bedarf aufweisen, die Ausstattung eines Mittelzentrums kennzeichnen Einrichtungen für den gehobenen Bedarf und Unterzentren sollen die Bedarfsstufe 1 und Teile der Bedarfsstufe 2 anbieten.

Die Einbindung der zentralen Orte in Siedlungsachsen sowie die Ausführungen in den Landesentwicklungs- und Regionalplänen zeigen, dass diese räumliche Ordnung neben dem Einzelhandel auch andere öffentliche und nicht-öffentliche Einrichtungen bündeln und gleichzeitig die Investitionen v.a. in die überörtliche Verkehrsinfrastruktur ausnutzen möchte. Dies kommt auch dadurch zum Ausdruck, dass nicht jede Gemeinde befugt ist, großflächigen Einzelhandel anzusiedeln. In aller Regel bleibt dies zentralen Orten ab dem Rang eines Unterzentrums bzw. Siedlungsschwerpunkts vorbehalten. Des weiteren wird der Konzentration des Einzelhandels in städtebaulich integrierten Lagen Vorrang vor nicht integrierten Standorten eingeräumt, um eine Entwertung bereits geleisteter Investitionen in den ÖPNV und auch der gesamten Zentrale-Orte-Struktur zu verhindern.

Da eventuelle negative Auswirkungen von Einzelhandelsprojekten nicht an Gemeindegrenzen Halt machen, wird in den letzten Jahren eine übergemeindliche Kooperation bzw. Planung über die Beteiligung der betroffenen Gemeinden im Rahmen der landesplanerischen Überprüfung hinaus diskutiert. Derartige regionale Einzelhandelskonzepte weisen für sinnvolle räumliche Einheiten, die durch gemeinsame Versorgungsbeziehungen gekennzeichnet sind, Potenziale für weitere Ansiedlungen aus. Im Sinne einer nachhaltigen Entwicklung kann so ein „Wettrüsten", das in der Regel zu diffusen Angebotsstrukturen sowie Überbesatz führt, vermieden werden. Erste Versuche einer interkommunalen Planung wurden beispielsweise in Hannover (KOSCHNY/MENSING/ROHR 1998) und in Koblenz/Neuwied (LÜTHJE 1999) unternommen. Einigkeit besteht in diesem Zusammenhang darüber, dass die gesetzlichen Rahmenbedingungen für ein regionales Konzept prinzipiell gegeben sind. Ein nicht zu unterschätzendes Problem bei der Umsetzung regionaler Einzelhandelskonzepte liegt jedoch in der Vielzahl von Beteiligten, die im Interesse der Region eine Beschneidung der gemeindlichen Planungshoheit hinnehmen und damit im Zweifelsfall zu Gunsten der Nachbargemeinde auf eine Ansiedlung verzichten müssen.

6.3 Divergierende Planungshorizonte und Konfliktbeziehungen

Stadt und Handel sind prinzipiell aufeinander angewiesen: So ist die Stadtentwicklung in den Bereichen Versorgung, Arbeitsmarkt, Investitionen in die Bausubstanz, Kommunikation und Freizeiterlebnis auf den Einzelhandel angewiesen. Der Handel wiederum benötigt geeignete, gut erschlossene Standorte und ein ausreichendes Nachfragepotenzial. Einzelhandel und Planung besitzen aber unterschiedliche Zielhorizonte. Der Zielhorizont der Planung ist auf einen langfristigen

Ausgleich von Nutzungskonkurrenzen auf der Basis jeweils gültiger gesellschaftlicher Vorstellungen ausgerichtet. Hingegen dominiert beim privatwirtschaftlich geführten Einzelhandel die Sicherung oder Vergrößerung des Marktsegments, wobei die Anpassung an die sich dynamisch verändernde Wettbewerbssituation zu kurzfristigen Entscheidungen zwingt. Im Konfliktfall ist die Planung gegenüber dem Einzelhandel im Nachteil. Daraus lässt sich ableiten, dass planerische Maßnahmen im Bereich des Einzelhandels v.a. dann effektiv sind, wenn sie die Rahmenbedingungen und Entwicklungstrends des Handels berücksichtigen.

Planerische Eingriffe können aber auch entgegen ihrer Absicht, konfliktminimierend zu wirken, auf Widerstand der Betroffenen stoßen. Im Folgenden werden die angesprochenen Konfliktpaarungen unter Angabe der Reaktionsrichtung der beteiligten Akteure systematisch behandelt.

Planung ▶ Einzelhandel

Einzelhandelsbetriebe versuchen, durch die Planung vorgegebene unliebsame Beschränkungen von Verkaufsflächen und Sortimenten zu umgehen. Dies kann z.b. zur Entwicklung neuer oder Weiterentwicklung bereits bestehender Betriebsformen führen. Der § 11(3) BauNVO hat Rationalisierungsbestrebungen innerhalb des Verkaufsraums der Supermärkte ausgelöst mit dem Ziel, knapp unterhalb der genehmigungspflichtigen Schwelle der Vermutungsregel zu bleiben und dennoch an der internen Einzelhandelsentwicklung (z.b. Produkt- und Logistikinnovationen) teilnehmen zu können. Begleitend hierzu sind mit der Einführung dieser neugestalteten Betriebsform innerhalb der Mehrbetriebsunternehmen umfangreiche Neubewertungen bestehender Filialstandorte vorgenommen worden, um die planerisch verfügte Verknappung von möglichen Standorten aufzufangen.

Einzelhandel ▶ Planung

Über ihre jeweiligen Interessenvertreter nehmen insbesondere der innerstädtische Einzelhandel (z.b. über den BAG = Bundesarbeitsgemeinschaft der Mittel- und Großbetriebe oder den HDE = Hauptverband des deutschen Handels etc.), aber auch die Vertreter der nicht-integrierten Standorte (BFS = Bundesverband der Filialbetriebe und Selbstbedienungswarenhäuser) umgekehrt auch Einfluss auf die Entwicklung der Planung. So werden die Verbände regelmäßig zu neuen Gesetzesvorlagen oder der Fortschreibung der Landesentwicklungsprogramme gehört. Der Einfluss ist hier v.a. deswegen nicht zu unterschätzen, weil dem Einzelhandel in der Innenstadt eine wichtige Rolle bei der Erhaltung ihrer Funktionsfähigkeit zugeschrieben wird.

Planung ◀▶ Planung

Divergierende Ziele können auch innerhalb der Planung(en) und dort auf unterschiedlichen Ebenen auftreten. So sieht beispielsweise die Stadtplanung in der Ansiedlung eines Einkaufszentrums auf der „Grünen Wiese" eine Gefährdung für die Innenstadt. Die städtische Wirtschaftsförderung wird hingegen die Schaffung von Arbeitsplätzen sowie die Steigerung der Gewerbesteuer hervorheben und unterstützen. Auf der Ebene der Landesministerien bestehen ebenfalls unterschiedliche Interessen bezüglich des Einzelhandels. In Bayern sind beispielsweise der Städtebauförderung und damit der Obersten Baubehörde im Bayerischen Ministerium des Innern unter dem Eindruck der FOC-Diskussion einzelhandelsrelevante Abschreckungsmittel in die Hände gegeben worden. Will eine Gemeinde an einem nicht-integrierten Standort ein Einzelhandelsgroßprojekt verwirklichen, muss sie dieses nicht nur dem bereits diskutierten landesplanerischen Überprüfungsverfahren nach den Vorgaben des Ministeriums für Landesentwicklung und Umweltfragen unterwerfen, sondern auch einer städtebaulichen Begutachtung. Dort wird geprüft, ob eine Ansiedlung der vorgesehenen Einzelhandelsbetriebe und -funktionen auch im geförderten Innenstadtbereich möglich wäre. Sollte dies nicht der Fall sein, bleibt zu prüfen, ob bei Errichtung derselben am nicht-integrierten Standort eine Entwertung der bereits eingesetzten städtebaulichen Mittel – z.B. durch Betriebsaufgaben des Innenstadteinzelhandels – zu erwarten wäre. Trifft dies zu, muss die Gemeinde die bereits erhaltenen Mittel der Städtebauförderung zurückzahlen und fällt aus der zukünftigen Förderung heraus. Ansiedlungsvorhaben werden auf diese Weise also zwei unterschiedlichen Bewertungsverfahren unterworfen. Dabei darf die Landesplanung den Einzelhandelsbestand nicht berücksichtigen, während die städtebauliche Begutachtung gerade den Nachweis verlangt, dass der Einzelhandelsbestand in der Innenstadt nicht unzumutbar geschwächt wird.

Politik ► Planung

In Zeiten schwächeren Wirtschaftswachstums versucht die Politik auf verschiedenen Maßstabsebenen, dem Einzelhandel Wettbewerbsvorteile zu verschaffen. Ansatz hierzu bieten das Ladenschlussgesetz und die jeweiligen Ausnahmeregelungen für Fremdenverkehrs- und Transitstandorte. Dabei stehen zunächst die Arbeitszeitregelungen und die Abgabenverordnung (Verkauf von Waren außerhalb der allgemeinen Ladenöffnungszeiten) im Vordergrund. Ausnahmen werden hierbei nicht aus raumplanerischer Sicht verfügt, sondern unter dem Blickwinkel der Erhaltung einer funktionstüchtigen Verkehrsinfrastruktur (Tankstellen, Regionalbahnhöfe) und Stärkung der Wirtschaft (Fernbahnhöfe, Flughäfen, Fremdenverkehrsorte). So finden sich beispielsweise in den auf Landesebene verabschiedeten Verordnungen zum Ladenschlussgesetz entsprechende Höchstgrenzen für Einzelbetriebe und Gesamtflächen für Verkehrsflughäfen, die etwa dem Flughafen Frankfurt 20.000 m² Verkaufsfläche erlauben bei einer Maximalgröße eines Einzelbetriebs von 100 m², ohne jedoch aus landesplanerischer Sicht eine Überprüfung dieses nicht-integrierten Standortes nach § 11(3) BauNVO vorzunehmen.

Einzelhandel ▶ Planung ◀▶ Politik ◀ Einzelhandel

In der Praxis entzünden sich oft an einzelnen Ansiedlungsvorhaben mehrere Konflikte, wie die FOC-Diskussion beispielhaft zeigt. Die privaten Investoren derartiger Vorhaben streben als Standort eine Autobahnausfahrt auf halbem Weg zwischen großen Verdichtungsräumen oder ein frequentiertes Touristikziel an. Die angebotenen Sortimentschwerpunkte sind – wenn auch qualitativ sehr hochwertig – identisch mit denen des Innenstadthandels, die Preise allerdings erheblich reduziert. Der bereits ansässige Einzelhandel, welcher oft die gleichen Marken zu höheren Preisen vertreibt, protestiert zum Teil heftig und appelliert an verschiedene Ebenen von Politik und Planung. Die Planung wiederum fürchtet zum einen die Aushöhlung der zentralörtlichen Struktur durch eine erheblich vergrößerte übergemeindliche Wirkung und eine Überlastung der Verkehrswege. Die Politik erhofft sich hingegen Arbeitsplätze und kann sich dem Gemeinde- bzw. Regionsegoismus nicht gänzlich entziehen.

Abschließende Wertung

Ein Rückblick zeigt, dass der Planung ein beeindruckendes Instrumentarium zur Mitgestaltung der räumlichen Ordnung im Einzelhandel zur Verfügung steht. Dennoch fällt die Bewertung der Nachhaltigkeit ihrer Bemühungen sehr unterschiedlich aus. Kulke kommt zu dem Schluss, dass die Planung sehr deutlich das Zustandekommen der Standortstruktur beeinflusst, wenn er schreibt: „Zugleich belegen die Ergebnisse den Wandel von einer stärker nachfrageorientierten über eine angebotsorientierte hin zu einer durch planerische Gestaltung modifizierten Standortstruktur des Einzelhandels" (KULKE 1992b, S. 262).

Demgegenüber vertritt Hatzfeld die Ansicht, dass trotz der Vielfalt von Eingreifmöglichkeiten der Einfluss der Planung gering ist. Er schreibt ihm lediglich eine Modifizierung der Einzelhandelsentwicklung im Detail zu, keinesfalls aber eine grundlegende Veränderung. Nur dann, wenn Planung mit dem ökonomischen Trend konform agiere, habe sie eine Chance, Wirkung zu erzielen. Als wesentlich für seine pessimistische Ansicht sieht er an, dass planerische Maßnahmen oft viel zu spät eingeleitet werden und dass „die zur Steuerung erforderlichen Informationen und Kenntnisse über interne Wirkungsbeziehungen und Entwicklungstrends im Einzelhandel (..) bei den zuständigen Entscheidungsträgern und Planern noch unzureichend verbreitet (sind)" (HATZFELD 1987, S. 69). Hier setzt sicherlich auch die personelle Ausstattung in den jeweiligen Ämtern der Stadtverwaltung der Planung gewisse Grenzen. Bisweilen mag es aber durchaus auch politisch gewollt sein, für bestimmte Gebiete keine genauen Festsetzungen zu treffen, um so bei Anfragen von Investoren von Fall zu Fall entscheiden zu können.

Nicht zuletzt können Erfolge auch dann ausbleiben, wenn die planerischen Festsetzungen wie Flächen- und/oder Sortimentsbeschränkungen nicht in gewissen Zeitabständen überprüft und bei Zuwiderhandlungen sanktioniert werden.

Literaturhinweise zu Kapitel 6

Wichtige gesetzliche Grundlagen der Planung sind das BGB und die BauNVO. Hinzu kommen auf Landesebene das jeweilige Landesentwicklungsprogram (LEP) und entsprechende Handlungsanweisungen an die planungsausführenden Stellen.

Eine Übersicht über den Umgang mit großflächigem Einzelhandel im innerdeutschen und internationalen Vergleich gibt

BRÜCKNER, C. (1998): Großflächiger Einzelhandel. Planungsrelevante Rahmenbedingungen in Rheinland-Pfalz, Hessen, Niedersachsen, Belgien und Niederlanden. Dortmund. (=ILS-Schriften 139).

Kritische Anmerkungen zum Zentrale-Orte-Konzept als planerische Grundkonzeption für die Planung sowie eine Bewertung neuer planerischer Ansätze (v.a. Priebs) finden sich bei

GEBHARDT, H. (1998): Das Zentrale-Orte-Konzept – auch heute noch eine Leitlinie der Einzelhandels- und Dienstleistungsentwicklung? In: GANS, P.; LUKHAUP, R. (Hg.) Einzelhandelsentwicklung – Innenstadt versus periphere Standorte. (=Mannheimer Geographische Arbeiten 47), S. 27-48.

PRIEBS, A. (Hg.) (1999): Zentrale Orte, Einzelhandelsstandorte und neue Zentrenkonzepte in Verdichtungsräumen. (=Kieler Arbeitspapiere zur Landeskunde und Raumordnung 39).

Den Stellenwert und die Aussagekraft von Gutachten bei der Beurteilung von Ansiedlungsvorhaben beleuchten folgende Autoren näher:

SCHMITZ, H. (2001): Die Rolle von Gutachten in der verwaltungsgerichtlichen Auseinandersetzung. In: HEINRITZ, G.; SCHRÖDER, F. (Hg.): Der gekaufte Verstand: Was taugen Gutachter- und Beraterleistungen im Einzelhandel? Passau. (=Geographische Handelsforschung 5), S. 79-90.

HEINRITZ, G.; RAUH, J. (2000): Gutachterliche Stellungnahmen über Factory Outlet Center. Eine kritische Betrachtung. In: Raumforschung und Raumordnung 58 (1), S. 47-54.

Wesentliche Grundlagen zur Rolle von Politik und Planung als Akteure im Rahmen der Handelsforschung entnimmt man folgenden beiden Werken:

HATZFELD, U. (1987): Städtebau und Einzelhandel. Bonn. (=Schriftenreihe 03 „Städtebauliche Forschung" des Bundesministeriums für Raumordnung, Bauwesen und Städtebau Heft 03.119).

KULKE, E. (1992): Veränderungen in der Standortstruktur des Einzelhandels. Untersucht am Beispiel Niedersachsens. Münster, Hamburg. (=Wirtschaftsgeographie 3).

7 Erreichbarkeit und Verkehr

7.1 Verkehrsaufwand und Erreichbarkeit

Veränderungen in der Einzelhandelsstruktur sowie im Kundenverhalten haben in den letzten Jahrzehnten das Verkehraufkommen, das auf den Wegezweck Einkaufen zurückgeführt werden kann, stark erhöht. Dazu beigetragen haben in diesem Zusammenhang mit der Maßstabsvergrößerung der Einzelbetriebe (vgl. Kapitel 2) v.a. die Ausbildung des sekundären Einzelhandelsnetzes, die Spezialisierung der Einzelhandelsstandorte und die Ausdünnung der Versorgung im ländlichen Raum. Heute verfügt jeder dritte Haushalt über keine wohnungsnahen Einkaufsmöglichkeiten für den täglichen Bedarf mehr, d.h. über Geschäfte in einer fußläufigen Distanz von zehn Minuten (HDE 1992). Allein im Lebensmitteleinzelhandel verringerte sich die Zahl der Geschäfte von 1966 bis 1990 (alte Bundesländer) von 154.000 auf 60.360 Einheiten (KULKE 1994). Insbesondere im ländlichen Raum gibt es viele kleinere Orte, in denen die Grundversorgung nicht mehr gewährleistet ist. Dies führt zu Zwangsmobilität und lässt Versorgungsdefizite im ländlichen Raum befürchten.

Erreichbarkeit hat viele Facetten: Einmal fragt Erreichbarkeit nach der generellen Zugänglichkeit eines Zielgebiets mit verschiedenen Verkehrsmitteln, dann nach dem (objektiven) Aufwand, gemessen in Distanzen, Kosten, Zeitaufwand u.ä. und ein anderes Mal nach der (subjektiven) Bewertung. Zusätzlich unterscheidet man die äußere (zum Zielgebiet) und innere (Wege innerhalb des Zielgebiets) Erreichbarkeit.

Je nach betrachteten Aspekten wird man folglich unterschiedliche Methoden und Kriterien für die Bewertung der Erreichbarkeit zu Grunde legen: übliche Bewertungskriterien für den Aufwand der ÖPNV-Erreichbarkeit wären beispielsweise die Taktdichte, die Fahrtdauer, die Fahrtkosten, der Komfort (Sitz- oder Stehplatz) oder der An- und Abmarschweg.

Bei der Bewertung der Pkw-Erreichbarkeit wird von einigen Autoren auch eine Bewertung der Parkplatzsituation einbezogen.

Der Begriff Erreichbarkeit wird dementsprechend auch in diesem Kapitel in unterschiedlichen Kontexten benutzt. Die jeweilige Bedeutung ergibt sich dabei aus dem Sinnzusammenhang.

Für das Verkehrsaufkommen von weit größerer Bedeutung sind jedoch gesellschaftliche Veränderungen, die zu einer erhöhten freiwilligen Mobilität geführt haben. Allen voran ist hier die zunehmende Motorisierung der Bevölkerung zu nennen: Kamen 1960 noch 27,5 Personen auf einen Pkw (BUNDESMINISTER FÜR VERKEHR 1992), so waren es 2003 nur noch 1,8 Personen pro Pkw (BUNDESAMT FÜR STATISTIK 2003). Statistisch gesehen verfügt damit heute jeder deutsche

Haushalt über 1,2 Pkws, wobei v.a. bei Haushalten mittleren Alters der Trend zum Zweitwagen ungebrochen ist. Dieser steht für den täglichen Einkauf jederzeit zur Verfügung. Hinzu kommt die steigende Frauenerwerbstätigkeit, die sich ebenfalls in einem veränderten Konsumverhalten niederschlägt, wie z.b. in weniger häufigen Einkäufen bei Waren des „täglichen" Bedarfs bei gleichzeitig größeren Einkaufsmengen, die den Transport mit Auto nötig machen. Aber auch neue Konsumententrends wie das Convenience Shopping, bei dem die geplante Vorratshaltung zugunsten des Spontaneinkaufs aufgegeben wird und dessen Angebotsstandorte sich vornehmlich an verkehrsorientierten Standorten befinden, führen zu einer Erhöhung des Einkaufsverkehrs (vgl. Kapitel 5). Neben diesen statistisch erfassbaren Veränderungen ist es in den letzten Jahrzehnten aber auch zu einer veränderten Wertzuschreibung des Konsums gekommen: Einkaufen wird heute zunehmend mit Freizeitaktivitäten kombiniert oder auch als Freizeitbeschäftigung selbst gesehen. Um Freizeit an Orten mit einer hohen Anmutungsqualität (SCHRÖDER 1999) zu verbringen, werden zunehmend größere Distanzen ohne Aufhebens zurückgelegt. Dies wird auch unter dem Stichwort „Einkaufsausflugsverkehr" (JOCHIMS/MONHEIM 1996, S. 729) diskutiert.

Es steigt also nicht nur der Anteil der Einkaufswege, die mit dem Pkw zurückgelegt werden (müssen), sondern es steigt auch die zurückgelegte Entfernung. In der Folge nimmt natürlich auch die Umweltbelastung sowie die Belastung der Verkehrswege zu, die wiederum in verstärktem Straßenbau und damit in einer weiteren Versiegelung des Bodens mündet.

In einem Modellvorhaben des Umweltbundesamtes zu den „Auswirkungen der räumlichen Struktur des Einzelhandels auf Umwelt und Verkehr" wurden die Verkehrsbelastungen sowie die Umweltwirkungen für ausgewählte Einzelhandelsstandorte am Beispiel Leipzig ermittelt. Verglichen wurden die Leipziger Innenstadt, ein gewachsenes Stadtteilzentrum (Lindenau), ein städtebaulich integriertes Einkaufszentrum (das Allee-Center in der Großwohnsiedlung Grünau) sowie zwei nicht-integrierte Einkaufszentren auf der „Grünen Wiese" (das Löwen-Center: 42.000 m² Geschäftsfläche, am Rande der Stadt und der Saale-Park: 91.000 m² Geschäftsfläche, 16 km von Leipziger Innenstadt entfernt und damit deutlich von der Kernstadt abgesetzt).

Bei der Interpretation der Ergebnisse muss beachtet werden, dass die gewählten Standorträume natürlich nur bedingt vergleichbar sind, da sich ihre Angebotsstruktur deutlich unterscheidet. Ein Standort mit Gütern großer Reichweite wird unabhängig von seiner Lage in bzw. zur Stadt immer schlechter abschneiden als ein Nahversorgungsstandort. Dennoch lohnt ein Vergleich der verkehrlichen Parameter, um die Dimensionen zu verdeutlichen.

Als Ergebnis weist die Studie die deutliche Überlegenheit des Stadtteilzentrums (Lindenau) bei der durchschnittlich zurückgelegten Entfernung und auch beim MIV-Verkehrsaufwand (= motorisierter Individualverkehr) nach. Die günstige Bilanz ergibt sich, weil die Kunden aus einem kleinen Einzugsgebiet überwiegend zu Fuß, per Rad oder ÖPNV ins Zentrum kommen. Der tägliche MIV-Verkehrsaufwand des Saale-Parks entspricht dagegen einer 26-fachen Umrundung der Erde und schneidet bei weitem am schlechtesten ab. Die Innenstadt und die integrierten bzw. teilintegrierten Einkaufszentren liegen im Mittelfeld.

Tab. 11 Verkehrliche Kennzahlen verschiedener Standortlagen am Beispiel Leipzig

	MIV-Verkehrs-aufwand (in Kfz-km/d)	MIV-Anteil	Durch-schnittliche Wegelänge in km	Fläche des ruhenden Verkehrs in m²/ Besucher	Flächeninan-spruchnahme des ruhenden Verkehrs in ha
Innenstadt	430.905	30 %	25,0	0,3	4,0
Lindenau (Stadtteilzentrum)	1.262	11 %	1,6	0,4	0,9
Allee-Center (integriertes EKZ)	136.493	29 %	18,2	0,1	0,1
Saale-Park (nicht-integriertes EKZ)	1.040.588	84 %	44,9	6,0	15,0
Löwen-Center (nicht-integriertes EKZ)	162.017	96 %	12,9	3,6	4,0

Quelle: PLANERSOCIETÄT/IVU GmbH 1999, S. 98, 119ff

Auch beim Flächenverbrauch durch Parkplätze fällt der Saale-Park mit einer Inanspruchnahme von 15 ha und einer bereitgestellten Fläche von 6 m² pro Besucher aus dem Rahmen. Den geringsten Flächenverbrauch können das Stadtteilzentrum sowie das integrierte Einkaufszentrum vorweisen.

Hochrechnung der CO_2-Emission für Beispielstandorte in Leipzig:

Der auf die Innenstadt bezogene Einkaufsverkehr (alle Verkehrsmittel) verursacht täglich eine Gesamtemission von 133 t CO_2. Das sind bei durchschnittlich 303 Öffnungstagen rund 40.940 t CO_2 im Jahr. Der Einkaufsverkehr des Saale-Parks verursacht etwa 30 % höhere Belastung: insgesamt ca. 175 t CO_2 pro Tag und 52.910 t CO_2 pro Jahr. Dies entspricht etwa dem gesamten CO_2-Jahresausstoß (für Heizung, Strom, Industrie und Verkehr) von 4.300 Einwohnern. Zum Vergleich: Das Allee-Center verursacht rund 7.760 t CO_2 pro Jahr, das Löwen-Center 370 t CO_2.

Quelle: PLANERSOCIETÄT/IVU GmbH 1999, S. 98, 118

Vorher-Nachher-Untersuchungen, die Veränderungen im allgemeinen Kundenverhalten sowie die damit verbundenen Veränderungen im Einkaufsverkehr dokumentieren könnten, gibt es kaum. Eine Ausnahme stellt hier eine Längsschnittuntersuchung in Berlin dar, bei der Befragungen vor und nach der Eröffnung eines nicht-integrierten Einkaufszentrums durchgeführt wurden. Als Ergebnis halten die Autoren fest: „Die mittleren Entfernungen haben sich je nach Einkaufszweck verdoppelt bis verdreifacht und die veränderte Verkehrsmittelwahl hat dazu geführt, dass sich die Pkw-Fahrleistung pro Einkaufenden um mehr als 10 km erhöht hat. Auch Kunden, die mehrere Einkaufszwecke verbinden, indem sie Lebensmittel und Textilien erwerben, legen im Mittel größere Entfernungen als bisher zurück …" (REINHOLD/JAHN/TSCHUDEN 1997, S. 112).

Durch den Strukturwandel im Einzelhandel und seine räumlichen Auswirkungen ergeben sich also zum einen erhebliche verkehrliche Mehrbelastungen. Zugleich wird die gute Erreichbarkeit und die exzellente Parkplatzsituation der nicht-integrierten Standorte auch zu einem erheblichen Standortnachteil für die traditionellen Standortlagen (insbesondere Innenstädte und Stadtteilzentren). Die folgende Übersicht stellt die typischen Erreichbarkeiten und Parkplatzsituationen der verschiedenen Standortlagen einander gegenüber.

Abb. 49   Erreichbarkeiten und Parkmöglichkeiten unterschiedlicher Standortlagen im Vergleich

	Erreichbarkeit mit …			Parkmöglichkeiten
	MIV	**ÖPNV**	**Fahrrad/zu Fuß**	
Innenstadt	mittel	v.a. in größeren Städten gut, in kleineren meist schlecht	generell gut, aber distanz- und reliefabhängig	reguliert, größtenteils in einiger Entfernung zur Hauptgeschäftslage
Sonstige integrierte Lagen*	mittel - gut	gut - schlecht	gut	unterschiedlich (Stadtteilzentren oft schlecht, Supermärkte oft mit eigenem Parkplatz)
Nicht-integrierte Lagen	(sehr) gut	zum Teil möglich, meist schlecht	meist schlecht bis unmöglich	sehr gut

* (Stadtteilzentren/wohnortnahe Versorgung)

Insbesondere die Pkw-Erreichbarkeit ist also an peripheren Standorten sehr gut, Parkplätze sind hier ausreichend und in aller Regel kostenlos. Die Innenstadtgeschäfte sind hingegen oftmals nicht direkt mit dem Pkw erreichbar und auch der Anfahrtsweg ist meist weniger komfortabel. Die Parkplätze sind zumeist kostenpflichtig und/oder zeitlichen Restriktionen unterworfen. Insbesondere in größeren Städten ist das Parkplatzangebot zudem limitiert. Die Innenstädte sind somit sowohl in ihrer Erreichbarkeit als auch bei der Parkplatzsituation schlechter gestellt als die nicht-integrierten Lagen.

Dementsprechend unterscheidet sich auch der Modal Split der Standorträume deutlich, d.h. die Verteilungen der Fahrten auf die Verkehrsarten. Bei dem oben genannten Forschungsprojekt haben sich für Leipzig folgende Modal Splits für die unterschiedlichen Standortlagen ergeben.

Tab. 12 Besucher-Modal Split verschiedener Standortlagen in Leipzig

	MIV	ÖPNV	Fuß- und Radverkehr
Innenstadt	30 %	53 %	16 %
Lindenau (Stadtteilzentrum)	11 %	53 %	36 %
Allee-Center (integriertes Einkaufszentrum)	29 %	18 %	54 %
Saale-Park (nicht-integriertes Einkaufszentrum)	84 %	10 %	7 %
Löwen-Center (nicht-integriertes Zentrum)	96 %	1 %	3 %

Quelle: PLANERSOCIETÄT/IVU GmbH 1999, S. 133ff

Der Modal Split variiert außerdem mit der Stadtgröße. So stellt der ÖPNV in kleinen Städten oft nur eine wenig attraktive Alternative dar oder ist erst gar nicht vorhanden. Einen sehr hohen Anteil im Umweltverbund (zu Fuß, mit dem Fahrrad oder dem ÖPNV) erreicht hingegen die Münchener Innenstadt, wo der Pkw-Anteil nur bei 16 % liegt (REINHOLD/BACHLEITNER 1999). Dies ist auf die sehr gute ÖPNV-Anbindung mit U- und S-Bahn, Bus und Tram bei gleichzeitig eingeschränkter Erreichbarkeit bzw. Parkplatzkapazität beim MIV zurückzuführen.

Tab. 13 Modal Split der Innenstadtbesucher in Städten verschiedener Größenklassen

Stadt Einwohnerzahl	München 1.261.000	Bremen 547.000	Fürth 110.000	Bamberg 69.000	Abensberg 12.000	Hemau 8.000
zu Fuß	10 %	10 %	25 %	26 %	26 %	25 %
mit Fahrrad	3 %	9 %	7 %	19 %	12 %	6 %
mit ÖV	72 %	50 %	36 %	13 %	1 %	0 %
mit Pkw	16 %	29 %	31 %	42 %	61 %	69 %

Quellen: München: REINHOLD/BACHLEITNER 1999; Bremen: MONHEIM 1998; Hemau: Sonderauswertung eigener Befragungen, Stand 1999; sonstige: Sonderauswertung eigener Befragungen, Stand 2000;

Insgesamt sollte bei den Betrachtungen des Modal Splits jedoch nicht übersehen werden, dass dieser für den Wegezweck „Einkauf" im Vergleich mit anderen Wegezwecken immer noch deutlich besser ausfällt als oft angenommen wird. So lag der Anteil der zu Fuß zurückgelegten Versorgungswege 1997 noch bei über einem Drittel. Einen insgesamt höheren Anteil am Umweltverbund weist nur der Wegezweck „Ausbildung" auf. Bei einer vergleichenden Betrachtung der Erreichbarkeit muss außerdem die spezifische Situation der Innenstadt berücksichtigt werden.

Dementsprechend kann es keine allgemeingültigen „Rezepte" zur Festlegung von Ausbaustandards für Straßen, den Parkplatzbedarf, die Taktdichte im ÖPNV o.ä. verkehrliche Größen geben. Generell aber gilt, dass der Erreichbarkeit im ländlichen Raum aufgrund der dort geringeren Entfernungstoleranz eine höhere Bedeutung als in größeren Städten zukommt. In letzteren spielt neben der Grundversorgung auch der Erlebniseinkauf zunehmend eine Rolle, und Erreichbarkeitsdefizite werden eher hingenommen. So weisen die Fußgängerzonen in Städten wie München, Frankfurt a. M., Düsseldorf etc. trotz eingeschränkter Pkw-Erreichbarkeit die höchsten Passantenfrequenzen auf (s.u.).

Wirtschaftsverkehr

Neben dem steigenden Einkaufsverkehr ist in den letzten Jahrzehnten auch der mit dem Einzelhandel verbundene Wirtschaftsverkehr stark angestiegen. Dies liegt zum einen an der zunehmenden Frischeorientierung und Sortimentsvielfalt im Einzelhandel, zum anderen aber auch an den längeren Transportwegen der Waren, die zunehmend überregional bzw. sogar global beschafft werden (Global Sourcing). Vor allem bei filialisierten Einzelhandelsunternehmen wurde die innerbetriebliche Logistik außerdem stark rationalisiert. Beschleunigt bzw. erst ermöglicht wird dies durch moderne Informations- und Kommunikationstechnologien. Die Warenströme werden dabei von Informationsströmen begleitet. Sichtbar wird das für den Kunden z.B. durch die EAN-Strichcodes, die in Kombination mit den Scannerkassen den Verkauf jedes einzelnen Produkts erfassen und mit Hilfe des angeschlossenen elektronischen Warenwirtschaftssystems nach vorgegebenen Regeln automatisch eine neue Bestellung auslösen (vgl. KULKE 1994). Der damit verbundene Abbau der Lagerhaltung vor Ort bedeutet jedoch eine Zunahme des Verkehrs von den jeweiligen zentralen bzw. dezentralen Logistikzentren mit – zum Teil – täglicher Belieferung: „Just-in-time" des Einzelhandels.

Ein weiteres Problem für den Wirtschaftsverkehr stellen die zeitlichen Lieferbeschränkungen v.a. in den Fußgängerzonen dar. In verschiedenen Modellprojekten werden daher Logistikkonzepte erprobt, bei denen die Waren der einzelnen Lieferanten in Güterzentren vor den Toren der Stadt gesammelt und für die einzelnen Geschäfte zusammengestellt werden. Die Lieferungen werden dann von Kleinlastwagen entlang verkehrsoptimierter Routen ausgeliefert.

7.2   Stadtplanung, Verkehr und Einzelhandel

Die Innenstadterreichbarkeit stellt seit Jahrzehnten eines der am heißesten diskutierten Themen der Kommunalpolitik dar. Im Zentrum der Diskussion steht der Zusammenhang zwischen der Erreichbarkeit eines Standorts und seiner wirtschaftlichen Entwicklung. Und in der Tat kommt dem Handel ja die Funktion der Überbrückung zu (s. Kapitel 1), deren Ausübung erschwert wird, wenn die Erreichbarkeit seiner Standorte z.B. durch Verkehrsberuhigungsmaßnahmen verschlechtert wird. Darum weist der Handel in solchen Fällen regelmäßig auf potenzielle Umsatzrückgänge und Betriebsschließungen infolge eingeschränkter Erreichbarkeit hin. Eine Einschränkung des MIV würde insbesondere bei auswärtigen Besuchern nicht zu einer Änderung ihrer Verkehrsmittelwahl führen, sondern zu einer Umorientierung auf andere Einkaufsorte, insbesondere auf die leichter erreichbaren nicht-integrierten Standorte. Zudem verweisen die Einzelhändler darauf, dass Autofahrer höhere Ausgaben tätigen als Besucher des Umweltverbundes. Dabei stützen sie sich u.a. auf die Ergebnisse der BAG (Bundesgemeinschaft der Mittel- und Großbetriebe e.V.). In ihren Untersuchungen zum Kundenverkehr, die sie seit 1965 insgesamt zehn Mal deutschlandweit durchgeführt haben, kommt die BAG u.a. zu folgendem Ergebnis: „Nach wie vor gibt ein Kunde, der mit dem Pkw in die Stadt kommt, wesentlich mehr Geld aus, als ein Besucher, der ein anderes Verkehrsmittel benutzt. Die Einkäufe ab 251 DM sind bei Pkw-Nutzern nahezu doppelt so häufig vertreten wie bei allen anderen Verkehrsteilnehmern. Der Pkw-Kunde kommt zwar seltener zum Einkaufen in die Stadt als dies die Verbraucher tun, die andere Verkehrsmittel wählen, aber selbst bei Berücksichtigung der Besuchshäufigkeit ergibt sich kein entscheidendes anderes Bild: Der Besucher, der mit dem Pkw kommt, bleibt der umsatzstärkste aller Kunden" (BAG 2001, S. 29).

Die hier zu Grunde liegende Ziehung der Stichprobe lässt allerdings nur bedingt Verallgemeinerungen auf die Innenstädte zu. Die BAG führt ihre Besucherbefragungen an den Eingängen von ausgewählten Mitgliedsunternehmen durch. Die Mitglieder stellen aber keinen repräsentativen Querschnitt der Einzelhandelsstruktur dar, sondern repräsentieren v.a. Kauf- und Warenhäuser. So konnten FRISCH/MEYER (1986), die in einer der Befragungsstädte parallel zur BAG Erhebungen durchgeführt hatten, eindrucksvoll nachweisen, dass die Ergebnisse der BAG-Studien eher die Situation der Kauf- und Warenhäuser, die sich lange Zeit in einer Krise befanden, als die allgemeine Entwicklung der Innenstädte wiedergegeben haben. Außerdem erklärt sich der höhere Kaufbetrag der Pkw-Kunden auch dadurch, dass diese meist nicht alleine zum Einkaufen fahren. Bei der Berechnung der Beträge müssten deshalb die Begleiter mit berücksichtigt werden.

Insgesamt gesehen spricht vieles dafür, dass die Bedeutung des Themas Verkehr – so wichtig es in der Tat auch ist – von den Einzelhändlern oft überschätzt wird. Wenn bei Einzelhändlerbefragungen auf die Frage, was denn in der Innenstadt verbessert werden könnte, stets die Themen Parken und Verkehr an erster Stelle genannt werden, während bei Passanten- und Haushaltsbefragungen diese Themen am Ende der Wunschliste stehen, vielmehr hier Wünsche zur Verbesserung des Warenangebots dominieren, dann spricht das eher dafür, dass Erreichbarkeitsdefizite bei den Einzelhändlern in vielen Fällen eine Sündenbockfunktion für eigene Defizite in der Geschäftsführung übernehmen.

Im Gegensatz zu den Forderungen der Einzelhändler ist es Aufgabe der Planer, alle Nutzergruppen der Innenstädte mit ihren Verkehrsbedürfnissen zu berücksichtigen (Anwohnerverkehr, Berufs- und Ausbildungsverkehr, Einkaufsverkehr, Besucherverkehr, Liefer- und Wirtschaftsverkehr). Dies muss unter Berücksichtigung des Leitbilds der nachhaltigen Entwicklung geschehen, d.h. es müssen wirtschaftliche, soziale und ökologische Belange gleichermaßen beachtet werden.

Gerade bei Innenstädten traten und treten aber oft zwischen den einzelnen Planungsabteilungen unterschiedliche Vorstellungen bei der Umsetzung dieser Ziele auf. So fordern die Stadtplaner überwiegend Verkehrsberuhigungsmaßnahmen für die Innenstädte, um die Aufenthalts- und Umweltqualität zu fördern und die Multifunktionalität zu erhalten. Ihr Ziel ist es, die Attraktivität der Innenstädte für Bewohner, Besucher und dort Arbeitende zu gewährleisten. Primäres Ziel der Verkehrsplaner ist es hingegen nicht selten, eine möglichst gute Erreichbarkeit zu gewährleisten. Solche Zielkonflikte werden dadurch, dass Stadt- und Verkehrsplaner oft verschiedenen Ressorts angehören, nicht leichter lösbar. Erst in jüngerer Zeit werden vermehrt integrierte Innenstadtentwicklungspläne erstellt, bei denen Geographen, Verkehrsplaner und Städtebauer über disziplinäre Zäune hinweg zusammenarbeiten.

7.3   Die wichtigsten Maßnahmen zur Verkehrslenkung in der Innenstadt

Innenstädte hatten lange Zeit und haben v.a. in kleineren Städten zum Teil noch heute unter einer Überlastung mit motorisiertem Individualverkehr zu leiden. Dies mindert die Aufenthaltsqualität stark. Da Innenstädte nicht nur Orte des Wohnens, Arbeitens, Versorgens etc. sind, sondern auch Orte der Kommunikation und der Identifikation für die Bewohner der gesamten Stadt, wird der Umfeldqualität aber ein großer Wert beigemessen. Ziel der Planung ist daher primär die Reduzierung des MIV zur Steigerung der Aufenthaltsqualität in den Innenstädten. Als Teilziele MIV-restriktiver Maßnahmen können genannt werden (nach BAIER/SCHÄFER 1997):

- Erhöhung der Verkehrssicherheit und Verbesserung der Mobilitätsbedingungen, v.a. für die sogenannten „schwächeren Verkehrsteilnehmergruppen";

- Sicherung der Erreichbarkeit und des Verkehrsflusses für denjenigen Kfz-Verkehr, der für die ökonomische Lebens- und Konkurrenzfähigkeit der Innenstadt notwendig ist;

- Erhöhung der Parkchancen für die sogenannte „qualifizierte" Nachfrage im ruhenden Kfz-Verkehr;

- Reduzierung der Belästigung durch den fließenden und ruhenden Kfz-Verkehr zur Erhöhung der Sicherheit und Aufenthaltsqualität des Wohn- und Einkaufsumfelds;
- Aufwertung des Gestaltqualität;

Der notwendige MIV sollte also so gelenkt werden, dass durch ihn die Qualität der Innenstädte möglichst wenig beeinträchtigt wird. Die wichtigsten Maßnahmen zur Einschränkung des MIV in den Innenstädten sind die Einrichtung von Fußgängerbereichen, verkehrsberuhigten Bereichen und Tempo 30-Zonen sowie die Gestaltung des Parkraums. Da die MIV-restriktiven Maßnahmen häufig zu Konflikten zwischen der Kommunalpolitik und den lokalen Einzelhändlern führen, sollen sie im Folgenden näher behandelt werden.

7.3.1 Fußgängerzonen und verkehrsberuhigte Bereiche

Die innere Erreichbarkeit der Innenstädte nahm in der Nachkriegszeit mit der zunehmenden Motorisierung der Bevölkerung rapide ab. Die verkehrliche Überlastung der Hauptgeschäftsbereiche schränkte die Möglichkeiten eines angenehmen Einkaufs oder gar des Bummelns stark ein. Um die Konflikte zwischen dem motorisierten und dem nicht-motorisierten Verkehr zu beseitigen bzw. zu minimieren, wurden deswegen schon in den 1950er Jahren Straßen ganz oder zeitlich beschränkt für den Autoverkehr gesperrt. Eine Umgestaltung des Straßenraums fand dabei jedoch noch nicht statt.

1960 gab es in der BRD bereits 31 Fußgängerstraßen. Diese lagen zu über zwei Dritteln in Großstädten und umfassten ausschließlich 1a-Lagen. Ende der 1960er Jahre wurde das Konzept auch auf mittelgroße und schließlich auch auf kleinere Städte bis 10.000 Einwohner übertragen. Mit der zunehmenden Motorisierung und der gleichzeitigen Verlagerung des Einzelhandels an den Stadtrand wurden Fußgängerzonen schließlich auch gezielt zur Steigerung der Innenstadtattraktivität eingesetzt. Zur Erhaltung der Erreichbarkeit wurden parallel neue Parkhäuser sowie Erschließungs- und Ringstraßen gebaut. Neben der Anzahl an Fußgängerzonen nahm in dieser Phase v.a. auch ihre Ausdehnung zu.

In den 1970er Jahren gewannen neue Ziele an Bedeutung, die mit Hilfe von Fußgängerzonen verwirklicht werden konnten: Die Innenstadt als Freizeitraum, die Aufwertung des historischen Stadtbilds sowie die Verringerung von Verkehrslärm und Luftverschmutzung. Fußgängerzonen entwickelten sich zur Norm einer zeitgemäßen Innenstadtplanung.

In den 1980er Jahren gewannen schließlich flächenhafte Konzepte an Bedeutung. Der Verkehr sollte insgesamt verringert oder zumindest stadtverträglicher abgewickelt werden. Neben dem Einzelhandel sollte dies auch dem Wohnen sowie dem Fremdenverkehr mehr Attraktivität verleihen. Dazu dienten neben den

„klassischen" Fußgängerzonen „verkehrsberuhigte Straßen" oder auch „verkehrsberuhigte Geschäftsbereiche" sowie die Unterbrechung des Durchgangsverkehrs (Zusammenstellung nach MONHEIM 2000). Bei der Einführung von verkehrsberuhigenden Maßnahmen in den Innenstädten bzw. Ortskernen hängt das richtige Maß – wie die Beurteilung der Erreichbarkeit selbst auch – wiederum von der Stadtgröße, der Attraktivität des Standorts sowie der Erreichbarkeit der Konkurrenzstandorte ab. Während in einigen Großstädten inzwischen ganze Innenstadtbereiche verkehrsfrei sind (z.B. Aachen, Nürnberg, Lübeck), haben sich in kleineren Städten zeitlich beschränkte Regelungen bewährt, die eine Sperrung für den MIV an bestimmten Tagen oder zu bestimmten Tageszeiten vorsehen.

Insbesondere in den Großstädten erfreuen sich die Fußgängerzonen einer großen Beliebtheit und stellen in Deutschland den Normalfall dar. Lediglich in Berlin liegen die besten Lagen (Tauentzienstraße/Kurfürstendamm und Friedrichstraße) nicht in einer Fußgängerzone. Die Passantenfrequenzen der anderen Großstädte machen jedoch deutlich, dass viele Fußgängerzonen in den großen Großstädten in gewisser Weise eher an ihrem Erfolg als an ihrem Misserfolg leiden.

Tab. 14 Die fünf frequenzstärksten Lagen in deutschen Groß- und Mittelstädten 2002

Passantenfrequenzen gemessen am Samstag, den 08.06.2002, von 12:00 bis 13:00 Uhr

Großstädte	Passanten/h	Mittelstädte	Passanten/h
Köln	17.790	Gießen	5.715
München	17.145	Bamberg	5.490
Dortmund*	15.525	Passau	5.340
Frankfurt	14.865	Konstanz	4.965
Düsseldorf	13.140	Aschaffenburg	4.218

* gemessen am 15.06.2002

mit freundlicher Genehmigung der Kempers Marktforschung

Im Gegensatz zu Kfz-Zählungen, die weitgehend automatisiert (Induktionsschleifen, Lichtschranken u.ä.) und damit auch über größere Zeiträume hinweg durchgeführt werden können, ist das Passantenaufkommen nach wie vor nur durch eine manuelle Zählung ausreichend genau zu erfassen. Bekannt für ihre Zählungen ist beispielsweise die Kempers Marktforschung, die regelmäßig das Passantenaufkommen in den 100 wichtigsten Innenstadtlagen Deutschlands erhebt und ihr Vorgehen ausführlich dokumentiert: „Die Zählung erfolgt jeweils am passantenreichsten Punkt der Innenstadtlagen. ... Die Erhebung der Passanten durch die Zähler erfolgt innerhalb des vorgegebenen Erhebungszeitraumes fünfminutenweise. Die Zähler sind angewiesen, in den ersten fünf Minuten nur die Passanten zu erheben, die den Standort des Zählers von links nach rechts passieren, dann weitere fünf Minuten nur die von rechts nach links gehenden. Nach jedem zehnminütigen Zählblock ist eine Pause von fünf Minuten einzuhalten, um Passanten-Frequenzschwankungen durch Fahrpläne öffentlicher Verkehrsmittel oder längere Ampelphasen auszugleichen. ... Gezählt wird über die gesamte Breite der jeweiligen Straßen oder Fußgängerzonen. ... In besonders breiten Fußgängerzonen stehen die Zähler Rücken an Rücken in der Straßenmitte und erfassen jeweils zur Hälfte das vorhandene Passantenaufkommen. ..." (Kempers 2003, unveröffentlicht).

Auch wenn mit diesen Zahlen ein interessanter Querschnitt gegeben wird, so ist dies doch nicht ganz unproblematisch, da die Zählungen auf eine einzige Stunde begrenzt sind. Einflüsse wie das Wetter, Sonderverkäufe, Straßenmusikanten oder andere, oft unvorhersehbare Ereignisse machen v.a. Längsschnittvergleiche zur Dokumentation der Entwicklung von Passantenfrequenzen schwierig.

In Mittelstädten und v.a. in Kleinstädten sinken die Passantenfrequenzen teilweise so stark ab, dass der Standort für die Ansiedlungen neuer Einzelhandelsbetriebe nicht mehr interessant bzw. die Existenz des bestehenden Einzelhandels gefährdet ist. Hohe Passantenfrequenzen sind aus der Sicht der Einzelhändler prinzipiell willkommen; insbesondere nimmt das „suscipient", aber auch das „shared business" mit der Passantenfrequenz zu. Die Bedeutung der Frequenzen wird auch in der Einteilung der Innenstädte in 1a-, 1b- und 2er Lagen deutlich, die anhand des Passantenaufkommens in Relation zum jeweiligen Passantenmaximum (= 100 %) erfolgt. Die 1a-Lage umfasst alle Bereiche, in denen 60-100 % des Passantenmaximums erreicht werden, die 1b-Lage weist 40-60 % und die 2er Lagen weisen 20-40 % der Frequenz auf (MONHEIM 1999). Diese Vorgehensweise berücksichtigt allerdings die „Qualität" des Passantenstroms nicht.

In kleineren Städten, in denen die Erreichbarkeit mit dem MIV von den potenziellen Kunden für wichtiger erachtet wird (s.o.) kann ein Zuviel an Verkehrsberuhigung aber auch zu einer Verödung der Stadt- bzw. Ortsmitte führen. In diesem Zusammenhang ist der Effekt der Verkehrsberuhigung, den Ortsumgehungsstraßen mit sich bringen, durchaus differenziert zu betrachten. Mit dem Durchgangsverkehr gehen den Ortsmitten in einem gewissen Umfang auch Kunden verloren. Und haben sich die Kunden dann erst einmal auf neue Einkaufsorte umgestellt, sind sie nur schwer wieder zurückzugewinnen.

7.3.2 Passagen und andere bauliche Möglichkeiten der Fußgängerlenkung

Der Fußgängerverkehr wird in der Forschung über die Passantenzählungen hinaus relativ wenig beachtet. Für Einzelhandelsbetriebe wie auch -agglomerationen ist die Beeinflussung des Passantenstroms in einer Art und Weise, die aus Passanten Kunden werden lässt, jedoch ein zentrales Anliegen. In Einkaufszentren übernehmen die Funktion der Passantenlenkung sogenannte Magnetbetriebe. Dabei handelt es sich meist um SB-Warenhäuser bzw. Kauf- und Warenhäuser, die aufgrund ihres breiten Angebots viele Besucher anziehen. Klassische Formen sind das Strip- und U-Center (vgl. Abb. 50).

Auch in Innenstädten übernehmen Magnetbetriebe bei der Lenkung der Passantenströme eine wichtige Rolle. Allerdings kann ihre Positionierung hier nicht so stringent erfolgen, persistente bauliche und funktionale Strukturen führen zu weitaus komplexeren Strukturen.

Abb. 50   Die Anordnung von Magnetbetrieben in Strip- und U-Centern

Strip Center

Magnetbetrieb   Mall   U-Center

Als urbaner Bautyp ist bereits im späten 18. Jahrhundert die Passage aufgekommen, die Passantenströme umlenken bzw. bündeln kann: „Der Reiz des Neuen, ein massenhaftes Warenangebot und rascher Wechsel von Modewaren schaffen bürgerliche Vergnügensformen wie das Flanieren in Geschäftsstraßen. ... Sinkende Glaspreise und neuartige Herstellungsmethoden von Flachglas machen in Verbindung mit verbesserten Technologien für die Verarbeitung von Eisen zu vorfabrizierten gusseisernen Bauelementen um 1830 den Bau der ersten Ladenfronten aus diesen Werkstoffen möglich" (BRUNE 1996, S. 16). Die neue Bauform geht also auch mit einer neuen Form des Konsums einher. Nach dem ersten Weltkrieg verschwindet die Passage dann allerdings wieder in der Versenkung, bis sie Mitte der 1970er Jahre in Deutschland eine Renaissance erlebt (vgl. auch Kapitel 8).

Die Passage verbindet zwei Geschäftsstraßen miteinander und knüpft dabei an bestehende Passantenströme an. Als oft überdachte Privatstraße, die das Innere größerer Baublöcke erschließt, schafft sie neue „Außenfassaden". Ihr Geschäftsbesatz ist meist kleinteilig strukturiert, Magneten sind schon aus Mangel an Fläche kaum vorhanden. Wesentliche Voraussetzung für ihren Erfolg ist deswegen die Lage im Hauptgeschäftsgebiet zwischen zwei stark frequentierten Straßen. Oft wird diese Grundregel jedoch missachtet: In fast jeder Stadt gibt es irgendwo eine Passage, die eher eine Schmuddelecke denn einen belebten und beliebten Bereich darstellt. Auch darf nicht übersehen werden, dass sich die Umlenkung von Passantenströmen auf bestehende Einkaufslagen auswirkt, die ebenfalls davon profitieren, aber auch leiden können.

So wie Passagen den Fußgängerverkehr lenken können, so können bauliche Maßnahmen diesen auch abstoßen bzw. hemmen. Es ist beispielsweise bekannt, dass Sichtachsen Passanten zum Weitergehen animieren, während Strecken ohne interessanten Fokuspunkt Passantenströme versiegen lassen. Einkaufszentren machen sich dies klar zu Nutze, wenn sie mit Wasserspielen, Lichteffekten, Marktständen o.ä. Elementen attraktive Zielpunkte schaffen. Auch weiß man, dass bestimmte Wegbreiten, sei es in Fußgängerzonen oder in Malls, von den Besuchern als angenehm empfunden werden. Bei überdimensionierten Malls kann hingegen beobachtet werden, dass Besucher in sehr viel geringerem Maß zwischen den Ladenfronten hin- und herpendeln. Extrem breite Fußgängerzonen wie beispielsweise die nach dem Konzept des sozialistischen Städtebaus angelegte Prager Straße in Dresden lassen Fußgängerströme sogar versiegen, da man sich schlicht verloren vorkommt.

Foto 6   Beispiel einer modernen Passage: Die Fünf Höfe in München

Aufnahme Peter Heigl 2003

Auswirkungen auf den Passantenstrom haben außerdem der Bau von Parkgaragen bzw. Parkplätzen sowie die Positionierung von Haltestellen des ÖPNV, die als Ausgangs- und Zielort von Innenstadtbesuchern ebenfalls die Passantenströme stark beeinflussen können.

7.3.3 Parken

Parkplätze stellen ein weiteres wichtiges Thema im Zusammenhang mit der Erreichbarkeitsdiskussion dar. In der Tat sind die Unterschiede zwischen peripheren Standorten und Innenstädten hier sehr groß. Dies betrifft die Anzahl der Parkplätze, ihre Anordnung zu den einzelnen Geschäften sowie die zeitlichen und monetären Reglementierungen.

Prinzipiell sind bei Neubau bzw. Erweiterung eines Geschäftes unabhängig von seiner innerstädtischen Lage Parkplätze im vorgeschriebenen Umfang nachzuweisen (Stellplatzpflicht). Dies geht auf die Reichsgaragenordnung von 1939 zurück, die die Schaffung von Parkplätzen beim Bau von Wohnungen und Betriebsstätten vorschreibt. Heute finden sich in den jeweiligen Landesbauordnungen vielfach

Richtwerte für verschiedene Gebäude- und Nutzungsarten. Für Nordrhein-Westfalen ist beispielsweise folgender Stellplatzbedarf vorgesehen:

Tab. 15 Richtzahlen für den Stellplatzbedarf in Nordrhein-Westfalen

Verkehrsquelle	Zahl der Stellplätze (Stpl.)	hiervon für Besucher in %
Läden, Geschäftshäuser	1 Stpl. je 30-40 m² Verkaufsnutzfläche, jedoch mind. 2 Stpl. je Laden	75
Geschäftshäuser mit geringem Besucherverkehr	1 Stpl. je 50 m² Verkaufsnutzfläche	75
Verbrauchermärkte	1 Stpl. je 10-20 m² Verkaufsfläche	90

Quelle: MSWKS 2000, § 67 VV BauO NW.

Während es an nicht-integrierten Standorten meist kein Problem darstellt, ausreichend Parkplätze direkt vor dem Eingang des Geschäfts einzuplanen, stellt sich die Situation in den Innenstädten sehr viel schwieriger dar. Allein durch die vorhandene, meist kleinteilige und dichte Bebauung sind der Ausweisung von Parkplätzen enge Grenzen gesetzt. Können Stellplätze nicht in angemessenem Umfang errichtet werden, besteht die Möglichkeit, eine Ablöse an die Stadt zu zahlen. Die Höhe der Ablöse wird von der Stadt festgelegt und erreicht mancherorts Beträge bis zu 15.000 € pro Stellplatz (HDE 2003). Die Gelder sind zweckgebunden und sollen die Kommunen in die Lage versetzen in geeigneter Weise die Erreichbarkeit zu verbessern, z.b. durch die Schaffung von Parkplätzen in angemessener Entfernung, die Verbesserung des ÖPNV, die Einrichtung eines Parkleitsystems u.ä. Im Vergleich mit peripheren Standorten besteht hier ein klarer Kostennachteil für die Einzelhändler der Innenstadt. Mit der Ende 2002 von der 106. Bauministerkonferenz beschlossenen Novellierung der Musterbauverordnung, die in der Regel als Grundlage für alle Landesbauordnungen dient, kann die sogenannte erzwungene Stellplatzablöse jedoch in Zukunft entfallen.

Die relative Benachteiligung der Innenstädte bei der Ausstattung mit Parkplätzen kann durch ein sinnvolles Parkraummanagement reduziert werden. Seine Ziele sind:

- eine stadtverträgliche Ordnung des ruhenden Verkehrs,
- die Reduzierung des Parksuchverkehrs,
- eine ausgewogene Bilanz zwischen Angebot und Nachfrage,
- eine möglichst gleichmäßige Auslastung durch Misch- und Mehrfachnutzung des Parkraumangebots (nach UMWELTBUNDESAMT 2001, B3 (3)).

Die wichtigsten Maßnahmen des Parkraummanagements sind im Folgenden dargestellt:

Abb. 51   Maßnahmen des Parkraummanagements im Überblick

Anzahl der Parkplätze	Aus- aber auch Abbau von Parkplätzen, je nach Bedarf und Konzept
Bewirtschaftung	Parkgebühren und/oder zeitliche Beschränkungen; gestaffelt nach Entfernung zum Hauptgeschäftsbereich
Parkleitsysteme	Insbesondere in größeren Städten oft dynamische Systeme, sonst auch statische Wegweiser
P&R-Plätze (Park & Ride)	Am Stadtrand bei ÖPNV-Haltestellen zur Reduzierung des innerörtlichen Verkehrs
Anwohnerparken	Einrichten von Lizenzbereichen zur Sicherung des Anwohnerparkens
Parkraumüberwachung	Zur Sicherung des Erfolgs der Parkraumbewirtschaftung

Bei der Installation eines Parkraummanagements ist – wie bereits mehrfach im Zusammenhang mit verkehrlichen Maßnahmen erwähnt – die Situation vor Ort zu berücksichtigen. Allgemeingültige Richtwerte kann es auch hier nicht geben. Zudem gilt es zu bedenken, dass die Lage von Parkplätzen die Passantenströme in der Stadt stark beeinflussen kann. Durch eventuell neu entstehende Passantenströme können einige Lagen eine Aufwertung erfahren, während andere an Bedeutung verlieren.

Neben dem Platzangebot für Besucher sind außerdem auch Parkmöglichkeiten für Anwohner, Arbeitnehmer etc. zu berücksichtigen. Eine Möglichkeit, das Anwohnerparken sicherzustellen, ist die Ausweisung von Lizenzbereichen. Diese können entweder exklusiv für Anwohner mit Lizenzschein reserviert werden oder auch als Mischnutzung mit Besuchern, für die das Parken kostenpflichtig und/oder zeitlich beschränkt ist. Auch eine zeitliche Beschränkung der Mischnutzung ist möglich.

Zunehmend wird auch in kleineren Städten der Ruf nach Tiefgaragen oder Parkhäusern zur Behebung der Parkraumdefizite laut. Die Kosten für solche Einrichtungen sind vergleichsweise hoch. Die Akzeptanz von Tiefgaragen ist aber v.a. in Klein- und Mittelstädten sehr gering. Um die finanziellen Einbußen zu minimieren, werden die Stellplätze dann häufig – und zu nicht kostendeckenden Preisen – an Dauermieter vergeben. Das eigentliche mit dem Bau der Tiefgarage verfolgte Ziel wird dadurch freilich nicht erreicht.

Eine Bewirtschaftung der vorhandenen Parkplätze ist jedoch aufgrund des Nachfrageüberhangs bei gleichzeitig beschränkten Möglichkeiten der Angebotsausweitung unerlässlich. Eine Möglichkeit besteht in der zeitlichen Beschränkung durch Parkscheiben (kostenlos), Parkuhren oder Parkautomaten (kostenpflichtig). Gerade in kleineren Städten, in denen die Besucher oft direkt vor das Geschäft fahren, dort parken und kurz Besorgungen erledigen, haben sich zeitliche Beschränkungen mit oder ohne Gebühr bewährt. Parkscheiben und Parkuhren gewährleisten bei begrenzter Parkdauer einen hohen Umschlag und somit eine hohe Nutzungsdichte. Der Nachteil der Parkscheiben besteht allerdings darin, dass die Parkdauer kostenlos durch einfaches Weiterdrehen der Scheibe verlängert werden kann und auf diese Weise die begehrten Kundenparkplätze nicht selten durch andere Nutzergruppen dauerbelegt werden.

Parkautomaten (und mit Einschränkungen auch Parkuhren) erlauben dem Besucher im Gegensatz dazu, die Parkdauer selbst festzulegen, was allerdings bereits beim Abstellen des Pkw erfolgen muss und den Nachteil hat, dass dadurch ungeplante Einkäufe oder auch andere ungeplante Aktivitäten teilweise unterbunden werden. Vorteilhafter sind daher Systeme, bei denen je nach Parkdauer die Gebühren nach dem Besuch erhoben werden, was bei Park- und Tiefgaragen stets der Fall ist.

Das übergreifende Parkmanagement für die Innenstädte sieht darüber hinaus eine Staffelung der Gebühren vor, so dass das Parken umso teurer wird, je näher man an den Hauptgeschäftsbereich heranfährt. Dadurch wird ein relativ schneller Umschlag der begehrtesten Parkplätze sichergestellt und die weiter entfernten Plätze gewinnen durch die niedrigen Gebühren an Attraktivität.

Eine weitere Maßnahme des Parkraummanagements besteht in einer verbesserten Wegweisung. In größeren Städten werden hierzu zum Teil dynamische Parkleitsysteme installiert, die die aktuelle Belegung der Parkhäuser bereits kurz vor dem Erreichen der Innenstadt anzeigen und den Weg zu alternativen Parkgelegenheiten weisen.

Um den Parkplatzmangel der Innenstädte zu entschärfen, haben insbesondere Großstädte P&R-Plätze am Stadtrand errichtet. Dieses Angebot richtet sich v.a. an Umlandbewohner. So wird unnötiger MIV vom Stadtgebiet ferngehalten, denn der Transfer in die Innenstadt erfolgt mit dem ÖPNV. Neuere Ansätze wie das road pricing oder das Mobilitätsmanagment befinden sich noch in der Erprobungsphase, so dass deren Wirkungen noch nicht endgültig bewertet werden können.

In der Praxis zeigt sich leider allzu oft, dass die einzelnen Maßnahmen nicht konsequent umgesetzt und auch nur mangelhaft aufeinander abgestimmt sind. So findet man trotz Staffelung der Parkgebühren häufig auch kostenlose Parkplätze in unmittelbarer Nähe zum Haupteinkaufsbereich, die dazu verführen, direkt in die Innenstadt zu fahren und sein Glück zu versuchen.

Die Nachteile der Innenstädte gegenüber den nicht-integrierten Standorten im Bereich Parken sind zwar nicht zu bestreiten, sie werden allerdings oft übertrieben stark wahrgenommen. So konnten BAIER/SCHÄFER (1997) für ihre Fallstudienstädte Aachen, Düren, Lübeck, Lüneburg und Wiesbaden nachweisen, dass das innerstädtische Parkraumangebot selbst während der maximalen werktäglichen Nachfrage zu normalen Zeiten im Jahr (z.B. außerhalb der Vorweihnachtszeit) Reserven von 10-30 % aufweist. Dabei stehen stark ausgelasteten und zeitweise in zentralen Bereichen sogar überlasteten Straßenräumen deutliche Auslastungslücken in den Parkierungsanlagen gegenüber. In solchen Fällen kommt es dann nicht auf die Errichtung weiterer Parkierungsanlagen an, sondern auf ein sinnvolles Parkraummanagement (s.o.). Der Ruf nach Parkplätzen in unmittelbarer Nähe zur Ladentür ist gerade in größeren Städten auch dann zu relativieren, wenn man sich den potenziellen Umsatz der Parkplatzbenutzer in Relation zum Gesamtumsatz des Geschäfts vor Augen führt.

Zur Kompensation der Standortnachteile wurden in vielen Innenstädten zusätzlich zum bereits erwähnten Parkraummanagement Parkgemeinschaften gegründet. Diese Zusammenschlüsse von Einzelhändlern und sonstigen Gewerbetreibenden, die oft in enger Verbindung mit Werbegemeinschaften stehen, erstatten ihren Kunden z.B. die Parkgebühren ganz oder teilweise. Zum Teil werden auch die Fahrpreise für den ÖPNV in die Erstattung einbezogen. Manche Einzelhändler richten auch einen eigenen oder gemeinschaftlichen Lieferservice ein, der die Einkäufe kostenlos oder für ein geringes Entgelt zu den Kunden nach Hause bringt. Ziel dieser Maßnahmen ist es, die Erreichbarkeitsnachteile im Vergleich zu nicht-integrierten Einzelhandelsagglomerationen zumindest teilweise auszugleichen.

Als Fazit dieses Kapitels muss jedoch festgehalten werden, dass die Erreichbarkeit und die Parkplatzausstattung der nicht-integrierten Standorte schon aufgrund der Rahmenbedingungen immer besser sein wird als in den Innenstädten. Hier kann keine Chancengleichheit erreicht werden. Ziel der Innenstädte kann es daher nur sein, sich bei optimierter Erreichbarkeit primär über weitere Attraktivitätsfaktoren zu profilieren. Ein lautes Klagen über fehlende Parkplätze und ein Schlechtreden der Erreichbarkeit, so wie es in vielen Städten zu beobachten ist, bringt die Innenstädte auf jeden Fall nicht weiter, sondern ist ausgesprochen kontraproduktiv, weil potenzielle Kunden dadurch „lernen", dass sie besser gleich einen anderen Einkaufsort anfahren sollten.

Literaturhinweise zu Kapitel 7

Einen guten Einblick in die veränderten Versorgungsstrukturen und den dadurch ausgelösten Einkaufsverkehr bieten

HENSCHEL, S.; KRÜGER, D.; KULKE, E. (2001): Einzelhandel – Versorgungsstrukturen und Kundenverkehr. In: IfL [Institut für Länderkunde] (Hg.): Nationalatlas der Bundesrepublik Deutschland 9. Leipzig. Heidelberg, S. 74-77.

Die Kundenverkehrs-Untersuchungen, auf deren Stärken und Schwächen in diesem Kapitel bereits hingewiesen wurden, sind von der Bundesarbeitsgemeinschaft der Mittel- und Großbetriebe des Einzelhandels e.V. (BAG) unter verschiedenen Titeln veröffentlicht worden. Die aktuellste ist

BAG [Bundesarbeitsgemeinschaft der Mittel- und Großbetriebe des Einzelhandels e.V.] (Hg.) (2001): BAG-Untersuchung Kundenverkehr 2000. Attraktiver Standort Innenstadt: Deutschland, Schweiz, Österreich. Köln. (=Schriftenreihe der BAG).

Neben den bereits im Text zitierten Studien lohnt die Lektüre der vergleichenden Studie, die im Auftrag der Bundesanstalt für Landeskunde und Raumordnung in sechs Städten erstellt wurde und die am häufigsten geäußerten Vermutungen über den Zusammenhang von Verkehrsberuhigung und Verkehr aufzeigt. Die Ergebnisse können nachgelesen werden bei

BfLR [Bundesforschungsanstalt für Landeskunde und Raumordnung] (Hg.) (1996): Handel und Verkehrsberuhigung. Auswirkungen einer verkehrsberuhigenden Umgestaltung von Hauptverkehrsstraßen. Bonn. (=Materialien zur Raumentwicklung 75).

Auch Topp greift die Diskussion um die Erreichbarkeit der Innenstadt auf und beleuchtet einzelne Aspekte anhand von Beispielen näher:

TOPP, H. (1998): Erreichbarkeit, Parkraum und Einzelhandel der Innenstadt. In: Raumforschung und Raumordnung 56 (2/3), S. 186-193.

Einen guten Überblick über die Entwicklung von Fußgängerzonen in Deutschland sowie deren Wirkungen auf den Handel gibt Monheim:

MONHEIM, R. (2000): Fußgängerbereiche in deutschen Innenstädten. Entwicklungen und Konzepte zwischen Interessen, Leitbildern und Lebensstilen. In: Geographische Rundschau 52 (7-8), S. 40-46.

MONHEIM, R. (1997): „Autofreie" Innenstädte – Gefahr oder Chance für den Handel? Teil A: Allgemeine Zusammenhänge. Bayreuth. (=Arbeitsmaterialien zur Raumordnung und Raumplanung 143).

8   Innenstadteinzelhandel als Schutzgut?

Die bisher analytisch behandelten Aspekte der Raumwirksamkeit der verfolgten Unternehmenskonzeption im Einzelhandel, der Bestimmungsgründe der Einkaufsstättenwahl der Konsumenten sowie der Zielvorstellungen und des Instrumentariums der Planung zur Gestaltung einer räumlichen Ordnung sollen nun im Verbund eines einheitlichen Standortraumes, der Innenstadt, betrachtet werden. Anlass hierfür ist das bereits in Kapitel 6 behandelte Leitbild der Planung, die Innenstadt als den wichtigsten Standort für die überörtliche Versorgungsfunktion eines zentralen Ortes anzusehen und dem Innenstadthandel eine besondere zentrumbildende Magnetfunktion zu unterstellen. Die nachfolgenden Überlegungen zielen darauf ab, in einem kurzen historischen Rückblick den Einfluss der Einzelhandelsentwicklung auf das heutige Innenstadtverständnis aufzuzeigen (Abschnitt 8.1). Der Einzelhandel ist Leitfunktion der Innenstadt, prägt große Teile ihrer Baustruktur und etabliert bis Anfang der 1970er Jahre eine weitgehend übereinstimmende räumliche Ordnung in allen westdeutschen Innenstädten (Abschnitt 8.2). Diese beginnt sich in den letzten dreißig Jahren aufzulösen (Abschnitt 8.3) als Teil eines Prozesses, der auch zu einer Pluralität des Stadtverständnisses führt. Damit ist zu fragen, für welchen zukünftigen Stadttypus denn der Innenstadt-Einzelhandel noch ein Schutzgut darstellt (Abschnitt 8.4) und welche Möglichkeiten dann für seinen Erhalt bestehen (Abschnitt 8.5).

8.1   Die Rolle des Handels bei der Herausbildung der Innenstadt

Innenstadt wird im Folgenden als zentral gelegener Standortraum und funktionale Mitte einer Stadt definiert, wobei bewusst auf größenbedingte Differenzierungen und Unterschiede hinsichtlich der historischen Entwicklung (z.b. mittelalterliche Marktstadt, im 19. Jahrhundert entstandene Industriestadt) nicht eingegangen wird. Damit bleibt auch die innere Differenzierung dieses Standortraums (z.B. Altstadt oder City als Teil der Innenstadt) außer Betracht. Nach Heineberg ist dieser Standortraum durch „die räumliche Standortkonzentration zentraler Einrichtungen, die zentrale Güter (Waren, Dienste, Informationen) anbieten" charakterisiert (HEINEBERG 2000, S. 160). Neuere Stadtgeographien behandeln die Innenstadt im Zusammenhang mit städtischen Zentrensystemen, als deren wichtigster Bildner der Einzelhandel angesehen wird (vgl. z.B. HEINEBERG 2000; ZEHNER 2001). Zu den Merkmalen dieser Systeme gehören die Zugänglichkeit, das Kern-Rand-Gefälle, ein hierarchischer Aufbau, aber auch eine Komplexität und ein Funktionsgeflecht der beteiligten Nutzungen. Als ein Wesensmerkmal dieser Systeme sieht LICHTENBERGER (1991[2]) deren beständige Veränderung, wobei Richtung und Intensität sowohl von den politischen Institutionen und ihren gesetzlichen Regelungen abhängen als auch von der wirtschaftlichen Entwicklung, dem sich verändernden Stand der Technologie von Verkehr, Information und Kommunikation sowie den kulturell geprägten, der gesellschaftlichen Entwicklung angepassten Vorstellungen von Stadt.

Wir wenden uns im Folgenden nun konkret der (west-)deutschen Innenstadt zu: Sie ist die funktionale Mitte und weist die höchste Zugänglichkeit auf, was die stadteigenen Verkehrssysteme betrifft. Die Bodenrente und die damit korrelierte Nutzungsintensität erreichen hier ihren höchsten Wert. Innerhalb dieses Standortraumes herrscht Multifunktionalität mit einem teilweise komplementären Verbund der einzelnen Nutzungsarten (Wohnen, Arbeiten, Ausbildung, Einkauf, Freizeit/Kultur, Verwaltung). Sofern Funktionen Hierarchien innerhalb der Gesamtstadt bzw. des Umlands ausgebildet haben, sind in der Innenstadt herausgehobene, wenn nicht gar die höchsten Ränge vertreten. Aufgrund einer langen kulturellen Tradition genießt dieser Standortraum außerdem den höchsten Bekanntheitsgrad. Hier konzentriert sich das historische Erbe, an das sowohl die Imagebildung der Stadtbevölkerung als auch der Fremden anknüpft.

Gleichzeitig aber ist dieser Raum auch geprägt von Gestaltungskräften, die eine freie Entfaltung wirtschaftlicher Prinzipien stark einschränken. In vielen Innenstädten ist z.B. ein beachtlicher Anteil der Grundstücke in Besitz von Kirchen, der Stadt oder dem Staat und damit von Eigentümern, die bei der Entscheidung über die Nutzung ihres Grundbesitzes nicht primär wirtschaftliche Interessen verfolgen. Hinzu kommen Belange des Denkmalschutzes und die Reglementierung der Bautätigkeit in Form von Bauordnungen, Flächennutzungsplänen und Gestaltungssatzungen. Zugleich investiert die Stadtverwaltung aber gerade in der Stadtmitte in Gebäude, in den öffentlichen Raum und in die Verkehrsinfrastruktur, was seine Attraktivität erhöht und allen Nutzungen zugute kommt.

Der Einzelhandel hat einen wesentlichen Beitrag zur Herausbildung dieser so charakterisierten Innenstadt geleistet. Die Architektur der Kaufleute prägt sowohl im Mittelalter als auch nach dem Absolutismus das Stadtbild. Besonders die Entwicklung des Warenhauses Mitte des 19. Jahrhunderts in Paris und London gibt den Anstoß für neue bauliche Stilrichtungen dieser Geschäftshäuser, die mit Übernahme des strengen Fassadenrasters der Chicagoer Architektenschule und den Materialien Stahl, Beton und Glas auch internationale Verbreitung finden. Der öffentliche Raum wird nicht nur durch die phantasievolle Dekoration der Schaufenster belebt, er erhält auch mit den Galerien und Passagen eine Erweiterung, die später wesentliche Impulse für die Entwicklung von Einkaufszentren geben sollte.

Das Warenhaus als Innovation des industriellen Zeitalters erweist sich als wegweisend für die Herausbildung des modernen Einzelhandels und für den Umgang der Gesellschaft mit der Innenstadt. Es bringt die Einführung des Festpreises statt des zuvor üblichen Feilschens, durch das interne Kopplungspotenzial spart man pro Verkaufsvorgang Zeit und das Personal kann sich nun auf die Bedienung der stetig wachsenden Käuferströme konzentrieren. Das Sortiment besteht überwiegend aus industriell hergestellten Waren, der Preis wird mit kleiner Handelsspanne kalkuliert.

Foto 7   Ein Beispiel für frühe Warenhausarchitektur – Das Jugendstilkaufhaus in Görlitz

eigene Aufnahme März 2001

In Paris und London entwickeln sich die Warenhäuser um die Wende des 19. zum 20. Jahrhundert zu Konsumtempeln, zu Anziehungspunkten der vornehmen

Gesellschaft und vielen bürgerlichen Nachahmern. Damit verbindet sich neben der Exklusivität und Innovation auch ein Hochpreisimage bis in die Zeit nach dem Zweiten Weltkrieg. Anders in Deutschland, wo aus den Firmengründungen der 1870er und 1880er Jahre bald große Konzerne entstehen. Hier dienen die Warenhäuser vornehmlich dem Massenabsatz und beanspruchen auch bis in die Nachkriegszeit bei einer nur geringen Differenzierung der Nachfrage in den meisten ihrer Sortimente die Preisführerschaft. Beiden Ansätzen ist gemeinsam, dass sie mit ihrem Angebot einen Großteil der städtischen Bevölkerung ansprechen und für die Umlandbevölkerung zum Synonym der Stadt schlechthin werden.

Viele der im 19. Jahrhundert im Zuge der Industrialisierung entstandenen formlosen Städte gewinnen durch diese Entwicklung erst eine funktionale Mitte, zumal sich auch die Architekten der Waren- und Kaufhauskonzerne ihrer städtebaulichen Verantwortung mehr und mehr bewusst werden. Begleitend erfolgt der Ausbau der auf die Stadtmitte ausgerichteten Verkehrsinfrastruktur und der sich rasch entwickelnden öffentlichen Verkehrssysteme. Bis zur Motorisierung sind deshalb Stadtwachstum und schnelle Erreichbarkeit der Innenstadt kein Widerspruch. Und die öffentlichen Investitionen zeigen, dass diese vom Einzelhandel ausgelöste Entwicklung mit den Zielen der Stadtplanung konform geht, stellt doch die entstehende Konzentration von Einzelhandelsbetrieben, Banken, Versicherungen und Verwaltungen eine nicht unbeträchtliche Arbeitsplatzkonzentration dar. Zu ihrer Förderung zählen auch die vielen Sonderregelungen und Ausnahmegenehmigungen vom bestehenden Bau- und Planungsrecht, um etwa die verkehrliche Erschließung der oft zweigeschossigen Galerien und Passagen zu ermöglichen.

Das Nebeneinander der Funktionen in der Innenstadt hat einerseits symbiotischen Charakter, andererseits bleiben auch Nutzungskonflikte nicht aus. Zu den historisch weit zurückreichenden Verbindungen zählt z.b. Einkauf mit Freizeitgestaltung. Wochen- und Jahrmärkte sowie Messen üben seit je her eine große Anziehung auf die Stadtbewohner aus. Es war deshalb auch der Handel, der im Mittelalter auf die Vermehrung der kirchlichen Feiertage drängte. Später sind es die schön gestalteten Schaufenster oder die wettergeschützten Verkaufsangebote der Galerien und Passagen, die zum Freizeiterlebnis beitragen. In die Kauf- und Warenhäuser werden schließlich Freizeiteinrichtungen integriert, wobei die Gastronomie besonders beliebt ist.

Dagegen entwickelt sich die Beziehung von Handel und Wohnen eher konfliktreich. So wird die Wohnbevölkerung zumindest in den Hauptgeschäftsstraßen fast vollständig verdrängt. Damit kommt es zu einem ausgeprägten Gefälle von Tag- und Nachtbevölkerung mit den bekannten Beeinträchtigungen der Aufenthalts- und Erlebnisqualität, wie sie in der Diskussion um die Verödung der Innenstadt und die Sicherheit beklagt werden.

8.2   Die räumliche Ordnung bis zu Beginn der 1970er Jahre

Die Innenstadt ist bislang als ein sehr günstiger Standortraum für den Einzelhandel charakterisiert worden. Wesentliche Kennzeichen sind die leichte Erreichbarkeit und der hohe Bekanntheitsgrad, verbunden mit der Möglichkeit externer Kostenersparnisse und der Ausnutzung von Agglomerationsvorteilen, welche die räumliche Konzentration von kommerziellen und nicht kommerziellen Einrichtungen erlaubt. Nicht zu übersehende Randbedingungen sind aber, dass dieser Standortraum in seiner Ausdehnung beschränkt ist, die Verfügungsgewalt über die Flächen nur zum Teil in den Händen von Kaufleuten liegt und jede Änderung des Nutzungsgefüges im Blickfeld der Öffentlichkeit steht.

Die günstigen Voraussetzungen haben schon früh zu einem Ansiedlungsdruck, daraufhin steigenden Grundstücks- und Mietpreisen mit nachfolgender Selektion sowohl zwischen Handel und anderen ökonomischen Nutzungen als auch innerhalb des Handels geführt. Dabei gibt der Ertrag, gemessen am Kapitaleinsatz und der benötigten Fläche, den Ausschlag für die Durchsetzungsfähigkeit einer Nutzung. Die innenstädtische Einzelhandelsentwicklung lässt sich daher als eine Kette von Anpassungs- und Selektionsprozessen von Unternehmen, Branchen und Betriebsformen charakterisieren. Ursachen sind die sich verändernden standorttypischen Rahmenbedingungen der Kostenentwicklung und der Umsatzerwartung sowie die allgemeine Einzelhandelsentwicklung und die Polarisation der Nachfrage. Wesentliche Voraussetzung ist allerdings eine Erhöhung der Faktormobilität, was am Innenstadtstandort meist gleichbedeutend ist mit der Mobilität der knappen Betriebsflächen.

Branchen- und Betriebsformzusammensetzung

Die Frage, welche Merkmale typische Innenstadtbranchen und -betriebsformen aufweisen, hat in der Literatur schon früh Aufmerksamkeit gefunden. Entsprechend der bisherigen Überlegungen muss der Kostenfaktor als wesentliches Kriterium angesehen werden. Er führt zu folgender erster Aussage:

> Als Hoch-Kosten-Standort ist der Innenstadt-Standort besonders geeignet für Branchen mit umfangreichen Angebotsteilen mit hohem Zusatznutzen.

Bei der Gestaltung des Sortiments orientieren sich innenstadttypische Betriebsformen an Zielgruppen und tendieren bei der Andienung stark zur Beratungstätigkeit. Damit ist die Preisgestaltung eher am Ertrag als an den Kosten ausgerichtet. Nach der Definition der Betriebsformen kommen daher Spezial- und Fachgeschäft sowie Fachkaufhaus und Warenhaus in Frage. Jedoch ist darauf hinzuweisen, dass bei abnehmender Kundentreue und bei zunehmender Kundensegmentierung dem Faktor des „suscipient business" auch bei einer Kostenorientierung steigende Bedeutung zukommt. Dies gilt besonders für jene Betriebsformen, die geringen Flächenbedarf und hohe Besuchshäufigkeit aufweisen und deren Sortiment leicht transportierbar ist. Mit einem Standort in der Innenstadt steigen zwar die Betriebskosten. Jedoch wird dies durch den höheren Anteil an „suscipient business" und dem mit zunehmendem Komplementärpotenzial auch höheren Anteil an „shared business" ausgeglichen. Dies rechtfertigt folgende zweite Aussage:

> Die Innenstadt ist für alle Betriebsformen geeignet, die in der Lage sind, ihre Leistungsfaktoren zu optimieren.

Räumliche Ordnung

Die entstehende räumliche Ordnung im gesamten Standortbereich wird wesentlich von der Anlage und Differenzierung des Straßennetzes, der Betriebsgrößenverteilung und den räumlich begrenzten Planungsmaßnahmen beeinflusst. So zeigt eine planvolle Innenstadtanlage mit klar erkennbaren Hauptverkehrsstraßen eine sehr viel ausgeprägtere Differenzierung als ein historisch gewachsenes, wenig strukturiertes Straßennetz. Die Betriebsgrößenverteilung ist nach wie vor durch ein Nebeneinander von wenigen Groß- und vielen Mittel- und Kleinbetrieben gekennzeichnet. Letztere sind in stärkerem Maße auf „shared" und „suscipient business" angewiesen. Entsprechende räumliche Vergesellschaftungen auf Branchenebene lassen sich nachweisen (vgl. Abschnitt 3.1.3) und finden ihre funktionale Bestätigung durch die bereits in Kapitel 5 beschriebenen Einkaufskopplungsbeziehungen der Innenstadtbesucher (vgl. auch den Zusammenhang von Kopplungspotenzial und Geschäftserfolg).

DAVIES (1976) berücksichtigt in seinem Landnutzungsmodell der Innenstadt die drei wichtigsten der beschriebenen Einflussgrößen, nämlich die Kostenentwicklung, den Zugang und die Nachbarschaftseffekte sowie ihr Zusammenwirken auf die räumliche Anordnung des Einzelhandels (vgl. Abb. 52). Zentraler Ansatzpunkt ist das unterschiedliche Zugänglichkeitsbedürfnis der Branchen. Dieses differenziert sich nach der Reichweite ihrer Güter und der Ausrichtung auf spezielle Kundensegmente.

Dabei führt die Mietpreisselektion zu einer kreisförmig-zonalen Anordnung, wobei Branchen und Betriebsformen mit hoher Umschlagsfrequenz ihres Sortiments die zentralen Lagen besetzen. An großen innenstädtischen Verkehrsachsen bilden sich linienhafte Anordnungen von Betrieben, die sehr auf Laufkundschaft oder motorisierten Zugang ihrer Kunden angewiesen sind. Eingestreut in dieses Muster sind Klumpen von Spezialbetrieben. Dabei unterscheidet Davies Nutzungsspezialisierung (wie die Agglomeration branchengleicher Betriebe) und Qualitätsspezialisierung, d.h. auf bestimmte Konsumentengruppen ausgerichtete Betriebsagglomerationen. Die Gestalt der Klumpen kann sowohl linear als auch kreisförmig sein.

Abb. 52   Marktwirtschaftliche Prozesse und Planungseingriffe in ihrer Wirkung auf das Nutzungsgefüge von Einzelhandel und Dienstleistungen in der Innenstadt

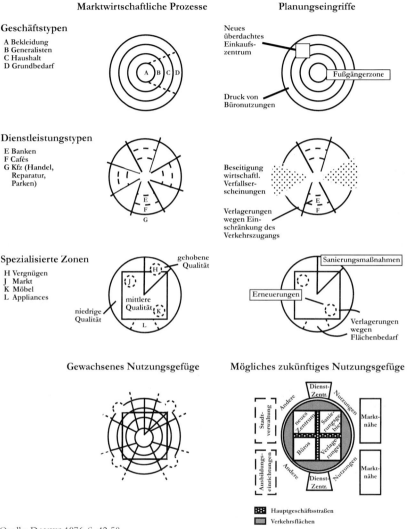

Quelle: DAVIES 1976, S. 42-58

Dieses Modell wird für Deutschland durch die umfangreichen Beispiele von WOLF (1971) aus dieser Zeit weitgehend bestätigt, der ebenfalls in Großstädten in den besten Lagen Bekleidungskaufhäuser mit benachbart angesiedelten branchengleichen oder branchenkomplementären Fach- und Spezialgeschäften findet. Wa-

renhäuser nehmen einen eher randlichen Standort in den 1a-Lagen ein. Es schließen sich weitere Fach- und Spezialgeschäfte der Bedarfsstufe 2 an. Eher randlich
finden sich auf Grund ihres großen Flächenbedarfs Technikkaufhäuser und Agglomerationen von Möbelhäusern. Mit zunehmender Größe und Tragfähigkeit
des Einzugsgebietes entwickeln sich in der Innenstadt auch Qualitätsagglomera-
tionen. Wegen des vergleichsweise hohen Wohnanteils findet sich noch eine
wohnnahe Lebensmittelversorgung. Auch die damals neu entstehenden Lebens-
mittel-Discounter wählen ihre ersten Standorte in der Innenstadt (z.B. Aldi in
Ruhrgebietstädten).

Abschließend soll noch ein kurzer Blick auf die Rolle der beiden anderen Akteure
geworfen werden. So hat die **Planung** in der Nachkriegszeit die Bausubstanz der
zerstörten Innenstädte in funktionaler Weise wieder aufgebaut und bietet dem
Handel vergleichsweise gute Arbeitsbedingungen. Dies gilt ebenso für die Förderung der Zugänglichkeit, denn noch herrscht parallel zur beginnenden Massen-
motorisierung auch in der Innenstadt das Leitbild der autogerechten Stadt. In den
Metropolen (ab 500.000 Einwohner) beginnt man darüber hinaus mit dem Bau
von U-Bahnen.

Die **Konsumenten** erfreuen sich parallel mit dem Nachkriegs-Wirtschaftswachs-
tum einer steten Kaufkraftzunahme. Ihr großer, zunächst wenig differenzierter
Bedarf zur Ergänzung der Grundausstattung führt zu einem raschen Wachstum
des Einzelhandels in der Innenstadt, das bis in die sechziger Jahre v.a. zu Lasten
der noch verbliebenen Wohnfunktion geht. Innerhalb des Handelsbestands wan-
dert v.a. der Lebensmitteleinzelhandel aus der Innenstadt ab oder gibt auf, weil
auf den kleinen und zu teuren Flächen das stetig wachsende Sortiment nicht un-
terzubringen und die kostensparende Selbstbedienung nicht einzuführen ist.

8.3   Veränderungen der letzten dreißig Jahre

Nimmt man das Ergebnis der nachfolgenden Ausführungen vorweg, dann schwächen sich alle Vorteile des Standortraumes Innenstadt ab oder verkehren sich in
ihr Gegenteil. Dies bewirken sowohl endogene Einzelhandelsentwicklungen als
auch gesellschaftliche Prozesse und planerische Eingriffe, wobei die einzelnen
Einflüsse systemhaft miteinander verbunden sind, wie die nachfolgenden Beispiele zeigen.

Beschränkung des äußeren Zugangs, Steigerung der Aufenthaltsqualität

Die zunehmende Motorisierung droht die Funktionsfähigkeit der Innenstädte ein-
zuschränken. Städte über 300.000 Einwohner leiden bereits zu Beginn der 1970er
Jahre an den Folgen der Verkehrsüberlastung, erschweren daraufhin den Verkehrszugang für den Individualverkehr und bewirtschaften über den Bau von
Parkhäusern den ruhenden Verkehr massiv. Diese Entwicklung setzt sich Mitte

der 1970er Jahre für Großstädte unter 300.000 Einwohner fort. Das verkehrsplanerische Leitbild der autogerechten Stadt wird von der Bevorzugung des ÖPNV und der Beschränkung des Zuwachses des MIV abgelöst.

In diese Jahre fällt nach dem Abschluss der Wiederaufbauphase auch die verstärkte Innenentwicklung. Funktionsschwächen gerade im Innenstadtbereich werden beseitigt und in diesem Zusammenhang auch Fußgängerzonen ausgewiesen. Insbesondere planerische Eingriffe wie Gebäudesanierungen oder die Einrichtung von Fußgängerzonen sind über die nachfolgenden Aufwertungseffekte und Mietpreissteigerungen Auslöser für tiefgreifende Veränderungen in der Angebotsstruktur und der räumlichen Ordnung im Einzelhandel, wie Davies in Abb. 52 prognostiziert und HÖDEBECK (1986) sowie KLEIN (1995) nachweisen.

Abb. 53 Hypothetisches Wirkungsmodell zur Abschätzung des Einflusses der Planungsmaßnahme „Einrichtung einer Fußgängerzone"

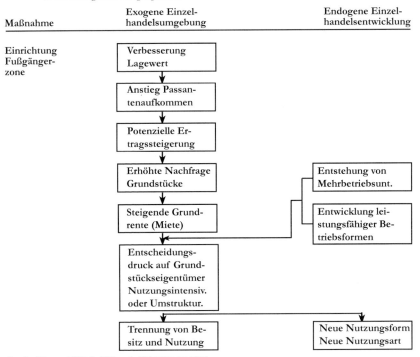

Quelle: KLEIN 1995, S. 392 nach HÖDEBECK 1986

Insbesondere leistungsfähige, weil betriebswirtschaftlich optimierte Betriebsformen, die meistens von Mehrbetriebsunternehmen platziert werden, können die höheren Preise bezahlen; eine Zunahme von Filialbetrieben in den betreffenden

Lagen ist die Folge. Dem vom Markt ausgehenden Entscheidungsdruck begegnen die Grundstückseigentümer unterschiedlich. Je nach Grad der Eigennutzung und der Aufteilung der Verfügungsgewalt (Erbengemeinschaften!) wird dem Anpassungsdruck früher oder später nachgegeben. Unrentable, gleichwohl für die Angebotsvielfalt der Innenstadt wichtige Nutzungen werden verdrängt oder verschwinden – ein Vorgang, den AGERGARD et al. (1970) die „suburbanisation of the city center" nennen. Auch kommt es zu einer zunehmenden Trennung von Grundstücksbesitz und Bodennutzung. Im Ergebnis führt das bei den Branchen zu einer Zunahme von spezialisiertem Nahrungsmittelhandel und Bekleidungs-/ Textilbetrieben, bei den Betriebsformen dominieren filialisierte Spezialbetriebe. Zusätzlich wurden Branchen mit sperrigen Waren schon in der Anfangsphase aus den Fußgängerzonen vertrieben, da dort die Kunden die Waren nicht mehr direkt in den Kofferraum laden konnten. Insgesamt kommt es somit zu einer passiven Spezialisierung der Innenstädte auf einige wenige hochrentable Branchen bzw. Betriebsformen. Daneben ist eine Konzentration des Hauptgeschäftsbereichs auf die Fußgängerzonen zu beobachten, so dass es auch räumlich gesehen zu einer Ausdifferenzierung der Innenstädte kommt. Leerstände in den Nebenstraßen sind heute keine Seltenheit mehr, der Gradient der Bodenpreise bzw. Mieten zwischen den verkehrsberuhigten und den nicht umgestalteten Bereichen verläuft v.a. in den großen Städten zunehmend steiler.

Damit ergibt sich eine zunehmende Fremdbestimmung der Grundstücksnutzung durch die in der Regel außerhalb der Stadt ansässigen Unternehmen. Diese Fremdbestimmung folgt rein marktwirtschaftlichen Überlegungen, was direkte Auswirkungen auf das Mietniveau und die Auswahl der Mieter hat. Auch die Stabilität der Nutzungsstruktur wird davon berührt. So hebt z.b. die auf 1a-Lagen in Innenstädten und in modernen Einkaufszentren spezialisierte Douglas-Gruppe hervor, dass ihre über 1.500 Fachgeschäfte nur zu einem verschwindend geringen Teil in eigenem Immobilienbesitz untergebracht sind. Gerade dieser Umstand wird vom Unternehmen als Vorteil angesehen, um rasch auf Änderungen in der Stärke und Zusammensetzung von Kundenströmen reagieren zu können (vgl. KREKE 1999).

Abnahme der Synergieeffekte

Die bereits angedeutete Abnahme der Synergieeffekte durch die Einschränkung der Branchenvielfalt wird durch die endogene Entwicklung des Einzelhandels noch verstärkt. Ab den 1970er Jahren setzt die Entwicklung und Verbreitung der Betriebsformen Verbrauchermarkt, SB-Warenhaus und Fachmarkt ein. Die von ihnen konsequent angewendete Selbstbedienung schreitet parallel mit der raschen Zunahme von SB-fähigen Artikeln voran, ein Vorgang, der die Aneignung von Teilen bestehender Fachgeschäfts-Sortimente begünstigt. KLEIN (1997) hat dies für Drogerieartikel nachgewiesen, wo der Anteil des Nichtfachhandels an Verkaufsfläche und Umsatz bereits deutlich den Anteil des Fachhandels übertrifft.

Hiermit ist auch ein Preisverfall verbunden, so dass diese Entwicklung von der Polarisierung der Nachfrage bis heute in Gang gehalten wird. Da die Standorte dieser neuen Betriebsformen fast nur außerhalb der Innenstadt gewählt werden, wird ihr für die betroffenen Branchen und Sortimente das Massengeschäft, zum Teil auch die Preisführerschaft entzogen, ein Zwang zur Spezialisierung ausgeübt und Kopplungspotenzial eingeschränkt.

Die im betrachteten Zeitraum verstärkte Stadt-Rand-Wanderung führt zu einem Bevölkerungs- und Kaufkraftverlust der Städte, die Suburbanisierung verschiebt den Nachfrageschwerpunkt an den Stadtrand. Begleitend verändern auch die bislang mit dem Einzelhandel in der Innenstadt interagierenden ansässigen Nutzungen ihre Standorte. So lagert der tertiäre Sektor Arbeitsplätze aus der Innenstadt aus, u.a. Verwaltungen von Banken und Versicherungen, aber auch Büros, Praxen und Kanzleien haushaltsorientierter Dienstleister, welche der Suburbanisierung ihrer Klientel folgen. Auch öffentliche Verwaltungen der Stadt, der Arbeitsverwaltung oder von Justizbehörden werden an Ausfallstraßen und in Randbereiche umgesiedelt. Mit deren Beschäftigten fehlt eine Komponente der Tagbevölkerung, welche regelmäßig in die Innenstadt gekommen ist, in Arbeitspausen oder vor bzw. nach der Arbeit Gelegenheit hatte und diese auch genutzt hat, die Angebote des Innenstadteinzelhandels kennen zu lernen und wahrzunehmen.

Urbanes Einkaufserlebnis als Alleinstellungsmerkmal der Innenstadt?

TIETZ (1989) sieht in der bisher aufgezeigten Entwicklung eine wünschenswerte Funktionsteilung im System des städtischen Einzelhandels. So veröffentlicht er 1989 einen Beitrag zu seiner bereits diskutierten Theorie der einander ergänzenden städtischen Handelsnetze unter dem bezeichnenden Titel: „Warum die City und die „Grüne Wiese" nicht ohne einander existieren können". Befragungen nach den hauptsächlichen Gründen für den Besuch von Innenstädten (vgl. Abb. 54) scheinen zu beweisen, dass auch gegen Ende der Betrachtungsperiode der Einzelhandel immer noch wichtigster Anziehungspunkt der Innenstadt ist. Aber Einkaufsverhalten und Kaufbereitschaft haben sich entscheidend gewandelt. So sinkt der Anteil derjenigen Innenstadtbesucher, die nicht nur zum Window-Shopping kommen, sondern tatsächlich einkaufen. Dazu trägt auch die zunehmende Anteil der Freizeitshopper bei, der v.a. an Wochenenden durch viele Tagestouristen verstärkt wird (vgl. JOCHIMS/MONHEIM 1996). Aus Sicht des Einzelhandels sind sie vielfach nur am „suscipient business" beteiligt.

Außerdem weist das Innenstadtangebot neben der **Filialisierung**, **Textilisierung und Fast-Foodisierung** noch einen weiteren Trend auf. In einigen Branchen, darunter Textil und Bekleidung, Schuhe, Uhren/Schmuck und Geschenkartikel, treten zunehmend Billiganbieter gerade in der Innenstadt und auch in 1a-Lagen auf. Es sind discount- oder fachmarktartig geführte Kettenläden, die der hohen Kostenstruktur mit einer Einschränkung ihrer Gewinnspanne und höherem Umschlag begegnen. Ihr Auftreten ist Reaktion auf die Veränderung der innenstädtischen Besucherstruktur und -nachfrage. Diese **Banalisierung** als vierter großer Trend der Angebotsentwicklung wird von bewusst auf Qualität setzenden Unternehmen als „trading down" beschrieben und gleichgesetzt mit einem Attraktivitätsverlust, der unvereinbar sei mit dem Image, „dass in den Innenstädten der gehobene Bedarf abgedeckt und das Besondere in Bezug auf Mode, Aktualität und Ambiente geboten wurde" (KREKE 1999, S. 206).

Abb. 54   Hauptsächliche Gründe für den Besuch von Innenstädten

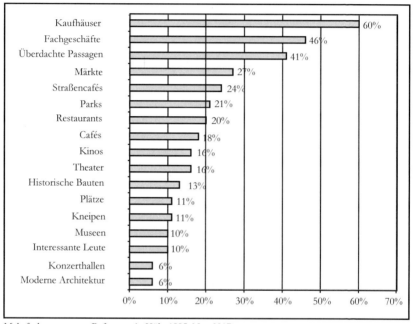

Mehrfachnennungen; Befragung in Köln 1995, N = 2017
Quelle: JUNKER/KRUSE 1998, S. 133

In einer fast gegenläufigen Bewegung eignen sich Randstandorte dagegen Imagekomponenten der Innenstadt an. Zunächst bieten die neuen Standortagglomerationen um das SB-Warenhaus als Kern v.a. viele Parkplätze und einen rational durchorganisierten Einkauf, aber nur eine eher bescheidene Aufenthaltsqualität. Mit dem Entstehen und der zunehmenden Verbreitung der Einkaufszentren ändert sich dies aber entscheidend. Auch deren erste Generation siedelt sich auf der „Grünen Wiese" mit einer offenen, architektonisch eher anspruchslosen baulichen Gestaltung an (vgl. HEINEBERG 2000). Jedoch weist sie zum Teil schon Waren- und Kaufhäuser als Magnetbetriebe auf. Nachfolgende Generationen wählen ihren Standort bereits in der Stadt, zum Teil sogar randlich oder im Zentrum der Innenstadt, ahmen deren Angebotsbreite nach und perfektionieren sie bzgl. der Anordnung der Geschäfte, der Abstimmung von Sortimenten in Auswahl, Bedienung und Preis auf Zielgruppen und bieten zunehmend auch infolge ihrer Witterungsunabhängigkeit eine bessere Aufenthaltsqualität und Zugänglichkeit für den motorisierten Kunden.

Solche Bemühungen werden, wie Haushaltsbefragungen zeigen, von den Besuchern honoriert. So fällt die Einschätzung der Einkaufssituation für die Innenstadt mit zunehmender Entfernung der Wohnstandorte potenzieller Kunden immer besser aus. Aber im Vergleich zum Einzelhandel im Gewerbegebiet bewerten nur die Stadtbewohner ihre Innenstadt besser, alle übrigen geben bereits dem Gewerbegebiet den Vorzug (vgl. KLEIN 1996, S. 172). Befragungen der tatsächlichen Besucher des Gewerbegebietes zeigen, dass die Ausübung der Handelsfunktion (Angebot, Bedienung, Preisniveau) bis auf die Bedienung bereits im Gewerbegebiet als besser eingeschätzt wird, auch von den Stadtbewohnern selbst, desgleichen der Verkehrszugang und das Standortumfeld (Stadtbild und Erlebniswert) (KLEIN 1996, S. 258). Damit gehen nicht zu unterschätzende Gewöhnungseffekte Hand in Hand mit sinkender Vertrautheit mit den Innenstadtverhältnissen einerseits und nachlassender emotionaler Bindung andererseits.

Als Fazit bleibt: Die Annahme einer stabilen Funktionsteilung der Handelsnetze unterschätzt die Fähigkeit des Handels, Zentren mit Erlebnis- und Aufenthaltsqualität an jedem beliebigen Standort zu kreieren. Was aber unternimmt die Innenstadt, um dennoch ihre Position zu behaupten?

Reaktionen auf den Attraktivitätsverlust der Innenstadt

Im Folgenden sollen mit der Weiterentwicklung des Warenhauses in den 1990er Jahren, dem Aufbau einer innenstädtischen Eventkultur und den Ansätzen zur Aufwertung des Bahnhofsumfelds Reaktionen auf der Ebene der Einzelhandelsbetriebe sowie des Public-Private-Partnership von Planung und Investoren angesprochen werden.

Neupositionierung der Warenhäuser

Das Warenhaus als Generalist leidet besonders unter der skizzierten Entwicklung. Mit der Abwanderung des Massengeschäfts aus der Innenstadt und der zunehmenden Differenzierung und Polarisierung reduziert sich die Nachfrage nach Angebotsteilen der Marktmitte. Wegen der ungünstigen Kostenstruktur des Standortes geben Warenhäuser daher Sortimente auf, die besonders im Preiskampf stehen. Dies gilt für die Lebensmittelabteilungen, aber auch für weite Teile der Angebote aus Bedarfsstufe 3 wie z.B. Möbel, Teile der Elektroabteilung oder Heimwerkerbedarf. Davon sind vor allem die Kleinpreis-Warenhäuser betroffen, die für ihr universelles Sortiment keine ausreichende Verkaufsfläche bereitstellen können und damit gegenüber dem SB-Warenhaus an Kompetenz einbüßen. Schon bald haben sich deshalb die großen Warenhausunternehmen von diesen Töchtern (Karstadt von Kepa, Kaufhof von Kaufhalle) getrennt.

Aber auch die verbleibenden Sortimente müssen immer wieder neu positioniert werden, denn die Nachfrage gerade nach den in der Innenstadt überwiegend angebotenen Gütern des Zusatznutzens ist vom Individualismus geprägt und differenziert sich laufend. Damit wird der Markt komplexer, worauf die Fachkaufhäuser und Fachgeschäfte sich weiter spezialisieren, um ihr Handlungsfeld zu vereinfachen und sich auf schmalere Kompetenzfelder zu konzentrieren. Allerdings gelingt nur wenigen eine strikte und dauerhafte Ausrichtung ihres Sortiments auf Zielgruppen. Vielmehr erfordert auch die Spezialisierung ein flexibles Reagieren auf die immer spürbare Suche der Kunden nach Orientierung. Dem Warenhaus fällt diese, seinem grundlegenden Unternehmensziel zuwiderlaufende Neupositionierung schwer. Der Betriebsbestand wächst zwar noch bis 1980, seither aber überwiegen die Betriebsschließungen. Parallel vermindert sich auch der Anteil dieser Betriebsform am Gesamtumsatz des Einzelhandels. Ganz anders dagegen die Bestandsentwicklung des SB-Warenhauses, die bis 1995 positiv ist und dann auf hohem Niveau stagniert.

Nach gescheiterten Versuchen mit einer reinen „trading up"-Strategie entwickeln sich Warenhäuser in den 1990er Jahren in Richtung Kostenoptimierung. Dabei wird Kompetenz in ausgewählten Angebotsteilen angestrebt, die eine dem Gesamtstandort angepasste Erlebnisorientierung des Einkaufs betont und die Standardisierung des Sortiments durch standortspezifische Akzentuierung aufgelockert. Dies drückt sich in einer klaren Trennung von SB-fähigen Abteilungen und Abteilungen mit Fachgeschäftcharakter und intensiver Beratungstätigkeit aus (z.B. Galeria-Konzept von Kaufhof).

Die Weiterentwicklung des Konzepts erfolgt vor dem Hintergrund, dass einerseits nur die immer bewahrte Multioptionalität des Angebots genug Chancen bietet, andererseits sich die Bindung an eine Einkaufsstätte nur über Emotionen erreichen lässt. In Verbindung mit dem Wunsch des Konsumenten nach Orientierung geht man dazu über, die Abteilungen aufzulösen und Themenfelder aufzubauen. Die Waren werden dabei so präsentiert, dass der Kontext der Nutzungsoptionen für die Artikel sichtbar wird. Gleichzeitig erhält man über ein laufendes Kundenmonitoring – u.a. durch die Auswertung der Daten von Kundenkarten – Informationen, um frühzeitig neue Marktströmungen und das Entstehen von Szenen erkennen und darauf reagieren zu können.

Kommerzielles Freizeitangebot

Die immer schon bestehende Verbindung von Einkauf und Freizeitgestaltung wird zunehmend als Wirtschaftsfaktor für die Innenstadt erkannt und gefördert – sowohl von der Planung als auch von kommerzieller Seite. Intensive Bemühungen der Planung gehen v.a. in Richtung einer Belebung auch außerhalb der Ladenöffnungszeiten. Unter dem Schlagwort „Eventisierung" bzw. „Festivalisierung" werden dabei diverse Angebote gemacht, die Freizeit in der Innenstadt zu verbringen; in NRW beispielsweise unter dem treffenden Motto „Ab in die Mitte". Zu diesen zeitlich befristeten Angeboten kommen Kinos, kreative Gastronomie, Kultur u.v.m. Auch deren Attraktivität wird durch Events gesteigert. So werden z.b. kulturelle Einrichtungen in sogenannten „Langen Nächten" tageweise mittels gemeinsamer Eintrittskarten und einem entsprechenden Angebot an öffentlichen Verkehrsmitteln zu einem Gesamtkunstwerk erhoben. Und selbst auf Brachflächen etablieren sich oft für den Standort ungewöhnliche Sportangebote und -events. FAHRENHOLTZ (1999, S. 117) spricht vom Freizeitangebot der Innenstadt als einem „System von Bausteinen unterschiedlicher Bau- und Raumstruktur". Kennzeichen sei einerseits die professionelle Organisation, welche neben dem Verkehrszugang auch Eintritt, Öffnungszeiten, die werbliche Anbindung und Identitätsbildung an den Standortraum sowie die Abstimmung der Angebote umfasst. Andererseits hebt er die individuelle Ansprache der Angebote bzgl. Alter, Interesse und Engagement der Besucher hervor, ebenso die unterschiedliche Trägerschaft.

Permanente Freizeiteinrichtungen rein kommerzieller Träger lassen sich allerdings schon allein wegen ihrer Größe nur schwer integrieren. Bei der Standortwahl werden neben den Innenstädten deswegen auch nicht-integrierte Lagen in Betracht gezogen. Als komplexe Erlebnis- und Unterhaltungszentren vereinen diese Einrichtungen mit oder ohne Einzelhandel Multiplexkinos, Musicaltheater, Sportarenen unterschiedlicher Ausrichtung und/oder Fitnesscenter unter einem Dach. Damit entsprechen sie zwar dem geänderten, auf immer neue Anreize ausgerichteten Freizeitverhalten der Bevölkerung, treten aber wegen ihrer Größe in Konkurrenz zu traditionell kleineren, dezentralen Einrichtungen. Dieser Wettbewerb zwingt nicht nur die bislang überwiegend privat betriebenen Einrichtungen wie z.b. Innenstadtkinos zur Aufgabe, sondern verschärft auch den Zwang zur kostendeckenden Bewirtschaftung für die in kommunaler Trägerschaft befindlichen Einrichtungen, unter ihnen Sporthallen und Schwimmbäder. Gewinne können nur noch mit hochtechnischen Großanlagen und einem betriebswirtschaftlich optimalen Management erwirtschaftet werden.

Die Planung reibt sich v.a. an der Größe dieser Anlagen, welche schwer in die vorhandene Bausubstanz zu integrieren sei. RÖCK (1998) weist aber zu Recht darauf hin, dass schon in der Vergangenheit Freizeitgroßstrukturen in der Innenstadt angesiedelt worden sind, u.a. im Kultursektor (Theater, Museen) oder im Veranstaltungsbereich (Ausstellungs- und Kongresshallen). Dabei verfolgt die öffentliche Hand als Investor und Träger das Ziel, die Innenstadt in ihrer Attraktivität zu stärken. Hierin und im Verkehrszugang bestehen die größten Unterschiede zu den Erlebnis- und Unterhaltungszentren kommerzieller Investoren und Betreibern. Letztere setzen konsequent auf den Individualverkehr, weshalb sie bei einem Standort in der Innenstadt nach Möglichkeit Randlagen wählen, die ggf. als Konversionsflächen frei geworden sind. Außerdem versuchen sie, die von ihnen erzeugte Attraktivität nur für sich zu nutzen und Synergieeffekte nur auf die unter ihrem Dach angesiedelten Anbieter zu konzentrieren. Erst dadurch wird die veränderte Maßstäblichkeit zur Gefahr, vermindert sie doch durch Ausdünnung des vorhandenen Angebots dessen Bandbreite, trägt zur Verlagerung von Aktivitäten in den privaten Raum bei und entzieht in vielen Fällen auch dem Einzelhandel einen wichtigen Kopplungspartner. Als Sonderform versuchen UECs die besonders attraktiv und gut miteinander kombinierbaren Angebote von Freizeit, Einzelhandel und Gastronomie unter einem Dach zu vereinen.

Bahnhofseinzelhandel als Entwicklungsimpuls?

In einer Abschätzung der zukünftigen Trends im Einzelhandel weisen HEIN-RITZ/SCHRÖDER (2001) darauf hin, dass eine Auflösung der Trennung von Einzelhandels- und einzelhandelsfreien Orten zu erwarten sei. Ihre „gemischten Orte" umfassen auch die Transiträume. Gerade Großstadtbahnhöfe werden heute zunehmend von der Bahn AG modernisiert, wobei in aller Regel eine Ausweitung der Einzelhandelsnutzung vorgesehen ist. Aus dieser Entwicklung können für die beiden Partner, Bahn und Stadt, Vorteile erwachsen, genießt doch der Standort dieser ehemals als "Kathedrale des Fortschritts" in stadtbildprägender, repräsentativer Architektur am Rande der gründerzeitlichen Stadt errichtete (Kopf-)Bahnhof erhebliche Vorteile. Oft schließt sich ein großzügiger Platz mit einem „Boulevard" als Verbindung zum Stadtzentrum an. Entlang dieses Zugangs zu den Arbeitsplätzen und Funktionen der Innenstadt hat sich bis Mitte der 1960er Jahre ein Einzelhandels- und Dienstleistungsbesatz entwickelt, der auf die Bedürfnisse der Bahnpendler ebenso wie auf die der Reisenden spezialisiert war. Beide Funktionen sind aber mit dem Rückgang der Bedeutung der Bahn für den Personenverkehr vielerorts aufgegeben worden, eine Degradierung des gesamten Bahnhofviertels war oft die Folge. Mit der positiven technologischen Entwicklung des Fernreiseverkehrs und dem Bedeutungsgewinn des öffentlichen Nahverkehrs in der kommunalen Verkehrsplanung wächst die Bedeutung des Bahnhofs als zentraler Kommunikations-, Dienstleistungs- und Aufenthaltsort wieder und die Bahn kann ihn – nach aufwendiger Sanierung – als „Frequenz-Immobilie" entweder selbst vermarkten oder – wenn auch selten – an Betreiber mit einschlägiger Erfahrung aus dem Einkaufszentrums-Bereich vermieten. Der Geschäftsbesatz wird über den klassischen Reisebedarf mit dem CTN-Kernsortiment hinaus ausgeweitet und weist je nach Standort deutliche Bezüge zur Sortimentstruktur der Innenstadt auf. Die Ladenöffnungszeiten stellen dabei einen wesentlichen Wettbewerbsvorteil gegenüber den innenstädtischen Geschäften dar. Überdies ermöglichen neu geschaffene Parkmöglichkeiten auch dem MIV einen Zugang zu diesem sonst vom ÖPNV hervorragend erschlossenen Standort.

An den Beispielen Leipzig (Eröffnung des „neuen" Bahnhofs 1997), Köln (1999) und Hannover (2000) lässt sich besonders gut die Komplementarität zur jeweiligen Innenstadtstruktur ablesen. In Leipzig handelt es sich um ein Einkaufszentrum im klassischen Sinne, das auch von der ECE so geführt wird und die erst im

Aufbau begriffene Einzelhandelsstruktur in der Innenstadt ergänzt. In den deutlich kleiner dimensionierten Objekten in Köln und Hannover überwiegt zwar auch die Einzelhandelsfunktion, aber die viel stärker ausgebaute Gastronomie zeigt schon die Ausrichtung auf Beschäftigte mit einem Arbeitsplatz in der Bahnhofsnachbarschaft. Insgesamt müssen diese Ansätze vorrangig unter dem Blickwinkel der Aufwertung der Bahnimmobilie gesehen werden, welche ihr Schmuddelimage abstreift. Die Impulse für den innenstädtischen Einzelhandel bleiben in Westdeutschland eher begrenzt und damit auch die Konkurrenzbeziehungen. In Ostdeutschland dagegen schmälert das Einkaufszentrum im Bahnhof, so es eine gewisse Größe erreicht und auch hier Abgrenzungstendenzen zeigt, das ohnehin durch die Randentwicklung schon stark beschnittene Entwicklungspotenzial der Innenstädte. Letzteres soll abschließend näher belegt werden.

Situation der Innenstädte in den neuen Bundesländern

In der ehemaligen DDR hatte die Innenstadt über vierzig Jahre eine planwirtschaftliche Entwicklung durchlaufen. Sie äußerte sich im Vergleich mit den westdeutschen Innenstädten im Fehlen eines Boden- und Immobilienmarktes und marktwirtschaftlich handelnder Akteure. Im sozialistischen Stadtbild war der Innenstadt die Rolle des „Schauplatzes von Demonstrationen und politischer Repräsentation" zugewiesen worden (vgl. HATZFELD 1994, S. 188). Viele der in westdeutschen Innenstädten etablierten Funktionen waren dezentral angesiedelt bzw. in die Betriebe integriert. Dies trifft sowohl auf die Verteilung von Waren als auch auf Freizeitangebote und die soziale Infrastruktur zu. Das verbleibende Einzelhandelsangebot in den Innenstädten zeichnete sich wie im gesamten Einzelhandel durch eine hohe Unternehmenskonzentration aus, wobei in allen Branchen staatliche und genossenschaftliche Monopole dominierten. Die Verkaufsflächen waren eher knapp bemessen, ein Wachstum kaum feststellbar. Investiert wurde nur in den industriellen Wohnungsbau. Wohnen als dominierende Nutzung in der Innenstadt führte dazu, dass bis zu 20 % der Einwohner der DDR in der Innenstadt lebten. Jedoch gab es kaum Bestandspflege und Maßnahmen zur Stadterneuerung. Dementsprechend hatte und hat die Innenstadt einen deutlich geringeren Stellenwert im Bewusstsein der Menschen und auch der Stadtplanung. Nach der Wende fehlten damit die Anknüpfungspunkte für eine positive Identifikation: weder die in westdeutschen Städten etablierte, attraktivitätssteigernde Multifunktionalität noch das anregende bauliche Ambiente waren vorhanden. Die verkehrsmäßige Erschließung durch den ÖPNV war zwar sehr gut, die Aufwendungen für das Stadtbild und die innenstädtische Verkehrsinfrastruktur (Gehwege) aber waren eher gering, so dass die Aufenthaltsqualität bescheiden war.

1989 entsprach die durchschnittliche Verkaufsfläche pro Einwohner in der DDR dem westdeutschen Stand von 1955 (ROTH 1999). Nach dem Ende der DDR setzte in den neuen Bundesländern umgehend ein rascher Aufholvorgang ein. Dabei fanden ansiedlungswillige Einzelhandelsbetriebe in den Innenstädten v.a. in den ersten Jahren nach der Wende schlechte Randbedingungen vor. Hierzu zählten ungelöste Eigentumsfragen und ein mangelhafter Gebäudezustand mit betriebswirtschaftlich nicht optimalen, wenn nicht gar ungeeigneten Ladenzuschnitten. Zudem trieb die Konkurrenz mit Investoren aus anderen Bereichen des tertiären Sektors um das knappe Flächenangebot die Mietpreise in die Höhe. Da der Aufholvorgang von Einzelhandelskonzernen und ihren neuen Betriebs- und Organisationsformen wie Discounter, SB-Warenhaus, Fachmarkt und Einkaufszentrum getragen wurde, vollzog er sich folglich vornehmlich an Randstandorten, erst in jüngster Zeit verstärkt auch in der Innenstadt.

Wegen der niedrigeren Pro-Kopf-Kaufkraft müssen die Betriebe mit geringerer Verkaufsflächenleistung arbeiten, was bei anhaltendem Verkaufsflächenwachstum zu einer laufenden Wettbewerbsverschärfung beiträgt. Da die Innenstadt-Mietpreise an die Kunden weitergegeben werden, führt dies ebenfalls zu einer Preisdifferenz zugunsten der nicht-integrierten Standorte, an denen oft die gleichen Kettenläden wie in der Innenstadt angesiedelt sind. Außerdem fehlt ein attraktives Umfeld, das oft erst nach Abschluss aufwendiger Sanierungen des baukulturellen Erbes und Neuinvestitionen in Gastronomie- und weiteren Freizeitangeboten zur Verfügung steht. Aber auch letztere finden nicht selten ihren Platz außerhalb der Innenstädte, insbesondere in Vergesellschaftung mit den peripheren Einzelhandelsagglomerationen.

8.4   Der Einzelhandel braucht die (Innen-)Stadt nicht mehr, die (Innen-)Stadt aber den Einzelhandel

Der Innenstadt-Einzelhandel hat in den letzten dreißig Jahren an Bedeutung verloren. Dies ist an seinen endogenen Parametern ablesbar. Bei absolut sinkenden Umsätzen und steigender Kostenbelastung durch gleichbleibende oder steigende Mieten erwirtschaftet er abnehmende Erträge. Gleichzeitig bleibt die Verkaufsfläche in der Innenstadt – von Ausnahmen wie München abgesehen – bestenfalls konstant oder nimmt ab, hingegen wächst sie in der Gesamtstadt ungebremst. Damit sinkt die absolute Bedeutung des Innenstadteinzelhandels bei wachsender Konkurrenz durch den großflächigen Einzelhandel an Randstandorten.

In Tab. 16 sind einige Beispiele zusammengestellt, wobei es sich ausnahmslos um Solitärstädte handelt, allerdings mit unterschiedlicher Bedeutung der angrenzenden Nachbargemeinden als Einzelhandelsstandorte. Dennoch lässt sich erkennen, dass es sowohl zwischen als auch innerhalb der Stadtgrößenklassen erhebliche Differenzierungen im Bedeutungsverlust der Innenstädte gibt.

Die in Abschnitt 8.2 diskutierten Standortvorteile der Innenstadt haben sich weitgehend in Nachteile verkehrt. Dies gilt sowohl für die Zugänglichkeit als auch die Multifunktionalität und den Bekanntheitsgrad. So wird allenthalben darauf hingewiesen, dass der Innenstadtstandort der einzige im Stadtgebiet ist, dessen Besuch bei Benutzung des MIV nicht kostenfrei ist. Der Innenstadtstandort hat seine Attraktivität als Standort von Einzelhandelsinnovationen verloren. Auch deshalb, und nicht nur auf Grund fehlender Flächen, siedeln sich neue Betriebsformen außerhalb der Innenstadt an.

Tab. 16   Stellung des Innenstadt-Einzelhandels gegen Ende des 20. Jahrhunderts in ausgewählten Beispielstädten

Stadt	Einwohner 1990 in Tsd.	Anteil des Innenstadt-Einzelhandels an der Gesamtstadt in %		
		Betriebe	Verkaufsfläche	Umsatz
Oldenburg	143	34,9	27,1	35,5
Darmstadt	138	40,8	45,5	51,4
Regensburg	121	43,3	30,0	35,4
Landshut	59	59,9	43,2	48,9
Straubing	45	53,9	34,7	40,8

Zeitpunkte: OL, DA 1990; R 1987; LA 1994; SR 1997
Quelle: KLEIN 1995, 1996; GfK 1998

Der einstmals enge Zusammenhang von Grundbesitz, Funktion und politischem Einfluss der in der Innenstadt groß gewordenen Kaufmannschaft ist aufgelöst. Statt dessen wächst die Fremdbestimmung über die Nutzungsstruktur bei gleichzeitig lockerer Bindung an den übergeordneten Standortraum.

Die beschriebenen Selektionsprozesse haben die flächenhafte Dominanz der Einzelhandelsnutzung in der Innenstadt beendet. Der Handel zieht sich auf die 1a-Lagen zurück und die in Abb. 52 von Davies prognostizierte Inselbildung ist auch in Deutschland erkennbar. Zwischenbetriebliche Nachbarschaftsbindungen lösen sich zunehmend auf und die Bedeutung der Agglomerationsvorteile schwindet. Verstärkt wird dieser Prozess durch den gewollten Autismus der in oder am Rande der Innenstadt neu entstehenden Einzelhandels- und Freizeiteinrichtungen, welcher die handelsinduzierte Entwicklung der durchlässigen Straßenwand ins Gegenteil verkehrt und die für die Urbanität so wichtigen öffentlichen Räume in private überführt.

Die Kundenstruktur der Innenstadt spiegelt nicht mehr die Bevölkerungsstruktur des gesamten Einzugsgebietes wider. Dies gilt sowohl für den Altersaufbau als auch für die Kaufkraft der Innenstadtbesucher. Hierzu haben neben der Verlagerung von ehemals in der Innenstadt beschäftigter Tagbevölkerung auch Defizite in der Aufenthaltsqualität des öffentlichen Raumes beigetragen (Sicherheit, Sauberkeit, Ambiente). Diese werden v.a. in kleineren Städten nur unzureichend durch künstliche Inszenierungen in neuen (Innenstadt-)Welten und durch ein Anwachsen von Freizeit-Shoppern ersetzt. Die Rolle der Planung bei dieser Entwicklung ist als ambivalent zu charakterisieren.

Einerseits wird fast übereinstimmend der Innenstadt ein „Good will" entgegengebracht, welcher aus dem Willen zur Erhaltung der Versorgungs-, Orientierungs- und Identifikationsfunktion resultiert. Dabei wechselt sich aber die attraktivitätssteigernde Beseitigung von Umfeldmängeln, etwa durch Fußgängerzonen oder Gebäude- und Straßensanierung, mit der zum Teil unsensibel und unkoordiniert durchgeführten Beschränkung der Zugänglichkeit ab. Außerdem fördert die Zentralisierung der Kulturausgaben auf die Innenstadt mehr die Belebung des Städtetourismus als den innenstädtischen Einzelhandel und verschärft die Attraktivitätsunterschiede zu den Stadtteilzentren. Letztere fühlen sich ohnehin durch die Bevorzugung der Innenstadt im ÖPNV-Netz benachteiligt und wollen ihrerseits ebenfalls Attraktionen finanziert haben.

Andererseits wird nur wenig gegen das Flächenwachstum des Einzelhandels an dezentralen Standorten unternommen, und es sind nicht immer nur die Nachbargemeinden, welche die Kernstädte wegen mangelnder Abstimmung der Bauleitplanung in einen Wettlauf der Ausweisung und Genehmigung von Standorten für den großflächigen Einzelhandel verstricken.

Insgesamt erweist sich die von TIETZ (1989) so klar geschilderte Aufgabenteilung von Innenstadt und Rand in der Realität eher als ein Experiment mit ungewissem Ausgang, dessen Eckpunkte Komplementarität einerseits und Substitution andererseits sind. Damit zeigt sich das innerstädtische System des Einzelhandels als zu komplex und das vorhandene technische Wissen im Sinne von SEDLACEK (1988) als zu lückenhaft, um bei planerischen Eingriffen mit kleiner Irrtumswahrscheinlichkeit den später eintretenden Zustand vorhersagen zu können.

Fasst man zusammen, so müssen die Chancen für den innerstädtischen Handel eher zurückhaltend, wenn nicht pessimistisch beurteilt werden. Quantitativ lässt sich der nun eingetretene Vorsprung der Randstandorte nicht mehr einholen. Hinzu kommt, dass die noch vorhandene qualitative Überlegenheit im Schwinden begriffen ist. Dieses Pauschalurteil trifft für die Mehrzahl, aber nicht für alle Städte zu. Dies legt nahe, nach Stärken von Innenstädten zu suchen, auf die – vielleicht mit verändertem Bedeutungsgehalt – aufgebaut werden kann.

Die Zukunft der Innenstädte

In der Diskussion um die Zukunft der Innenstädte werden verschiedenste Szenarien gezeichnet, die nur mehr z. T. von einer Dominanz des Handels ausgehen. Sie unterscheiden sich v.a. in der angenommenen Entwicklung der für die bisherige Konzentration und Ausprägung der Multifunktionalität verantwortlichen Verkehrs- und Kommunikationstechnologie. Im Folgenden werden auf der Basis von Leitbildern (vgl. TÜRKE-SCHÄFER 1988), die um erkennbare Entwicklungen der 1990er Jahre ergänzt werden, drei Szenarien entworfen:

- **„Die liquidierte Innenstadt"**

Die zunehmende Individualmobilisierung in Verbindung mit neuen IuK-Technologien führt zu einer Disurbanisierung in Form von „Edge Cities". Neben den bereits bekannten Auslagerungen von Wohn-, Einkaufs- und Freizeitfunktionen wandern als letzte Funktion die (vorwiegend) tertiären Arbeitsplätze aus der Innenstadt ab. Begleitend nimmt die Telearbeit einen starken Aufschwung und ersetzt die persönliche Mobilität. Die Innenstadt verfällt und verliert vollständig ihre bisherige Bedeutung als Handelsschwerpunkt und Ort der Identifikation für die Bewohner der Region.

- **„Die schöne, neue (neokapitalistische) Stadt"**

Dieser Entwurf spiegelt sich in einer Vielzahl der vorwiegend im Rahmen des City-Marketings in den 1990er Jahren entworfenen Leitbildern wider und drückt den Wunsch nach grundsätzlicher Erneuerung auf hohem technologischen Niveau aus. Eine junge, urbane, überdurchschnittlich erwerbstätige Bevölkerung ersetzt die bisher überalterte. Technologie-Netzwerke, bevorzugt als kreative Milieus, entstehen allenthalben entweder im Dunstkreis von Bildungseinrichtungen oder in Gründerzentren mit öffentlich-privater Trägerschaft. Die Bausubstanz der Innenstadt ist geprägt von technologisch hochgerüsteten Gebäuden. Einzelhandel und Freizeiteinrichtungen sind zum Teil in den Bürohochhäusern sowie an den Schnittstellen zwischen den Arbeitsplätzen und den Zugängen zum regionalen, interregionalen und internationalen Hochleistungsverkehrssystem integriert. Daneben gibt es auch in eng begrenzten Baublöcken abgeschottete Einkaufszentren und Freizeiteinrichtungen mit stets wechselnder künstlicher Inszenierung. Die verbliebene stark reduzierte historische Bausubstanz wird liebevoll restauriert und kommerzialisiert und dient v.a. für den Stadttourismus als „Puppenstube".

- **„Die postmoderne Stadt zum Leben und Arbeiten"**

Vielleicht ist dieser Entwurf am schwierigsten zu verwirklichen, weil er einerseits einen Verzicht auf kurzfristiges Wachstum und begleitende Dynamik impliziert, andererseits aber die Nachhaltigkeit der Entwicklung und damit ihre Zukunftsperspektive betont. Leitidee ist die Umstrukturierung der funktionalen Stadt in eine nachbarschaftliche Multifunktionalität. Überall werden nur kurze Wege von der Wohnung zur Arbeits- oder Ausbildungsstätte benötigt, die kleinen, technologisch durchaus hochgerüsteten, aber umweltfreundlich arbeitenden Betriebsstätten erzeugen nur minimalen Pendlerverkehr. Auch die wachsende Freizeit wird im Wohnumfeld verbracht. Der Innenstadt kommt die Rolle des Hauptknotens in diesem dezentral organisierten Netzwerk der weitgehend in der Befriedigung ihrer Grunddaseinsfunktionen autarken Nachbarschaften zu. Die breiten Straßen der Innenstadt dienen dem Einkaufen, der Inanspruchnahme kultureller Einrichtungen und der Begegnung im öffentlichen Raum. Der Umweltverbund hat absoluten Vorrang.

Zweifellos stellt sich die Frage nach der Zukunft der Innenstädte nur für Städte, welche die letzten beiden Szenarien zu ihrem Leitbild machen. Nur hier werden Ansätze erkennbar, um die Entwicklungsrichtung der für die Innenstadtkrise verantwortlichen Faktoren wie schrumpfende Tag- und überalterte Wohnbevölkerung, Bedeutungsverlust der angesiedelten Funktionen und drohender Verfall der Bausubstanz sowie Entwertung der öffentlichen Verkehrsinfrastruktur umzukehren. Entsprechende Maßnahmen sollen im letzten Abschnitt diskutiert werden.

8.5   Was bleibt zu tun?

Die Maßnahmen für den Erhalt und die Stabilisierung des Innenstadt-Einzelhandels werden im Folgenden auf drei verschiedenen Ebenen diskutiert. Die erste Ebene stellt die Planungsebene dar, welche v.a. übergeordnete Entwicklungsrichtlinien aufstellen soll. Die zweite Ebene ist die Ebene der Kooperationen der in der Innenstadt vertretenen Funktionen. Sie fungiert als Plattform zur Integration der einzelnen Unternehmerkonzepte bei der Entwicklung einer Strategie für den Innenstadtstandort. Auf der dritten Ebene werden ausgewählte Unternehmerziele und deren strategische Ausrichtungen in einem veränderten Standortumfeld und gesellschaftlichen Rahmen besprochen.

Die zur Entwicklung des Einzelhandels verfügbaren Instrumente auf der **Planungsebene** sind allgemein bereits in Kapitel 6 diskutiert. Es handelt sich um rahmensetzende, direkte und indirekte Maßnahmen. Eine besondere Stellung nimmt hierbei die Aufstellung eines **Einzelhandelskonzepts** ein. In Anlehnung an das gewählte städtische Leitbild sollen Aussagen zur zukünftigen Rolle des Einzelhandels in der Gesamtstadt und speziell in der Innenstadt getroffen werden. Damit kann eine hinreichende Basis für die raumordnerische Beurteilung großflächiger Einzelhandelsvorhaben bereitgestellt und günstigenfalls auch eine Abschätzung des Verkaufsflächenzuwachses für die Planungsperiode getroffen werden. Durch die Integration von **innerstädtischen Zentrenkonzepten** wird zumindest eine Grundlage für die Bauleitplanung im interkommunalen Bereich geschaffen. Dies dient auch zum Schutz der Innenstadt, wenn deren Funktionsfähigkeit durch Auswirkungen geplanter Einzelhandelsstandorte in Nachbargemeinden gefährdet ist. Da die Innenstadt nur als multifunktionaler Standort seine Attraktivität erhalten kann, sind auch Aussagen zur Branchenvielfalt, Differenziertheit des Angebots innerhalb von Branchen, Zentrenrelevanz von Sortimenten und Verknüpfung mit anderen Funktionen anzustreben, insbesondere zur Freizeitgestaltung und zum Tourismus. Diese sektoral übergreifende Sicht ist auf die Abschätzung der Auswirkungen auf Umwelt, Verkehr und Infrastruktur auszudehnen. Mittlerweile regt sich Kritik, ob solche Konzepte nicht zu starr und langfristig zur Regulierung eines so dynamischen Systems wie dem Einzelhandel sind.

Deshalb geht man oft zu informeller Planung als Weiterentwicklung der städtebaulichen Rahmenplanung über. Durch Offenlegung der gewünschten Stadtentwicklung, kontinuierlicher Anpassung der Rahmenbedingungen und Festlegung des privaten und öffentlichen Handlungsspielraums wird ebenfalls Investitionssicherheit erreicht, jedoch bleibt die Flexibilität erhalten, um neuen Projekten adäquat begegnen zu können.

Auf der **Ebene der Kooperationen** gibt es eine große Spannweite hinsichtlich der Institutionalisierung und räumlichen Gültigkeit. In vielen größeren Städten wurde bis heute ein **City- oder Innenstadtmarketing** eingeführt. Es ist der Versuch, die Vielzahl der Akteure und deren Aktionen zum Wohle des Gesamtstandortes zu koordinieren. Klassischer Ablauf ist die Stärken- und Schwächenanalyse des Makrostandortes mit abgeleiteter Zukunftsvision sowie die nachfolgende Entwicklung eines Leitbildes, das sich an den übergeordneten Interessen des Standortraumes orientiert. Aus diesem Leitbild wird eine Vielzahl ökonomischer, ökologischer, sozialer und kultureller Einzelmaßnahmen abgeleitet und deren Durchführung koordiniert. Günstigenfalls arbeitet der eingesetzte Citymanager unabhängig von, aber in enger Abstimmung mit der Stadtverwaltung und den politischen Gremien und verfügt über ein genügend großes Budget. Arbeitsgruppen mit Interessenvertretern aller relevanter Nutzungsgruppen helfen einerseits bei der Umsetzung der Maßnahmen, sichern andererseits aber auch den Informationsfluss von der Basis zur Entscheidungsebene und somit auch ein Controlling.

Eine besonders enge Kooperation erfordert das Flächenmanagement. Seine Notwendigkeit wurde in den letzten Jahren vielfach diskutiert, die Praxis kann bisher aber nur einige wenige Ansätze vorweisen. Ziel der Kooperation von Grundstückseigentümern ist die abgestimmte Vermietung von Ladenflächen, um so einen optimalen Anbietermix für den Gesamtstandort zu erreichen. Die Hauptschwierigkeit dieser Kooperationsform liegt sicherlich darin, dass dies dem eigentlichen Ziel der Grundstücksbesitzer – der Mietmaximierung – widerspricht.

Auf der dritten Ebene der **Unternehmensstrategien** sollen drei Bereiche diskutiert werden: die Zukunftsvision des Leitbetriebs Warenhaus, die zukünftige Integration von Freizeiteinrichtungen und die Erfordernisse für die Einbindung von Einkaufszentren in das Nutzungsgefüge der Innenstadt.

Das Warenhaus versucht, die bereits in den 1990er Jahren verstärkte Ausrichtung auf Multioptionalität weiter auszubauen, dem Kunden also durch Angebot und Inszenierung Anregungen für die Lebensgestaltung zu geben. Dabei nimmt man in Kauf, dass durch die Aufgabe der Zielgruppenorientierung Marktanteile verloren gehen. Dies wird aufgewogen durch die Fähigkeit, sich den komplexen Marktverhältnissen rasch anpassen zu können und damit auch über ein Alleinstellungsmerkmal zu verfügen. Das gilt auch gegenüber dem E-commerce, dem man sich deshalb überlegen fühlt, weil nicht nur die emotionalen, sondern auch die haptischen Bedürfnisse des Konsumenten besser befriedigt werden.

Die zukünftige Integration von Freizeiteinrichtungen wird verstärkt davon abhängen, wie es den Betreibern gelingt, sich mit dem Handel auf eine Freizeitplanung zu verständigen. Bislang treffen gerade am Standort Innenstadt gegensätzliche Ansprüche aufeinander: Der Handel schaut in der Regel auf seine Kunden, die Bewohner der Innenstadt wollen ein wohnnahes Angebot, die Planung versucht eine Zusammenarbeit der privaten mit den öffentlichen Anbietern zu initiieren, um die Attraktivität des gesamten Standortraums zu erhöhen. Erst eine integrierte Freizeitplanung, die sich von der eher sozialpolitischen Ausrichtung löst und die stadtentwicklungspolitische Ausrichtung betont, wird zur Sicherung der Innenstadtfunktion Handel beitragen.

Die Etablierung von innenstädtischen Einkaufszentren ist bereits seit den 1990er Jahren in vollem Gang. Wenn sie als Gegengewicht zu nicht-integrierten Standorten eingesetzt werden, erreichen sie allerdings Größenordnungen, die auch den ansässigen Einzelhandel in der Innenstadt ernsthaft gefährden können. Insofern ist eine standortangepasste Dimensionierung genau so wichtig wie die Zusammensetzung der Branchen und die Regelung der Öffentlichkeit des umbauten Raumes. Außerdem muss angesichts der Bestrebung der Betreiber zur Abschottung auf die Wahl des Mikrostandortes und die Anbindung an die gewachsene Innenstadt besonderes Augenmerk gelegt werden (vgl. POPP 2002).

Damit steht die Stadtentwicklung vor der schwierigen Aufgabe, gegen die Marktentwicklung zu agieren. Wenn der Innenstadteinzelhandel in jenen Städten gehalten werden soll, die sich in ihrem Leitbild eindeutig dazu bekannt haben, wird man hierzu zukünftig nicht nur Großstrukturen einsetzen, sondern auch verstärkt mittelständische Handels- und Dienstleistungseinrichtungen begünstigen. Nur so lässt sich eine jetzt noch bestehende Nutzungsmischung in einer kompakten Innenstadt erhalten. Gleichzeitig wäre zu überlegen, durch eine angepasste Anrechnung volkswirtschaftlicher Kosten bei Standortentwicklungen außerhalb der Innenstadt eine heute schon verlorene Chancengleichheit wieder herzustellen.

Literaturhinweise zu Kapitel 8

Zum Themenfeld „Innenstadt und Einzelhandel" ist eine Fülle von Publikationen erschienen. Meist behandeln sie jedoch einzelne Städte. Im Folgenden werden einige Überblickpublikationen aufgeführt.

AHUIS, H. (1999): Stadt und Handel im Wandel der Zeiten. In: ECE [ECE Projektmanagement GmbH & Co. KG] (Hg.): Faktor Einzelhandel in Deutschland. Frankfurt/M., S. 173-191.

JUNKER, R.; KRUSE, S. (1998): Perspektiven des Handels und deren Bedeutung für die Entwicklung von Zentren. In: BfBuR [Bundesministerium für Bauwesen und Raumordnung] (Hg.): Zentren. Auf dem Weg zur europäischen Innenstadt. Bonn. (=Informationen zur Raumentwicklung 2/3), S. 133-140.

KREKE, J. (1999): Die Bedeutung des Facheinzelhandels für die Innenstädte. In: ECE [ECE Projektmanagement GmbH & Co. KG] (Hg.): Faktor Einzelhandel in Deutschland. Frankfurt/M., S. 205-228.

Als weiterführende Literatur zur Einschätzung des Innenstadthandels als Schutzgut sei empfohlen

FAHRENHOLTZ, C. (1999): Neue Hoffnung für die Innenstädte. In: MASSKS [Ministerium für Arbeit und Soziales, Stadtentwicklung, Kultur und Sport des Landes Nordrhein-Westfalen] (Hg.): Stadtplanung als Deal? Urban Entertainment Center und private Stadtplanung. Beispiele aus den USA und Nordrhein-Westfalen. Düsseldorf, S. 111-121.

Mit der Situation in den neuen Bundesländern befasst sich

HATZFELD, U. (1994): Innenstadt – Handel – Verkehr. Verkehrtes Handeln in ostdeutschen Innenstädten?. In: Informationen zur Raumentwicklung 3, S. 181-196.

Den Trend zur innerstädtischen Ansiedlung von Shopping Centern und dessen Auswirkungen auf die Innenstadt untersucht

POPP, M. (2002): Innenstadtnahe Einkaufszentren. Besucherverhalten zwischen neuen u. traditionellen Einzelhandelsstandorten. Passau. (=Geographische Handelsforschung 6).

Anhang

Betriebformenkatalog

Lebensmittel-Betriebsformen

LM-Kiosk   Gemischter Betrieb, der gleichzeitig dem Einzelhandel und dem Gastgewerbe (Schankerlaubnis) zuzurechnen ist. Kein Verkaufsraum vorhanden, Bedienung erfolgt in der Regel nur durch eine Bedienungsluke. Während der allgemeinen Ladenöffnungszeiten gilt: Verkauf eines stark eingeschränkten Nahrungs- und Genussmittelsortiments um den traditionellen CTN-Kern (Süßigkeiten, Tabakwaren, Zeitungen/Zeitschriften). Hierbei werden v.a. in geringer Breite und Tiefe Obst, Backwaren, LM-Konserven, Getränke/Wein angeboten. Ausschließlich Fremdbedienung. Preisniveau aufgrund der hohen Kosten der Leistungsbereitschaft deutlich höher als in den übrigen LM-Betriebsformen. Geringer Filialisierungsgrad. Lieferkooperationen mit Getränke-/Süßwarenherstellern üblich.

LM-Laden   i.a. unter 250 m² Verkaufsfläche; Sortiment besteht zu mehr als 80 Prozent aus Lebensmitteln, der Rest aus Begleitsortimenten vornehmlich aus den Bereichen Drogerieartikel und Zeitungen/Zeitschriften. Im Kernbereich eher breites als tiefes Sortiment; Frische-Schwerpunkt. Andienung überwiegend Teilselbstbedienung, in kleineren Läden vermehrt Fremd-, in größeren Läden Selbstbedienung anzutreffen. Höheres Preisniveau. Filialisierungsgrad eher niedrig. Zugehörigkeit zu Einkaufsgemeinschaft häufig.

LM-SB-Markt   i.a. zwischen 250 m² und 400 m² Verkaufsfläche; Sortiment besteht zu mehr als 80 Prozent aus Lebensmitteln. Beginnende Tendenz zum Vollsortiment im NuG-Bereich und zum verstärkten Aufbau von Nebensortimenten in Branchen wie im LM-Laden. Frische-Schwerpunkt. Selbstbedienung vorherrschend, untergeordnet Teilselbst- oder Fremdbedienung. Preise niedriger als im LM-Laden, aber tendenziell höher als in den flächenmäßig größeren LM-Betriebsformen. Filialisierungsgrad etwa ein Drittel. Zugehörigkeit zu einer Einkaufsgemeinschaft die Regel.

LM-Supermarkt   i.a. ab 400 m² Verkaufsfläche bis ca. 800 m² Verkaufsfläche; Vollsortiment im NuG-Bereich und Aufbau weiterer Fachsortimente, vornehmlich im Drogerie-, Zeitungs-/Zeitschriftenbereich. Hinzu kommen weitere Nebensortimente, u.a. Haushaltswaren, Spiel-/Geschenkartikel, teilweise Pflanzen, Bekleidung. Bei LM Frischeschwerpunkt, zum Teil ShopInShop-Betriebe. Selbstbedienung vorherrschend, untergeordnet Teilselbst- oder Fremdbedienung. Preise durchschnittlich unter denen der kleineren LM-Betriebsformen. Fast ausschließlich Filialbetriebe von regional oder überregional tätigen Einzelhandelsunternehmen.

LM-Discounter   Beschränktes NuG-Kernsortiment von 500 bis 1500 Artikeln mit hoher Umschlagfrequenz, vorherrschend Trockensortiment, zunehmende Integration von leicht zu handhabenden Frische-Artikeln oder Kühlwaren; Eigenmarken können überwiegen. Nebensortimente ebenfalls aus schnell drehenden Artikeln zusammengesetzt, dabei rascher Sortimentswechsel. Reine Selbstbedienung, keine Dienstleistungsangebote. Niedrig kalkulierte Preise. Filialbetriebe vorwiegend überregional tätiger Einzelhandelsunternehmen.

LM-Spezialgeschäft	Nahrungsmittelhandwerk (Bäcker, Metzger) Ausschnitt aus NuG-Vollsortiment in tiefer Gliederung (besonders hohe Auswahl). In der Regel Fremdbedienung bis Teilselbstbedienung; fachliche Beratung und Dienstleistungsangebote. Deutlich hohe Preise gegenüber den LM-Betriebsformen. Niedriger Filialisierungsgrad, aber zunehmendes Auftreten von Ketten (Feinkost, Süßwaren, Getränke, Wein/Spirituosen, Tabak).

Gebrauchsartikel (ohne Lebensmittel)

Kiosk	Gemischter Betrieb, der gleichzeitig dem Einzelhandel und dem Gastgewerbe (Schankerlaubnis) zuzurechnen ist. Kein Verkaufsraum vorhanden, Bedienung erfolgt in der Regel nur durch eine Bedienungsluke. Während der allgemeinen Ladenöffnungszeiten gilt: Verkauf eines CTN-Sortiments (Süß- und Tabakwaren, Zeitungen/Zeitschriften), wobei weitere Sortimentsteile in etwas tieferer Gliederung hinzutreten (Schreibwaren, Blumen/Pflanzen, Spielwaren/Geschenkartikel, Schmuck). Fast ausschließlich Fremdbedienung. Preisniveau aufgrund der hohen Kosten der Leistungsbereitschaft deutlich höher als in den sortimentsgleichen Fach- und Spezialgeschäften. Einzelbetriebe überwiegen, in Teilbereichen beginnende Filialisierung.
Spezialgeschäft	Ausschnitt des Sortiments eines Fachgeschäfts in tieferer Gliederung (besonders hohe Auswahl). Andienung je nach Branche Fremd- oder Teilselbstbedienung. Fachliche Beratung und ergänzende Dienstleistungsangebote. Preise in der Regel über denen des Fachgeschäfts. Filialisierungsgrad und Mitgliedschaft von Einkaufgemeinschaften von der Branche abhängig.
Fachgeschäft	In sich zusammenhängendes Sortiment in großer Auswahl. Unterschiedliche Qualitäten. Andienung je nach Branche Teilselbst- oder Selbstbedienung; aber auch Fremdbedienung kann auftreten (z.b. Apotheke, Sanitätsfachgeschäft, Sammlerbedarf). Fachliches Beratungsangebot und zum Teil ergänzende Dienstleistungsangebote. Mehrere Preislagen im Angebot. Filialisierungsgrad je nach Branche stark schwankend. In der Regel Mitgliedschaft von Einkaufsverbänden.
Fach-Kaufhaus	Größerer Einzelhandelsbetrieb mit Waren aus mindestens zwei Branchen, davon wenigstens aus einer Branche in tieferer Gliederung. Verschiedene Qualitäten angeboten. Je nach Branche Teilselbst- oder Fremdbedienung, untergeordnet Selbstbedienung. Mehrere Preislagen im Angebot. Filialisierungsgrad sehr hoch, wobei auch lokal tätige Einzelhandelsunternehmen auftreten.
Fachmarkt	Gegenüber dem Branchendurchschnitt überdurchschnittlich große, in der Regel ebenerdige Verkaufsflächen; breites und weitgehend tiefes Sortiment; dabei können zielgruppen- oder bedarfsorientierte Spezialisierungskonzepte eingesetzt werden. Mittlere bis gehobene Qualitäten, Markenware. Übersichtliche Warenpräsentation mit Möglichkeit der Vorauswahl und der Selbstbedienung. Beratungsinseln mit zum Teil guter fachlicher Beratung auf Anfrage. Mittleres Preisniveau mit klarer Zusammenfassung von Preisgruppen und Discountelementen (Sonderangebote, zum Teil aggressive Preispolitik). Hoher Filialisierungsgrad.

Discounter   Auf raschen Umschlag ausgerichtetes Sortiment. Kaum tiefere Auswahl, nur geringe Spannweite der angebotenen Qualitäten. Teilselbst- oder Selbstbedienung vorherrschend, kaum Beratungs- und Dienstleistungsangebote. Niedriges Preisniveau. Hoher Filialisierungsgrad, wobei überregional tätige Einzelhandelsunternehmen dominieren.

Warenhäuser (mit Lebensmittel)

Verbraucher-   Großflächiger Betrieb, dessen Verkaufsfläche in der Regel 1000 m² übersteigt.
markt   Im Angebot überwiegt noch das NuG-Sortiment, das als Vollsortiment ausgebildet ist. Das Frische-Angebot wird verstärkt von ShopInShop-Betrieben übernommen. Weitere Vollsortimente beinhalten Drogerie-, Schreib- und Haushaltswarenartikel. Teilsortimente im Bekleidungs-/Schuhe- und Spielwaren-/Geschenkartikelbereich sowie bei elektrischen Haushaltsgeräten. Weitere Randsortimente. Angebot unterschiedlicher Qualitäten. In der Regel Selbstbedienung, kaum fachliche Beratung und Dienstleistungsangebote. Mittleres bis niedriges Preisniveau mit Discountelementen. Ausschließlich Filialen überregional tätiger Einzelhandelsunternehmen.

SB-Warenhaus   Großflächiger Betrieb, dessen Verkaufsfläche mit mehr als 4000 m² angesetzt wird. Das Angebot beinhaltet im Kern ein NuG-Vollsortiment, das aber weniger als der Hälfte der Fläche. Gegenüber dem Verbrauchermarkt kommen weitere Voll- und Randsortimente hinzu. Selbstbedienung überwiegt, daneben kann Teilselbst- oder Fremdbedienung auftreten. Die Preise sind mittel bis niedrig, es wird eine aktive Preispolitik mit Sonderangeboten betrieben. Ausschließlich Filialen überregional tätiger Einzelhandelsunternehmen.

Warenhaus   Großflächiger Betrieb, der viele Vollsortimente nebeneinander führt. Traditionelles Warenhaus weist einen ausgesprochenen Textilkern auf. Unterschiedliche Qualitäten, zum Teil nach kostenminimierenden, zum Teil nach leistungsoptimierenden Kriterien aufgebaut. Insofern wechseln die Bedienungsformen, zum Teil Fachgeschäftscharakter mit hoher Beratungsintensität und Dienstleistungsangeboten. Preise ebenfalls unterschiedlich kalkuliert, wobei das gesamte Preisniveau etwas unterhalb des Fachgeschäfts angesiedelt ist. Filialisierungsgrad überregional tätiger Einzelhandelsunternehmen dominieren.

Die Handels- und Gaststättenzählung (HGZ) 1993

Anmerkung: Im Rahmen der Vereinheitlichung der statistischen Klassifikationen in der EU haben sich einige, kleinere Änderungen ergeben (vgl. NACE Rev. 1.1). Die Angaben im Buch beziehen sich aber auf die (zum Zeitpunkt der Drucklegung noch aktuelle) HGZ 1993, so dass wir diese Systematik hier anführen.

Gruppen, Klassen- und Unterklassen	Abteilung 52: Einzelhandel (ohne Handel mit Kraftfahrzeugen und ohne Tankstellen)

52.1	**Einzelhandel mit Waren verschiedener Art (in Verkaufsräumen)**
52.11	Einzelhandel mit Waren verschiedener Art, Hauptrichtung Nahrungsmittel, Getränke und Tabakwaren
1	Einzelhandel mit Nahrungsmitteln, Getränken und Tabakwaren ohne ausgeprägten Schwerpunkt
2	Sonstiger Einzelhandel mit Waren verschiedener Art, Hauptrichtung Nahrungsmittel, Getränke und Tabakwaren
52.12	Sonstiger Einzelhandel mit Waren verschiedener Art
1	Einzelhandel mit Waren verschiedener Art (ohne Nahrungsmittel)
2	Einzelhandel mit Waren verschiedener Art, Hauptrichtung Nicht-Nahrungsmittel

52.2	**Facheinzelhandel mit Nahrungsmitteln, Getränken und Tabakwaren (in Verkaufsräumen)**
52.21	Einzelhandel mit Obst, Gemüse und Kartoffeln
52.22	Einzelhandel mit Fleisch, Fleischwaren, Geflügel und Wild
52.23	Einzelhandel mit Fisch und Fischerzeugnissen
52.24	Einzelhandel mit Backwaren und Süßwaren
1	Einzelhandel mit Brot und Konditorwaren
2	Einzelhandel mit Süßwaren
52.25	Einzelhandel mit Getränken
1	Einzelhandel mit Wein, Sekt und Spirituosen
2	Einzelhandel mit sonstigen Getränken
52.26	Einzelhandel mit Tabakwaren
52.27	Sonstiger Facheinzelhandel mit Nahrungsmitteln
1	Einzelhandel mit Reformwaren

2	Einzelhandel mit Milch, Milcherzeugnissen, Eiern, Speiseöl und Nahrungsfetten
3	Einzelhandel mit Kaffee, Tee und Kakao
4	Facheinzelhandel mit Nahrungsmitteln a.n.g.*

| **52.3** | **Apotheken; Facheinzelhandel mit medizinischen, orthopädischen und kosmetischen Artikeln (in Verkaufsräumen)** |

| 52.31 | Apotheken |

| 52.32 | Einzelhandel mit medizinischen und orthopädischen Artikeln |

52.33	Einzelhandel mit kosmetischen Artikeln und Körperpflegemitteln
1	Einzelhandel mit kosmetischen Erzeugnissen und Körperpflegemitteln (ohne Drogerieartikeln)
2	Einzelhandel mit Drogerieartikeln

| **52.4** | **Sonstiger Facheinzelhandel (in Verkaufsräumen)** |

52.41	Einzelhandel mit Textilien
1	Einzelhandel mit Haustextilien
2	Einzelhandel mit Kurzwaren, Schneidereibedarf, Handarbeiten sowie Meterware für Bekleidung und Wäsche

52.42	Einzelhandel mit Bekleidung
1	Einzelhandel mit Schwerpunkt Bekleidung, ohne ausgeprägten Schwerpunkt
2	Einzelhandel mit Herrenbekleidung und Bekleidungszubehör
3	Einzelhandel mit Damenbekleidung und Bekleidungszubehör
4	Einzelhandel mit Kinder- und Säuglingsbekleidung und Bekleidungszubehör
5	Einzelhandel mit Kürschnerwaren

52.43	Einzelhandel mit Schuhen und Lederwaren
1	Einzelhandel mit Schuhen
2	Einzelhandel mit Leder- und Täschnerwaren

52.44	Einzelhandel mit Möbeln, Einrichtungsgegenständen und Hausrat a.n.g.*
1	Einzelhandel mit Wohnmöbeln
2	Einzelhandel mit Beleuchtungsartikeln
3	Einzelhandel mit Haushaltsgegenständen aus Metall und Kunststoff
4	Einzelhandel mit keramischen Erzeugnissen und Glaswaren
5	Einzelhandel mit Heimtextilien und Teppichen
6	Einzelhandel mit Holz-, Kork-, Flecht- und Korbwaren

| 52.45 | Einzelhandel mit elektrischen Haushalts-, Rundfunk- und Fernsehgeräten sowie Musikinstrumenten |

1	Einzelhandel mit elektrischen Haushaltsgeräten und elektrotechnischen Erzeugnissen a.n.g.*
2	Einzelhandel mit Rundfunk- und Fernseh- und phototechnischen Geräten und Zubehör
3	Einzelhandel mit Musikinstrumenten und Musikalien
52.46	Einzelhandel mit Metallwaren, Anstrichmitteln, Bau- und Heimwerkerbedarf
1	Einzelhandel mit Eisen-, Metall- und Kunststoffwaren a.n.g.*
2	Einzelhandel mit Anstrichmitteln
3	Einzelhandel mit Bau- und Heimwerkerbedarf
52.47	Einzelhandel mit Büchern, Zeitschriften, Zeitungen, Schreibwaren und Bürobedarf
1	Einzelhandel mit Schreib- und Papierwaren, Schul- und Büroartikeln
2	Einzelhandel mit Büchern und Fachzeitschriften
3	Einzelhandel mit Unterhaltungszeitschriften und Zeitungen
52.48	Facheinzelhandel a.n.g.* (in Verkaufsräumen)
1	Einzelhandel mit Tapeten und Bodenbelägen
2	Einzelhandel mit Kunstgegenständen, Bildern, kunstgewerblichen Erzeugnissen, Briefmarken, Münzen und Geschenkartikeln
3	Einzelhandel mit Blumen, Pflanzen, zoologischem Bedarf, lebenden Tieren und Sämereien
4	Einzelhandel mit feinmechanischen, Foto- und optischen Erzeugnisse, Computer und Software
5	Einzelhandel mit Uhren, Edelmetallwaren und Schmuck
6	Einzelhandel mit Spielwaren
7	Einzelhandel mit Fahrrädern, Fahrradteilen und Zubehör, Sport- und Campingartikeln (ohne Campingmöbel)
8	Einzelhandel mit Brennstoffen
9	Sonstiger Facheinzelhandel a.n.g.* (in Verkaufsräumen)

52.5	**Einzelhandel mit Antiquitäten und Gebrauchtwaren (in Verkaufsräumen)**
52.50	Einzelhandel mit Antiquitäten und Gebrauchtwaren (in Verkaufsräumen)
1	Einzelhandel mit Antiquitäten und antiken Teppichen
2	Antiquariate
3	Einzelhandel mit sonstigen Gebrauchtwaren

---

* a.n.g. = anderweitig nicht genannt

Quelle: HGZ 1993

Literaturverzeichnis

ACHEN, M.; KLEIN, K. (2002): Retail Trade in Transit Areas: Introduction to a new field of Research. In: Die Erde 133 (1), S. 19-36.

AGERGARD, E.; OLSEN, P. A.; ALLPASS, J. (1970): The interaction between retailing and the urban centre structure: a theory of spiral movement. In: Environment and Planning 2 (1), S. 55-71.

AHUIS, H. (1999): Stadt und Handel im Wandel der Zeiten. In: ECE [ECE Projektmanagement GmbH & Co. KG] (Hg.): Faktor Einzelhandel in Deutschland. Frankfurt/M., S. 173-191.

AKADEMIE FÜR RAUMFORSCHUNG UND LANDESPLANUNG (Hg.) (2001): Stadt-Umland-Probleme und Entwicklung des großflächigen Einzelhandels in den Ländern Mittel- und Südosteuropas. Hannover. (=Arbeitsmaterial 282).

ALBERS, G. (1988): Stadtplanung. Eine praxisorientierte Einführung. Darmstadt.

ALLES, R.; SAUTTER, H. (1983): Erfahrungen mit Großbetriebsformen des Handels. Ökonomische, städtebauliche und regionalplanerische Auswirkungen. Darmstadt.

ALONSO, W. (1968): Location and land use. Toward a general theory of land rent. Cambridge, Mass.

APPLEBAUM, W. (1954): Marketing Geography. In: JAMES, R. E.; JONES, C. F. (Hg.): American Geography. Inventory and Prospects. Syracuse, S. 245-251.

AUER, S.; KOIDL, R. (1997): Convenience stores. Handelsform der Zukunft; Praxis, Konzepte, Hintergründe. Frankfurt/M.

AUSSCHUSS FÜR BEGRIFFSDEFINITIONEN AUS DER HANDELS- UND ABSATZWIRTSCHAFT (Hg.) (1995): Katalog E. Begriffsdefinitionen aus der Handels- und Absatzwirtschaft. Köln.

BAG [Bundesarbeitsgemeinschaft der Mittel- und Großbetriebe des Einzelhandels e.V.] (Hg.) (1995): Standortfragen des Handels. Köln. (=Schriftenreihe der BAG).

BAG [Bundesarbeitsgemeinschaft der Mittel- und Großbetriebe des Einzelhandels e.V.] (Hg.) (2001): BAG-Untersuchung Kundenverkehr 2000. Attraktiver Standort Innenstadt: Deutschland, Schweiz, Österreich. Köln. (=Schriftenreihe der BAG).

BAIER, R.; SCHÄFER, K. H. (1997): Innenstadtverkehr und Einzelhandel. In: Der Städtetag 50 (8), S. 559-568.

BAIER, R. et al. (1998): Innenstadtverkehr und Einzelhandel. (=Berichte der Bundesanstalt für Straßenwesen, Verkehrstechnik V 52).

BAUCHMÜLLER, M. (2002): Deutschlands große 100: Die Favoriten setzen sich durch. In: Süddeutsche Zeitung vom 31.07.2002, S. 27.

BBE Handelsberatung GmbH (Hg.) (1999): Einzelhandel 1997, Struktur und Marktdaten. München.

BEAUJEU-GARNIER, J.; DELOBEZ, A. (1979): Geography of Retailing. London, New York.

BEHRENS, K. C. (1965): Der Standort der Handelsbetriebe. Köln, Opladen.

BENJAMIN, J. D. (Hg.) (1996): Megatrends in Retail Real Estate. Boston, Dordrecht, London. (=Research Issues in Real Estate 3).

BERGER, S. (1977): Ladenverschleiß (Store Erosion). Ein Beitrag zur Theorie des Lebenszyklus von Einzelhandelsgeschäften. Göttingen.

BERRIANE, M.; HOPFINGER, H. (1997): Informeller Handel an internationalen Grenzen. Schmuggelwirtschaft in Marokko am Beispiel der Provinzhauptstadt Nador und der Enklave Melilla. In: Geographische Rundschau 49 (9), S. 529-534.

BERRY, B. J. (1963): Commercial structure and commercial blight. Chicago. (=Research Paper 85 der University of Chicago, Department of Geography).

BERRY, B. J. (1967): Geography of market centers and retail distribution. Englewood Cliffs, New Jersey.

BfLR [Bundesforschungsanstalt für Landeskunde und Raumordnung] (Hg.) (1996): Handel und Verkehrsberuhigung. Auswirkungen einer verkehrsberuhigenden Umgestaltung von Hauptverkehrsstraßen. Bonn. (=Materialien zur Raumentwicklung 75).

BIEBERSTEIN, I. (1990): Die City als Standort für Einzelhandelsbetriebe. Göttingen. (=Schriften zur Handelsforschung 79).

BIENERT, M. (1996): Standortmanagement. Methoden und Konzepte für Handels- und Dienstleistungsunternehmen. Wiesbaden. (=Neue betriebswirtschaftliche Forschung 194).

BLOTEVOGEL, H. H. (2001): Strukturwandel im Handel – Konsequenzen für die Stadt. In: Deutsche Bau- und Grundstücks-AG; Universität Bonn (Hg.): Die Zukunft des Handels in der Stadt. Bonner Städtebautag 2000. Bonn, S. 10-29.

BLOTEVOGEL, H. H. (Hg.) (2002): Fortentwicklung des Zentrale-Orte-Konzepts. Hannover. (=Forschungs- und Sitzungsberichte der Akademie für Raumforschung und Landesplanung 217).

BOBEK, H. (1928): Innsbruck, eine Gebirgsstadt, ihr Lebensraum und ihre Erscheinung. Stuttgart. (=Forschungen zur Deutschen Landes- und Volkskunde 25 (3)).

BOESCH, M. (1980): Versorgungsbereiche, Versorgungsqualität und Versorgungsgrad am Beispiel der Einzelhandelsversorgung der Stadt St. Gallen. In: Geographica Helvetica 35 (2), S. 59-66.

BÖHM, H.; KRINGS, W. (1975): Der Einzelhandel und die Einkaufsgewohnheiten der Bevölkerung in einer niederrheinischen Gemeinde. Fallstudie Weeze. Bonn. (=Arbeiten zur rheinischen Landeskunde 40).

BORCHERDT, C. (1982): Geschäftszentren im Stuttgarter Stadtgebiet. Stuttgart. (=Materialien des Geographischen Instituts der Universität Stuttgart).

BORSDORF, A.; SCHÖFFTHALER, G. (2000): Erzeugen Einkaufszentren Verkehr? Eine Bewertung des Einkaufsverhaltens am Beispiel nicht-integrierter Einkaufszentren im Großraum Innsbruck. In: Erdkunde 54 (2), S. 148-156.

BOYENS, F. W. (1981): Standardisierung als Element der Marketingpolitik von Filialsystemen des Einzelhandels. Frankfurt/M. (=Reihe Wirtschaftswissenschaften 229).

BREMME, H. C. (1988): Die Problematik der Ansiedlung von großflächigen Betrieben des Einzelhandels aus der Sicht eines Handelsunternehmens. In: DICHTL, E; BREMME, H. C. (Hg.): Einzelhandel und Baunutzungsverordnung. Heidelberg. (=Schriften des Betriebs-Beraters 72), S. 101-115.

BROCKELT, M. (1995): Erreichbarkeit innerstädtischer Einzelhandels- und Dienstleistungsbereiche. Untersucht am Beispiel der "Fußgängerfreundlichen Innenstadt Aachen". Bayreuth. (=Arbeitsmaterialien zur Raumordnung und Raumplanung 88).

BROMLEY, R.; THOMAS, C. J. (1989): Clustering advantages for out-of-town stores. In: International Journal of Urban and Regional Research 4 (1), S. 41-59.

BROWN, S. (1987): Institutional change in retailing: a geographical interpretation. In: Progress in Human Geography 11 (2), S. 181-206.

BROWN, S. (1992): Retail location: a micro-scale perspective. Aldershot u.a.

BRÜCKNER, C. (1998): Großflächiger Einzelhandel. Planungsrelevante Rahmenbedingungen in Rheinland-Pfalz, Hessen, Niedersachsen, Belgien und Niederlanden. Dortmund. (=ILS-Schriften 139).

BRUNE, W. (1996): Die Stadtgalerie. Ein Beitrag zur Wiederbelebung der Innenstädte. Frankfurt/M., New York.

BUGMANN, E. (1980): Zur Problematik der intraurbanen Subzentrenforschung. In: Geographica Helvetica 35 (2), S. 49-58.

BUNDESAMT FÜR BAUWESEN UND RAUMORDNUNG (Hg.) (1999): ExWoSt-Informationen zum Forschungsfeld „Zentren" Nr. 20.5-6. Werkstattbericht zum Abschluß des Forschungsfeldes „Zentren". Bonn.

BUNDESMINISTERIUM FÜR VERKEHR, BAU- UND WOHNUNGSWESEN (Hg.) (1992): Verkehr in Zahlen 1992. Hamburg.

BURGER, N. (1999): Innenstadthandel und Verkehr. In: ECE [ECE Projektmanagement GmbH & Co. KG] (Hg.): Faktor Einzelhandel in Deutschland. Frankfurt/M., S. 238-257.

BVERWG (Bundesverwaltungsgericht) (1990): Urteil vom 27.04.1990, Aktenzeichen 4 C 16.87. Berlin.

CAROL, H. (1959): Die Geschäftszentren der Großstadt, dargestellt am Beispiel der Stadt Zürich. In: Berichte zur Landesforschung und Landesplanung 3, S. 132-144.

CHRISTALLER, W. (1933): Die zentralen Orte in Süddeutschland. Jena.

CLARKE, G. (1999): Methoden der Standortplanung im Wandel. In: HEINRITZ, G. (Hg.): Die Analyse von Standorten und Einzugsbereichen. Methodische Grundfragen der geographischen Handelsforschung. Passau. (=Geographische Handelsforschung 2), S. 9-13.

DAVIES, G. (1995): Bringing Stores to shoppers – not shoppers to stores. In: International Journal of Retail & Distribution Management 23, S. 18-23.

DAVIES, R. L. (1976): Marketing Geography. With spatial reference to retailing. London.

DAVIES, R. L. (1988): The High Street in Britain: Choices for the Future. In: HASS-KLAU, C. (Hg.): New life for city centres. Planning, transport and conservation in British and German cities. London, S. 77-93.

DAVIES, R. L. (1995): Regional planning policies in Western Europe. London.

DAWSON, J. A. (Hg.) (1980): Retail Geography. London, New York.

DEPENBROCK-NAUMANN, E.-A. (1982): Einzelhandel und Stadtentwicklung. Eine Marketing-Konzeption für den City-Einzelhandel zur Förderung der Urbanität. München. Unveröffentlichte Dissertation.

238 Literaturverzeichnis

DEUSS, W. (1999): Die Rolle des Warenhauses in der heutigen Einzelhandelslandschaft. In: ECE [ECE Projektmanagement GmbH & Co. KG] (Hg.): Faktor Einzelhandel in Deutschland. Frankfurt/M., S. 216-228.

DIETSCHE, H. (1984): Geschäftszentren in Stuttgart. Regelhaftigkeit und Individualität großstädtischer Geschäftszentren. Stuttgart. (=Stuttgarter Geographische Studien 101).

DITTMEIER, V.; MAIER, J.; STETTBERGER, M. (1999): Strukturwandel im Einzelhandel. Das Rotmain-Center und seine Auswirkungen auf die Innenstadt von Bayreuth. Eine Panel-Studie. Bayreuth. (=Bayreuther Geowissenschaftliche Arbeiten 19).

DOUGLAS-HOLDING AG (Hg.) (2002): Geschäftsbereiche. Im Internet unter: www.douglas-holding.de/de/konzern/geschaeftsbereiche, Stand: 22.11.2002.

DUCAR, D. (2001): Technologie – Kultur – Raum: der Einzelhandel im Internet. In: TROMMSDORFF, V. (Hg.): Handelsforschung 2000/2001. Kooperations- und Wettbewerbsverhalten des Handels. Köln. (=Jahrbuch des FfH-Instituts für Markt- und Wirtschaftsforschung GmbH).

DUCAR, D.; RAUH, J. (Hg.): E-Commerce und Theorien zur Handelsforschung – Konzepte zu Standortgesellschaften, Betriebsformenwandel, Konsumentenkultur und Mobilitätsverhalten. Passau. (= Geographische Handelsforschung 8, im Druck).

EHI [EuroHandelsinstitut e.V.] (Hg.) (1996): Handel aktuell '96. Köln.

EHI [EuroHandelsinstitut e.V.] (Hg.) (2002): Handel aktuell 2002. Köln.

ENGEL, J. F.;BLACKWELL, R. D.; MINIARD, P.W. (1993): Consumer Behavior. 7. Auflage. Fort Worth.

FAHRENHOLTZ, C. (1999): Neue Hoffnung für die Innenstädte. In: MASSKS [Ministerium für Arbeit und Soziales, Stadtentwicklung, Kultur und Sport des Landes Nordrhein-Westfalen] (Hg.): Stadtplanung als Deal? Urban Entertainment Center und private Stadtplanung. Beispiele aus den USA und Nordrhein-Westfalen. Düsseldorf, S. 111-121.

FALK, B. (1998): Das große Handbuch Shopping-Center. Einkaufspassagen, Factory-Outlet-Malls, Urban-Entertainment-Center. Landsberg/L.

FALK, B. (2000): Shopping-Center-Report 2000. Mitterfels.

FfH-Institut für Markt- und Wirtschaftsforschung GmbH (Hg.) (2001): Wirtschaftsfaktor Städtetourismus – Wirkungen auf Handel und Dienstleistungsgewerbe. In: FfH-Mitteilungen 16 (3-4), S. 1-6.

FLORIAN, A.-J. (1990): Passagen. Ein Beispiel innerstädtischer Revitalisierung im Interessenskonflikt zwischen Stadtentwicklung und Einzelhandel. Köln. (=Kölner Geographische Arbeiten 53).

FREHN, M. (1998): Wenn der Einkauf zum Erlebnis wird. Die verkehrlichen und raumstrukturellen Auswirkungen des Erlebniseinkaufs in Shopping-Malls und Innenstädten. Wuppertal. (=Wuppertal Papers 80).

FRICKE, W.; SAILER-FLIEGE, U. (Hg.) (1995): Untersuchungen zum Einzelhandel in Heidelberg. Heidelberg. (=Heidelberger Geographische Arbeiten 97).

FRISCH, J.; MEYER, G. (1986): Der Passanten- und Kundenverkehr im Erlanger Geschäftsviertel. Die Entwicklung zwischen 1975 und 1985. In: Mitteilungen der Fränkischen Geographischen Gesellschaft 31-32, S. 517-544.

GALBRAITH, J. K. (1952): American capitalism. The concept of countervailing power. Boston.

GANS, P.; LUKHAUP, R. (Hg.) (1998): Einzelhandelsentwicklung. Innenstadt versus periphere Standorte. Mannheim. (= Mannheimer Geographische Arbeiten 47).

GANSER, K. (1969): Altersstrukturtypen interregionaler Mobilität – altersspezifische Salden auf 10.000 Einwohner. Düsseldorf.

GEBHARDT, H. (1998): Das Zentrale-Orte-Konzept – auch heute noch eine Leitlinie der Einzelhandels- und Dienstleistungsentwicklung? In: GANS, P.; LUKHAUP, R. (Hg.): Einzelhandelsentwicklung – Innenstadt versus periphere Standorte. (=Mannheimer Geographische Arbeiten 47), S. 27-48.

GEISCHER, D. (1998): Einkaufsorientierung und Einkaufsstrategien von Konsumenten im ländlichen Raum. In: GANS, P.; LUKHAUP, R. (Hg.): Einzelhandelsentwicklung – Innenstadt versus periphere Standorte. (=Mannheimer Geographische Arbeiten 47), S. 125-142.

GERHARD, U. (1998): Erlebnis-Shopping oder Versorgungskauf? Eine Untersuchung über den Zusammenhang von Freizeit und Einzelhandel am Beispiel der Stadt Edmonton, Kanada. Marburg. (=Marburger Geographische Schriften 133).

GERHARD, U. (2001): Shopping and Leisure: New Patterns of Consumer Behaviour in Canada and Germany. In: Die Erde 132 (2), S. 205-220.

GERLACH, S. (1988): Das Warenhaus in Deutschland. Seine Entwicklung bis zum Ersten Weltkrieg in historisch-geographischer Sicht. Stuttgart. (=Erdkundliches Wissen 93).

GfK [Gesellschaft für Konsumforschung] (Hg.) (1998): Markt- und Standortgutachten für die Stadt Straubing. Nürnberg. Unveröffentlichtes Gutachten.

GHOSH, A.; MC LAFFERTY, S. L. (1987): Location strategies for retail and service firms. Lexington, Mass.

GIERL, H. (1993): Zufriedene Kunden als Markenwechsler. In: Absatzwirtschaft. Zeitschrift für Marketing 36 (2), S. 90-94.

GIESE, E. (1999): Bedeutungsverlust innerstädtischer Geschäftszentren in Westdeutschland. In: Berichte zur deutschen Landeskunde 73 (1), S. 33-66.

GLÖCKNER-HOLME, I. (1988): Betriebsformen-Marketing im Einzelhandel. Augsburg. (=Schwerpunkt Marketing 23).

GOODCHILD, M. F.; NORONHA, V. T. (1987): Location-Allocation and impulsive shopping: the case of gasoline retailing. In: GHOSH, A.; RUSHTON, G. (Hg.): Spatial analysis and location-allocation models. New York, S. 121-136.

GOSS, J. (1993): The „Magic of the Mall": An analysis of form, function, and meaning in the contemporary retail built environment. In: Annals of the Association of American Geographers 83 (1), S. 18-47.

GREIPL, E. (2001): Positionierung und Profilierung des innerstädtischen Einzelhandels. Herausforderungen, Verwerfungen, Chancen. (=Vortrag auf dem 53. Deutschen Geographentag in Leipzig am 02.10.2001).

GREY STRATEGIC PLANNING (Hg.) (1995): Smart Shopper. Wie viel Marke braucht der Mensch? Oder: Ein neues Preis-/Leistungs-Bewußtsein. Düsseldorf.

GÜßEFELDT, J. (2002): Zur Modellierung von räumlichen Kaufkraftströmen in unvollkommenen Märkten. In: Erdkunde 56 (4), S. 351-370.

GÜTTLER, H.; ROSENKRANZ, C. (1998): Aktuelle Herausforderungen für die Raumordnungs- und Stadtentwicklungspolitik bei der Erhaltung und Sicherung funktionsfähiger Innenstädte. In: BfBuR [Bundesministerium für Bauwesen und Raumordnung] (Hg.): Zentren. Auf dem Weg zur europäischen Innenstadt. Bonn. (=Informationen zur Raumentwicklung 2/3), S. 81-88.

HÄGERSTRAND, T. (1970): What about people in Regional Science? In: Regional Science Association Papers 24 (1), S. 7-21.

HAHN, B. (1997): Einkaufszentren in Kanada. Bedeutungsverlust und Umstrukturierung. In: Geographische Rundschau 49 (9), S. 523-528.

HAHN, B. (2001): Erlebniseinkauf und Urban Entertainment Centers. Neue Trends im US-amerikanischen Einzelhandel. In: Geographische Rundschau 53 (1), S. 19-25.

HAHN, B. (2002): 50 Jahre Shopping Center in den USA. Evolution und Marktanpassung. Passau. (=Geographische Handelsforschung 7).

HASS-KLAU, C. (Hg.) (1988): New life for city centres. Planning, transport and conservation in British and German cities. London.

HATZFELD, U. (1987): Städtebau und Einzelhandel. Bonn. (=Schriftenreihe 03 „Städtebauliche Forschung" des Bundesministeriums für Raumordnung, Bauwesen und Städtebau 03.119).

HATZFELD, U. (1994): Innenstadt – Handel – Verkehr. Verkehrtes Handeln in ostdeutschen Innenstädten?. In: Informationen zur Raumentwicklung 3, S. 181-196.

HATZFELD, U. (1995): Städtebauliche Zielentwicklung gegen Marktentwicklung? Das Beispiel private Dienstleistungen. In: BfLR [Bundesforschungsanstalt für Landeskunde und Raumordnung] (Hg.): Nutzungsmischung im Städtebau. Bonn. (=Informationen zur Raumentwicklung 6/7), S. 409-424.

HATZFELD, U. (1998): Malls und Mega Malls. Globale Investitionsstrategien und lokale Verträglichkeit. In: HENNINGS, G.; MÜLLER, S. (Hg.): Kunstwelten. Künstliche Erlebniswelten und Planung. Dortmund. (=Dortmunder Beiträge zur Raumplanung 85), S. 32-50.

HDE [Hauptverband des Deutschen Einzelhandels] (Hg.) (1992): Handel in der Stadt – und keiner kommt hin? Beiträge zum Thema „Stadt und Verkehr". Köln.

HDE [Hauptverband des Deutschen Einzelhandels] (Hg.) (2002): Einzelhandelsstruktur nach Warenbereichen – Umsatz in Mrd. Euro 1999. Im Internet unter: www.einzelhandel.de/servlet/PB/show/1004124_1/einzelhandelsstruktur%20nach%20warenbereich.gif, Stand: 11.12.2002.

HDE [Hauptverband des Deutschen Einzelhandels] (Hg.) (2003): Erzwungene Stellplatzablöse streichen. Im Internet unter: www.einzelhandel.de/servlet/PB/menu/1014897_paktuellesartikel_11/aktuellesartikel.html, Stand: 18.2.2003.

HECKL, F. X. (1981): Standorte des Einzelhandels in Bayern – Raumstrukturen im Wandel. Kallmünz. (=Münchener Studien zur Sozial- und Wirtschaftsgeographie 22).

HEIDER, M. (1997): Einzelhandel im Umbruch. Neue Perspektiven der Standortberatung für die Stadt- und Regionalentwicklung – dargestellt am Wirtschaftsraum Augsburg. Augsburg. (=Angewandte Sozialgeographie 36).

HEINEBERG, H. (1980): Einkaufszentren in Deutschland. Entwicklung, Forschungsstand und -probleme mit einer annotierten Auswahlbibliographie. Paderborn. (=Münstersche Geographische Arbeiten 5).

HEINEBERG, H. (2000): Grundriß Allgemeine Geographie: Stadtgeographie. Paderborn.

HEINEBERG, H. et al. (1985): Kundenverhalten im System konkurrierender Zentren. Fallstudien aus dem Großraum Bremen, dem nördlichen Ruhrgebiet und dem Lipperland. Münster. (=Westfälische Geographische Studien 41).

Heinemann, M. (1976): Einkaufsstättenwahl und Firmentreue des Konsumenten. Wiesbaden.

HEINRITZ, G. (1981): Strukturwandel im Einzelhandel als raumrelevanter Prozess. Bericht über den Beginn eines Forschungsprojektes. In: HEINRITZ, G.; KLINGBEIL, S.; RÖSSLER, W. (Hg.): Beiträge zur Geographie des Tertiären Sektors in München. Kallmünz. (=Münchener Geographische Hefte 46), S. 9-41.

HEINRITZ, G. (1991): Nutzungsabfolgen an Einzelhandelsstandorten in Geschäftsgebieten unterschiedlicher Wertigkeit. In: Erdkunde 45 (2), S. 119-127.

HEINRITZ, G. (1997): Veränderte Ladenschlusszeiten – veränderte Einzelhandelsstrukturen? In: Geographische Rundschau 49 (9), S. 506-510.

HEINRITZ, G. (Hg.) (1989): Geographische Untersuchungen zum Strukturwandel im Einzelhandel. Kallmünz. (=Münchener Geographische Hefte 63).

HEINRITZ, G. (Hg.) (1999): Die Analyse von Standorten und Einzugsbereichen. Methodische Grundfragen der geographischen Handelsforschung. Passau. (=Geographische Handelsforschung 2).

HEINRITZ, G. et al. (1979): Verbrauchermärkte im ländlichen Raum. Die Auswirkungen einer Innovation des Einzelhandels auf das Einkaufsverhalten. Kallmünz. (=Münchener Geographische Hefte 44).

HEINRITZ, G.; KANTKE, K. (1997): Veränderungen der Einzelhandelsstruktur und des Konsumverhaltens im Grenzraum zwischen Coburg und Sonneberg nach der deutschen Wiedervereinigung. In: Petermanns Geographische Mitteilungen 141 (3), S. 197-220.

HEINRITZ, G.; POPP, M. (1999): Einzelhandelsgutachten im Auftrag der Stadt Erding. München. Unveröffentlichtes Gutachten.

HEINRITZ, G.; RAUH, J. (2000): Gutachterliche Stellungnahmen über Factory Outlet Center. Eine kritische Betrachtung. In: Raumforschung und Raumordnung 58 (1), S. 47-54.

HEINRITZ, G.; SCHRÖDER, F. (2000): Standortanalysen und Standortgutachten – Datengrundlagen, Beurteilungskriterien. In: ISW [Institut für Städtebau und Wohnungswesen] (Hg.): Wirtschaftlichkeit von Planungsvorhaben. München. (=ISW-Publikationen).

HEINRITZ, G.; SCHRÖDER, F. (2001): Geographische Visionen vom Einzelhandel in der Zukunft. In: Berichte zur deutschen Landeskunde 75 (2-3), S. 178-187.

HENSCHEL, S. (2002): "The Locational Effects of Innovations of the Information and Communication Technology on Food Retailing in Germany". In: SCHÄTZL L.; REVILLA

242 Literaturverzeichnis

DIEZ, J. (Hg.): Technological Change and Regional Development in Europe. Heidelberg, S. 324-346.

HENSCHEL, S.; KRÜGER, D.; KULKE, E. (2001): Einzelhandel – Versorgungsstrukturen und Kundenverkehr. In: IfL [Institut für Länderkunde] (Hg.): Verkehr und Kommunikation. Nationalatlas der Bundesrepublik Deutschland 9. Leipzig, Heidelberg, S. 74-77.

HESSE, R.; RAUH, J. (2002): Agentenbasiertes geographisches Informations- und Simulationssystem als Werkzeug zur Shopping-Center-Planung. In: Geoinformationssysteme. Zeitschrift für raumbezogene Informationen und Entscheidungen 12, S. 10-15.

HÖDEBECK, H. (1986): Die Große Straße in Osnabrück. In: Berichte zur deutschen Landeskunde 60, S. 319-355.

HOPKINS, L. D. (1990): West Edmonton Mall: Landscape of Myths and Elsewhereness. In: The Canadian Geographer 34 (1), S. 2-17.

HOPKINS, J. (1991): West Edmonon Mall as a Centre for Social Interaction. In: The Canadian Geographer 35 (3), S. 268-279.

HORTEN AG (Hg.)(o.J.): Die Essentials des Galeria-Konzepts. o. O.

HÜBNER, E. (Hg.) (1989): Statistisches Jahrbuch der BRD 1989/90. München.

HUFF, D. L. (1963): A probabilistic analysis of shopping center trading areas. In: Land Economics 39 (1), S. 81-90.

HUFF, D. L. (1964): Defining and Estimating a Trading Area. In: Journal of Marketing 28 (3), S. 34-38.

ICSC [International Council of Shopping Centers] (2001): Basic Facts and Economic Impacts 2001. Im Internet unter: www.icsc.org/srch/rsrch/scope/current/index.html, Stand: 20.09.2001.

IfH [Institut für Handelsforschung] (Hg.) (1999): Facheinzelhandel mit Bekleidungsartikeln und Accessoires. Ergebnisse des Betriebsvergleichs 1998 nach Geschäftslagen, Ortsgrößen, Betriebsgrößen und Personalleistungsklassen 128. Köln.

INSTITUT FÜR ENTWICKLUNGSFORSCHUNG IM LÄNDLICHEN RAUM OBER- UND MITTEL-FRANKENS E.V. (Hg.) (1996): Versorgung im ländlichen Raum – Probleme des Einzelhandels im dörflichen Umfeld. Kronach, München, Bonn. (=Kommunal- und Regionalstudien 24).

ILLGEN, K. (1990): Der Einzelhandel und seine räumliche Ordnung in der Deutschen Demokratischen Republik. In: Berichte zur Deutschen Landeskunde 64 (1), S. 25-47.

ITTERMANN, R. (1975): Ländliche Versorgungsbereiche und zentrale Orte im hessisch-westfälischen Grenzgebiet. Münster. (=Spieker 23).

JACKSON, P. (2002): Commercial cultures: transcending the cultural and the economic. In: Progress in Human Geography 26 (1), S. 3-18.

JOCHIMS, C.; MONHEIM, R. (1996): Einkaufsausflugsverkehr in Stadtzentren – ein zukunftsträchtiges Marktsegment. In: Der Städtetag 49 (11), S. 729-737.

JONES, K. (1984): Speciality Retailing in the Inner City: A Geographic Perspective. Downview, Ontario.

JONES, K.; SIMMONS, J. (1987): Location, Location, Location. Analyzing the Retail Environment. Toronto.

JONES, K.; SIMMONS, J. (1990): The Retail Environment. London, New York.

JONES, P. (1981): Retail innovation and diffusion – the spread of Asda stores. In: AREA 13 (3), S. 197-201.

JUNKER, R.; KRUSE, S. (1998): Perspektiven des Handels und deren Bedeutung für die Entwicklung von Zentren. In: BfBuR [Bundesministerium für Bauwesen und Raumordnung] (Hg.): Zentren. Auf dem Weg zur europäischen Innenstadt. Bonn. (=Informationen zur Raumentwicklung 2/3), S. 133-140.

JURASCHEK, F. (Hg.) (1893): Otto Hübner's Geographisch-Statistische Tabellen aller Länder der Erde. Frankfurt/M.

JÜRGENS, U. (1998): Einzelhandel in den Neuen Bundesländern. Die Konkurrenzsituation zwischen Innenstadt und "Grüner Wiese", dargestellt anhand der Entwicklungen in Leipzig, Rostock und Cottbus. Kiel. (=Kieler Geographische Schriften 98).

JÜRGENS, U.; EGLITIS, A. (1997): Einzelhandel im ländlichen Raum der neuen Bundesländer. In: Geographische Rundschau 49 (9), S. 484-491.

KAGERMEIER, A. (1991a): Versorgungsorientierung und Einkaufsattraktivität. Empirische Untersuchungen zum Konsumentenverhalten im Umland von Passau. Passau. (=Passauer Schriften zur Geographie 9).

KAGERMEIER, A. (1991b): Versorgungszufriedenheit und Konsumentenverhalten. Bedeutung subjektiver Einstellungen für die Einkaufsorientierung. In: Erdkunde 45 (2), S. 127-134.

KARSTADT QUELLE AG (Hg.) (2002): Konzernprofil. Im Internet unter: www.karstadt quelle.com/konzern/25.asp, Stand: 22.11.2002.

KEMPER 's DEUTSCHLAND GMBH (HG.) 2003: City-Scout 2004/2005. Düsseldorf (im Druck).

KIRBY, D. A. (1976): The North American convenience store: implications for Britain. In: JONES, P.; OLIPHANT, R. (Hg.): Local shops: problems and prospects. Reading, S. 95-100.

KIRBY, D. A. (1986): Convenience stores: the polarization of British retailing. In: Retail and Distribution Management 14 (2), S. 7-12.

KLEIN, K. (1984): Bestimmung und Bewertung von Standorten innerstädtischer Geschäftszentren am Beispiel von Regensburg. In: Berichte zur deutschen Landeskunde 58 (1), S. 407-438.

KLEIN, K. (1995): Die Raumwirksamkeit des Betriebsformenwandels im Einzelhandel. Untersucht an Beispielen aus Darmstadt, Oldenburg und Regensburg. Regensburg. (=Beiträge zur Geographie Ostbayerns 26).

KLEIN, K. (1996): Gegenwärtige Situation und zukünftige Entwicklung des Einzelhandels in Landshut. Gutachten des Lehrstuhls für Wirtschaftsgeographie der Universität Regensburg (Prof. Obst) im Auftrag der Stadt Landshut. Landshut.

KLEIN, K. (1997): Wandel der Betriebsformen im Einzelhandel. In: Geographische Rundschau 49 (9), S. 499-505.

KLEIN, K. (2001): Empirische Erhebungen im Rahmen von Gutachten – Was ist sinnvoll? Was ist machbar? Welche Regeln müssen eingehalten werden? In: HEINRITZ, G; SCHRÖDER, F. (Hg.): Der gekaufte Verstand: Was taugen Gutachter- und Beraterleistungen im Einzelhandel. Passau. (=Geographische Handelsforschung 5), S. 25-46.

KLEIN, K.; EBERL, R. (2001): Stadtverträglicher Güterverkehr durch Citylogistik. In: DIETERS, J.; GRÄF, P.; LÖFFLER, G. (Hg.): Verkehr und Kommunikation. Nationalatlas der Bundesrepublik Deutschland Band 9. Leipzig, Heidelberg, S. 104-105.

KLEIN, R. (1990): Die Entropiemaximierung von A. G. Wilson: Kritische Thesen zur Gültigkeit einer Interaktionstheorie. Bonn. In: Erdkunde 44 (1), S. 60-68.

KLEIN, R. (1992): Dezentrale Grundversorgung im ländlichen Raum. Osnabrück. (= Osnabrücker Studien zur Geographie 12).

KLEIN-BLENKERS, F. (1972): Unternehmziele im Facheinzelhandel. In: Mitteilungen des Instituts für Handelsforschung an der Universität zu Köln 24 (7) und (8), S. 69-75 und S. 81-83.

KLEINE, K.; OFFERMANNS, T. (2000): In Deutschland geplante Factory Outlet Center. In: Raumforschung und Raumordnung 58 (1), S. 35-46.

KLEINING, G.; PRESTER, H.-G. (Hg.) (1999): Familien. Lebenswelten. In: GfK [Gesellschaft für Konsumforschung] (Hg.): Jahrbuch der Absatz- und Verbrauchsforschung 45, S. 4-25.

KLÖPPER, R. (1953): Der Einzugsbereich einer Kleinstadt. In: Raumforschung und Raumplanung 11 (2), S. 73-81.

KÖHLER, F. (1990): Die „Dynamik der Betriebsformen des Handels". Bestandsaufnahme und Modellerweiterung. In: Marketing. Zeitschrift für Forschung und Praxis 12, S. 59-64.

KOSCHNY, R.-P.; MENSING, K.; ROHR, G. von (1998): Weiterentwicklung der Zentrenstruktur in Verdichtungsräumen. Das Beispiel Nordraum Hannover. In: Standort 22 (2), S. 12-20.

KRAU, I.; ROMERO, A. (1998): Bahnhöfe als Einkaufs- und Dienstleistungszentren. In: BfBuR [Bundesministerium für Bauwesen und Raumordnung] (Hg.): Zentren. Auf dem Weg zur europäischen Innenstadt. Bonn. (=Informationen zur Raumentwicklung 2/3), S. 115-122.

KREKE, J. (1999): Die Bedeutung des Facheinzelhandels für die Innenstädte. In: ECE [ECE Projektmanagement GmbH & Co. KG] (Hg.): Faktor Einzelhandel in Deutschland. Frankfurt/M., S. 205-228.

KROEBER-RIEHL, W.; WEINBERG, P. (1999): Konsumentenverhalten. München.

KRUSE, S.; SCHNEIDER, C. (1998): Einzelhandelssteuerung und -förderung durch Einzelhandelskonzepte. In: Standort 22 (2), S. 27-30.

KUHN, W. (1979): Geschäftsstraßen als Freizeitraum. Synchrone und diachrone Überlagerungen von Versorgungs- und Freizeitfunktionen, dargestellt an Beispielen aus Nürnberg. Kallmünz. (=Münchener Geographische Hefte 42).

KULKE, E. (1989): Verbrauchermärkte im ländlichen Raum. Auswirkungen ihrer Ansiedlung, dargestellt am Beispiel der Gemeinde Hermannsburg. In: Geographische Rundschau 41 (3), S. 150-154.

KULKE, E. (1992[a]): The dynamics of retail locations: New large-scale forms of retailing and their impact on selected types of locations. In: HEINRITZ, G. (Hg.): The attraction of retail locations. IGU-Symposium 5.-8. August 1991, Vol. II. Kallmünz. (=Münchener Geographische Hefte 69), S. 52-62.

KULKE, E. (1992[b]): Veränderungen in der Standortstruktur des Einzelhandels. Untersucht am Beispiel Niedersachsens. Münster, Hamburg. (=Wirtschaftsgeographie 3).

KULKE, E. (1994): Auswirkungen des Standortwandels im Einzelhandel auf den Verkehr. In: Geographische Rundschau 46 (5), S. 290-296.

KULKE, E. (1997): Einzelhandel in Europa. Merkmale und Entwicklungstrends des Standortsystems. In: Geographische Rundschau 49 (9), S. 478-483.

KULKE, E. (1998): Einzelhandel und Versorgung. In: KULKE, E. (Hg.): Wirtschaftsgeographie Deutschlands. Gotha, S. 162-182.

LANGE, E. (1999): Entwicklungstendenzen im Einzelhandel. In: ECE [ECE Projektmanagement GmbH & Co. KG] (Hg.): Faktor Einzelhandel in Deutschland. Frankfurt/M., S. 195-204.

LANGE, N. DE (1989): Standortpersistenz und Standortdynamik von Bürobetrieben in westdeutschen Regionalmetropolen seit dem Ende des 19. Jahrhunderts. Ein Beitrag zur geographischen Bürostandortforschung. Münster. (=Münstersche Geographische Arbeiten 31).

LANGE, S. (1972): Die Verteilung von Geschäftszentren im Verdichtungsraum. Ein Beitrag zur Dynamisierung der Theorie der zentralen Orte. In: Forschungs- und Sitzungsberichte der ARL 72, S. 7-48.

LANGE, S. (1973): Wachstumstheorien zentralörtlicher Systeme. Eine Analyse der räumlichen Verteilung von Geschäftszentren. Münster. (=Beiträge zum Siedlungs- und Wohnungswesen und zur Raumplanung 5).

LAULAJAINEN, R. (1987): Spatial strategies in retailing. Dordrecht.

LAULAJAINEN, R. (1988): The spatial dimension of an acquisition. In: Economic Geography 64 (2), S. 171-187.

LAULAJAINEN, R. (1991): International Expansion of an Apparel Retailer – Hennes & Mauritz of Sweden. In: Zeitschrift für Wirtschaftsgeographie 35 (1), S. 1-15.

LICHTENBERGER, E. (1991): Stadtgeographie. Begriffe, Konzepte, Modelle, Prozesse. 2. Auflage. Stuttgart. (=Teubner-Studienbücher der Geographie).

LOESCH, A. (1940): Die räumliche Ordnung der Wirtschaft. Eine Untersuchung über Standort, Wirtschaftsgebiete und internationalen Handel. Stuttgart.

LORD, D. J. (1986): Cross shopping flows among Atlanta's regional shopping centres. In: International Journal of Urban and Regional Research 1 (1), S. 33-54.

LUDEWIG, J. (1999): Handel in Bahnhöfen. In: ECE [ECE Projektmanagement GmbH & Co. KG] (Hg.): Faktor Einzelhandel in Deutschland. Frankfurt/M., S. 258-267.

LÜTHJE, K. (1999): Modellvorhaben Koblenz: „Interkommunale Einzelhandelskonzeption im Raum Koblenz/Neuwied". In: ExWoSt-Informationen zum Forschungsfeld „Zentren" Nr. 20.5-6, S. 21-26.

M+M EURODATA (Hg.) (2002ª): Pressemitteilungen zum Lebensmittelhandel Deutschland/Europa. Im Internet unter: www.planetretail.de/presse/index.htm, Stand: 29.08.2002.

M+M EURODATA (Hg.) (2002ᵇ): Top 30 des Lebensmittelhandels 2001 nach Gesamtumsätzen. Im Internet unter: www.mm-eurodata.de/presse/Ges_02.html, Stand: 20.11.2002.

MARTENSON, R. (1981): Innovations in multinational retailing: IKEA on the Swedish, Swiss, German and Austrian furniture markets. Gothenburg.

MARTIN, A.; DECKER, R. (1999): Shopping Center. Innovativ und unverwechselbar. Innerstädtische Shopping-Center als Spezialform des stationären Einzelhandels haben Zukunft. In: BAG Handelsmagazin 9-10, S. 20-23.

MASLOW, A. H. (1970): Motivation and personality. New York.

MASON, J. B.; MEYER, J. L. (1981): Modern Retailing. Theory and practice. Plano.

MASSKS [Ministerium für Arbeit und Soziales, Stadtentwicklung, Kultur und Sport des Landes Nordrhein-Westfalen] (Hg.) (1999): Bahnhöfe – Impulse für die Stadtentwicklung. Ein Planungsleitfaden. Düsseldorf.

MC NAIR, M. P. (1958): Significant trends and developments in the post war period. In: SMITH, A. B. (Hg.): Competitive distribution in a free high level economy and its implications for the university. Pittsburgh, S. 1-25.

MERCURIO, J. (1984): Store location strategies. In: DAVIES, R. L.; ROGERS, D. S. (Hg.): Store Location and Store Assessment Research. New York, S. 237-262.

MESCHEDE, W. (1985): Geschäftszentren in Herten. In: HEINEBERG, H. et al. (Hg.): Kundenverhalten im System konkurrierender Zentren. Münster. (=Westfälische Geographische Studien 41), S. 77-111.

METRO AG (Hg.) (2002): Metro Group. Im Internet unter: www.metrogroup.de/servlet/PB/menu/-1_ll/index.html, Stand: 22.11.2002.

MEYER, G. (1996): Kleine Läden – große Sorgen. Einzelhandel in den neuen Bundesländern – Beispiel Jena. In: Praxis Geographie 26 (5), S. 30-35.

MEYER, G. (Hg.) (1997): Von der Plan- zur Marktwirtschaft. Wirtschafts- und sozialgeographische Entwicklungsprozesse in den neuen Bundesländern. Mainz. (=Mainzer Kontaktstudium Geographie 3).

MEYER, G.; PÜTZ, R. (1997): Transformation der Einzelhandelsstandorte in ostdeutschen Großstädten. In: Geographische Rundschau 49 (9), S. 492-498.

MONHEIM, R. (1997ª): „Autofreie" Innenstädte – Gefahr oder Chance für den Handel? Teil A: Allgemeine Zusammenhänge. Bayreuth. (=Arbeitsmaterialien zur Raumordnung und Raumplanung 143).

MONHEIM, R. (1997ᵇ): Einflüsse von Leitbildern und Lebensstilen auf die Entwicklung der Innenstadt als Einkaufs- und Erlebnisraum. In: GEOGRAPHISCHE GESELLSCHAFT BERN (Hg.): Spuren, Wege und Verkehr. Festschrift für Klaus Aerni. Bern. (=Jahrbuch der Geographischen Gesellschaft Bern 60), S. 171-197.

MONHEIM, R. (1998): Nutzung und Bewertung von Stadtzentrum und Nebenzentren in Bremen. Bayreuth. (=Arbeitsmaterialien zur Raumordnung und Raumplanung 180).

MONHEIM, R. (1999): Methodische Gesichtspunkte der Zählung und Befragung von Innenstadtbesuchern. In: HEINRITZ, G. (Hg.): Die Analyse von Standorten und Einzugsbereichen. Methodische Grundfragen der geographischen Handelsforschung. Passau. (=Geographische Handelsforschung 2), S. 65-131.

MONHEIM, R. (2000): Fußgängerbereiche in deutschen Innenstädten. Entwicklungen und Konzepte zwischen Interessen, Leitbildern und Lebensstilen. In: Geographische Rundschau 52 (7-8), S. 40-46.

MONHEIM, R. (2001): Die Innenstadt als Urban Entertainment Center? In: POPP, H. (Hg.): Neuere Trends in Tourismus und Freizeit. Wissenschaftliche Befunde – unterrichtliche Behandlung – Reiseerziehung im Erdkundeunterricht. Passau. (=Bayreuther Kontaktstudium Geographie 1), S. 129-152.

MOSER, D. (1974): Neue Betriebsformen im Einzelhandel. Eine Untersuchung der Entstehungsursachen und Entwicklungsdeterminanten. Frankfurt/M.

MSWKS [Ministerium für Städtebau und Wohnen, Kultur und Sport] (Hg.) (2000): Verwaltungsvorschrift zur Landesbauordnung NRW (VV BauO NW). Düsseldorf.

MÜLLER, U.; NEIDHARDT, J. (1972): Einkaufsort-Orientierung als Kriterium für die Bestimmung der Größenordnung und Struktur kommunaler Funktionsbereiche. Stuttgart. (=Stuttgarter Geographische Studien 84).

MÜLLER-HAGEDORN, L. (1998): Der Handel. Stuttgart, Berlin, Köln.

NELSON, R. L. (1958): The Selection of Retail Locations. New York.

NIESCHLAG, R. (1954): Die Dynamik der Betriebsformen im Handel. Essen. (=Schriftenreihe N.F. 7).

O.V. (1982): Handelsgeographie. Ihr Platz in der Wissenschaft und ihr gesellschaftlicher Auftrag. Gotha.

PEZ, P. (1997): Verkehrliche, ökonomische und ökologische Auswirkungen der autoarmen Innenstadt in Lüneburg. In: MONHEIM, R. (Hg.): "Autofreie" Innenstädte – Gefahr oder Chance für den Handel? Teil B: Nürnberg, Lüneburg, Marburg. Bayreuth. (=Arbeitsmaterialien zur Raumordnung und Raumplanung 134), S. 135-150.

PIEPER, C. (2002): Konsumentenverhalten im Wandel. Methodische Herausforderungen und mögliche Antworten; ein empirisches Beispiel. Bonn. (=Bonner Beiträge zur Geographie 17).

PLANERSOCIETÄT STADTPLANUNG, VERKEHRSPLANUNG, FORSCHUNG UND IVU [Gesellschaft für Informatik, Verkehrs- und Umweltplanung] (Hg.) (1999): Vergleichende Umweltbilanz. Umweltwirkungen und Einzelhandelsstruktur am Beispiel von Leipzig. Teilbericht 4 des Modellvorhabens Nr. 209 01 221 des Umweltbundesamtes: Auswirkungen der räumlichen Struktur des Einzelhandels auf Verkehr und Umwelt. o.O.

POPIEN, R. (1989): Die Bedeutung von Kopplungsmöglichkeiten für den Einzelhandel. In: HEINRITZ, G. (Hg.): Geographische Untersuchungen zum Strukturwandel im Einzelhandel. Kallmünz. (=Münchener Geographische Hefte 63), S. 129-157.

POPIEN, R. (1995): Ortszentrenplanung in Münchens Suburbia. Wie attraktiv sind »neuen Ortsmitten«? Kallmünz. (=Münchener Geographische Hefte 73).

POPP, M. (2002): Innenstadtnahe Einkaufszentren. Besucherverhalten zwischen neuen und traditionellen Einzelhandelsstandorten. Passau. (=Geographische Handelsforschung 6).

POPP, M.; RAUH, J. (2003): Standorttheorien und e-commerce. In: DUCAR, D.; RAUH, J. (Hg.): E-Commerce und Theorien zur Handelsforschung – Konzepte zu Standortgesellschaften, Betriebsformenwandel, Konsumentenkultur und Mobilitätsverhalten. Passau. (= Geographische Handelsforschung 8, im Druck).

POTTER, R. B. (1982): The urban retailing system: location, cognition and behaviour. Aldershot.

PRIEBS, A. (2000): Stadt-Stadtregion-Städtenetze: Ansätze zur kooperativen Zukunftsgestaltung In: Geographische Rundschau 52 (7-8), S. 51-53.

PRIEBS, A. (Hg.) (1999): Zentrale Orte, Einzelhandelsstandorte und neue Zentrenkonzepte in Verdichtungsräumen. (=Kieler Arbeitspapiere zur Landeskunde und Raumordnung 39).

PÜTZ, R. (1994): Die City von Dresden im Transformationsprozeß. Analyse des Strukturwandels im Dresdner Einzelhandel vor und nach der Wende. In: Berichte zur deutschen Landeskunde 68 (2), S. 325-358.

PÜTZ, R. (1997a): Der Wandel der Standortstruktur im Einzelhandel der neuen Bundesländer. Das Beispiel Dresden. In: MEYER, G. (Hg.): Wirtschafts- und sozialgeographische Entwicklungen in den neuen Bundesländern. Mainz. (=Mainzer Kontaktstudium Geographie 3), S. 37-65.

PÜTZ, R. (1997b): Einzelhandel in Polen. Interne Restrukturierung und Internationalisierung am Beispiel Wroclaw. In: Geographische Rundschau 49 (9), S. 516-522.

PÜTZ, R. (1998): Einzelhandel im Transformationsprozess. Das Spannungsfeld von lokaler Regulierung und Internationalisierung am Beispiel Polens. Passau. (=Geographische Handelsforschung 1).

QUACK, H.-D. (Hg.) (1999): Die neue Mitte Oberhausen, CentrO. Auswirkungen eines Urban Entertainment Centers auf städtische Versorgungs- und Freizeitstrukturen. Trier. (=Materialien zur Fremdenverkehrsgeographie 53).

QUACK, H.-D. (2001): Freizeit und Konsum im inszenierten Raum. Eine Untersuchung räumlicher Implikationen neuer Orte des Konsums, dargestellt am Beispiel des CentrO Oberhausen. Paderborn. (=Paderborner Geographische Studien 14).

REETZE, J. (1995): Gläserne Verbraucher. Markt- und Medienforschung unter der Lupe. Frankfurt/M.

REILLY, W. J. (1931): The law of retail gravitation. New York.

REINHOLD, T.; BACHLEITNER, M. (1999): Einkaufsverkehr in München. In: Der Nahverkehr 17 (12), S. 16-21.

REINHOLD, T.; JAHN, H.; TSCHUDEN, C. (1997): Die verkehrserzeugende Wirkung von Einkaufszentren auf der grünen Wiese. In: Raumforschung und Raumordnung 55 (2), S. 106-114.

REWE-GRUPPE (Hg.) (2002): Vertriebslinien der Rewe-Gruppe. Im Internet unter: www.rewe.de/DE/rewegruppe/content/gruppe/vertriebslinie/gruppe.asp, Stand: 22.11.2002.

RICKERT, I. (2001): Einzelhandel und Konsumkultur. Zur multizentrumsspezifischen Funktionalität von Betriebsformensystemen des Einzelhandels, dargestellt am Beispiel ausgewählter Shopping-Center in Sao Paulo. Göttingen.

RÖCK, S. (1998): Freizeitgroßeinrichtungen im Zentrum der Stadt. Potential oder Gefahr? In: BfBuR [Bundesministerium für Bauwesen und Raumordnung] (Hg.): Zentren. Auf dem Weg zur europäischen Innenstadt. Bonn. (=Informationen zur Raumentwicklung 2/3), S. 123-132.

ROSENHAMMER, S. (1995): Angebotsveränderungen und Netzentwicklung im Bereich des Tankstellengewerbes und deren Auswirkungen auf den Raum Ostbayern. Regensburg. Unveröffentlichte Diplomarbeit.

ROTH, P. (1999): Die Zukunft der städtischen Zentren unter besonderer Berücksichtigung der Auswirkungen großflächiger Einzelhandelsbetriebe. In: ECE [ECE Projektmanagement GmbH & Co. KG] (Hg.): Faktor Einzelhandel in Deutschland. Frankfurt/M., S. 121-142.

RUDOLPH, H. (Hg.) (2000): Aldi oder Arkaden? Unternehmen und Arbeit im europäischen Einzelhandel. Berlin.

RÜHL, A. (1918): Aufgaben und Stellung der Wirtschaftsgeographie. In: Zeitschrift der Gesellschaft für Erdkunde zu Berlin, S. 292-303. Nachdruck in: WIRTH, E. (Hg.) (1969): Wirtschaftsgeographie. Darmstadt. (=Wege der Forschung 219), S. 47-60.

RW Consultants (Hg.) (1987): West Edmonton Mall Shopper Intercept Survey. Calgary.

SALM, V. (2001): Strategische Allianzen zur Branchenmixoptimierung und für ein Flächenmanagement in Innenstädten: Königsweg oder Sackgasse? In: Berichte des Arbeitskreises Geographische Handelsforschung 10, S. 22-23.

SCHELLENBERG, J. (2003): Standortbedingungen und Anbieterformen des E-Commerce. In: DUCAR, D.; RAUH, J. (Hg.): E-Commerce und Theorien zur Handelsforschung – Konzepte zu Standortgesellschaften, Betriebsformenwandel, Konsumentenkultur und Mobilitätsverhalten. Passau. (=Geographische Handelsforschung 8, im Druck).

SCHMITZ, C.; KÖLZER, B. (1996): Einkaufsverhalten im Handel. Ansätze zu einem kundenorientierten Handelmarketing. München.

SCHMITZ, H. (2001): Die Rolle von Gutachten in der verwaltungsgerichtlichen Auseinandersetzung. In: HEINRITZ, G.; SCHRÖDER, F. (Hg.): Der gekaufte Verstand: Was taugen Gutachter- und Beraterleistungen im Einzelhandel? Passau. (=Geographische Handelsforschung 5), S. 79-90.

SCHMITZ, H. (2002): Rechtliche Einordnung des Zentrale-Orte-Konzeptes unter dem Gesichtspunkt der Leitvorstellung einer nachhaltigen Raumentwicklung. In: BLOTEVOGEL, H. H. (Hg.): Fortentwicklung des Zentrale-Orte-Konzepts. Hannover. (=Forschungs- und Sitzungsberichte der Akademie für Raumforschung und Landesplanung 217), S. 55-62.

SCHMUDE, J. (Hg.) (2000): Factory Outlet Center. Regensburg. (=Beiträge zur Wirtschaftsgeographie Regensburg 1).

SCHNEIDER, A. (1989): Was bedeutet der "Wandel im Handel" für Konsumenten? Untersucht am Beispiel der Versorgungssituation mit Waren des täglichen Bedarfs in Pfaffenhofen/Ilm. In: HEINRITZ, G. (Hg.): Geographische Untersuchungen zum Strukturwandel im Einzelhandel. Kallmünz. (=Münchener Geographische Hefte 63), S. 213-233.

SCHRÖDER, F. (1997): Gemeinsamer Markt – einheitlicher Markt? In: Geographische Rundschau 49 (9), S. 511-515.

SCHRÖDER, F. (1999): Einzelhandelslandschaften in Zeiten der Internationalisierung. Birmingham, Mailand, München. Passau. (=Geographische Handelsforschung 3).

SCHRÖDER, F. (2003): Christaller und später – Menschenbilder in der geographischen Handelsforschung. In: HASSE, J.; HELBRECHT, I. (Hg.): Menschenbilder in der Humangeographie. Oldenburg. (=Oldenburger Wahrnehmungsgeographische Arbeiten 21), S. 89-106.

SCHRÖDER, F.; PETZOLDT, K. (2001): Modemetropole Mailand – zur Geographie einer Weltstadt des schönen Scheins. In: Geographische Rundschau 53 (4), S. 54-60.

SCHULZE, G. (1992): Die Erlebnisgesellschaft. Kultursoziologie der Gegenwart. Frankfurt/M. u.a.

SCOTT, P. (1970): Geography and Retailing. London.

SEDLACEK, P. (1973): Zum Problem intraurbaner Zentralorte, dargestellt am Beispiel der Stadt Münster. Münster. (=Westfälische Geographische Studien 28).

SEDLACEK, P. (1988): Wirtschaftsgeographie. Eine Einführung. Darmstadt.

SEYFFERT, R. (1972): Wirtschaftslehre des Handels. Opladen.

SPANNAGEL, R. (1995):Versorgung mit Lebensmitteln in ländlichen Regionen. In: LACHNER, J.; NASSUA, T.; SPANNAGEL, R. (Hg.): Entwicklung des Handels in den neuen Bundesländern. Stand und Probleme der Systemtransformation im Groß- und Einzelhandel sowie in der Handelsvermittlung. Berlin. (=ifo studien zu Handels- und Dienstleistungsfragen 47), S. 265-286.

STATISTISCHES BUNDESAMT DEUTSCHLAND (Hg.) (2003a): Straßenverkehr. Bestand an Kraftfahrzeugen, darunter Personenkraftwagen. Im Internet unter: www.destatis.de/jahrbuch/jahrtab37.htm, Stand: 10.03.2003.

STATISTISCHES BUNDESAMT DEUTSCHLAND (Hg.) (2003b): Bevölkerung. Haushaltstypen. Im Internet unter: www.destatis.de/basis/d/bevoetab11.htm, Stand: 26.06.2003.

STAUFFER, W.; GRÄNING, I.; GESCHKA, H. (1982): Einzelhandelsstandorte. Untersuchungen zum Standortverhalten ausgewählter Einzelhandelsbranchen in München. Kallmünz. (=Münchener Geographische Hefte 48).

STEINBACH, J. (2000): Städtetourismus und Erlebniseinkauf. In: Tourismus Journal 4 (1), S. 51-70.

STERN, L. W.; EL-ANSARY, A. L. (1977): Marketing channels. Englewood Cliffs.

TEMMEN, B. (1990): Interkommunale Zusammenarbeit und großflächiger Einzelhandel. Funktionen, Erfahrungen, Strategien. Dortmund.

TIETZ, B. (1969): Die Standort- und Geschäftsflächenplanung im Einzelhandel. Ein Beitrag zur regionalen Handelsforschung. Rüschlikon. (=Schriftenreihe des Gottlieb-Duttweiler-Institut für Wirtschaftliche und Soziale Studien 42).

TIETZ, B. (1985): Der Handelsbetrieb. Grundlagen der Unternehmenspolitik. München.

TIETZ, B. (1989): Warum die City und die Grüne Wiese nicht ohneeinander existieren können. In: Marketing. Zeitschrift für Forschung und Praxis 11, S. 77-85.

TIETZ, B. et al. (1991): City-Studie. Marktbearbeitung und Management für die City; die Zukunft des Einzelhandels in der Stadt. Landsberg/L.

TOEPFER, H. (1968): Die Bonner Geschäftsstraßen. Räumliche Anordnung, Entwicklung und Typisierung der Geschäftskonzentration. Bonn. (=Arbeiten zur rheinischen Landeskunde 26).

TOPP, H. (1998): Erreichbarkeit, Parkraum und Einzelhandel der Innenstadt. In: Raumforschung und Raumordnung 56 (2/3), S. 186-193.

TÜRKE-SCHÄFER, K. (1988): Technological change and the future of city centres. In: HASS-KLAU, C. (Hg.): New life for city centres. Planning, transport and conservation in British and German cities. London, S. 257-292.

UMWELTBUNDESAMT (2001): Mobilitätsmanagement. Anwendungsbeispiele aus verschiedenen Handlungsfeldern des Verkehrswesens und des Städtebaus – Checklisten-Sammlung. Berlin.

UNKELBACH, W. (1982): Wandel im Handel. In: Rationeller Handel 25 (6), S. 14-16.

WALDHAUSEN-APFELBAUM, J. (1998): Innerstädtische Zentrumsstrukturen und ihre Entwicklung. Das Beispiel der Stadt Bonn. Bonn. (=Arbeiten zur Rheinischen Landeskunde 68).

WALDHAUSEN-APFELBAUM, J.; GROTZ, R. (1996): Entwicklungstendenzen der innerstädtischen Zentralität : Das Beispiel Bonn. In: Erdkunde 50 (1), S. 60-74.

WARNES, A. M.; DANIELS, P. W. (1979): Spatial aspects of an intrametropolitan central place hierarchy. In: Progress in Human Geography 3 (1), S. 384-406.

WEINBERG, P. (1992): Erlebnismarketing. München.

WILSON, A. G. (1970): Entropy in urban and regional modelling. London.

WOLF, K. (1971): Geschäftszentren. Nutzung und Intensität als Maß städtischer Größenordnungen. Ein empirisch-methodischer Vergleich von 15 Städten der Bundesrepublik Deutschland. Frankfurt/M. (=Rhein-Mainische Forschungen 72).

WOLL, A. (1964): Der Wettbewerb im Einzelhandel. Zur Dynamik der modernen Vertriebsformen. Berlin.

WRIGLEY, N. (1988): Store choice, store location and market analysis. London, New York.

WRIGLEY, N.; LOWE, M. (2002): Reading Retail. A geographical perspective on retailing and consumption spaces. London.

ZEHNER, K. (1987): Stadtteile und Zentren in Köln. Eine sozialgeographische Untersuchung zu Raumstruktur und räumlichem Verhalten in der Großstadt. Köln. (=Kölner Geographische Arbeiten 47).

ZEHNER, K. (2001): Stadtgeographie. Gotha. (=Perthes Geographie-Kolleg).

ZIEHE, N. (1998): Einzelhandel und Verkehrspolitik – Eine empirische Analyse der Bedeutung von Erreichbarkeit und Attraktivität für die Zentrenwahl der Verbraucher. Stuttgart, Berlin, Köln. (=Schriften zur Handelsforschung 92).

ZOHLEN, G. (1999): Erlebnisumgebung mit kontrollierter Temperatur: Shopping-Malls. In: BOLLMANN, S. (Hg.): Kursbuch Stadt. Stadtleben und Stadtkultur an der Jahrtausendwende. Stuttgart, S. 114-121.

Register